U0794681

2024年北京经济管理职业学院优质教材遴选培育与建设

高等职业教育本科精品教材

新编21世纪高等职业教育精品教材·智慧财经系列

企业纳税实训

王玉娟　田春红　杜俊涛　周　丽　编著

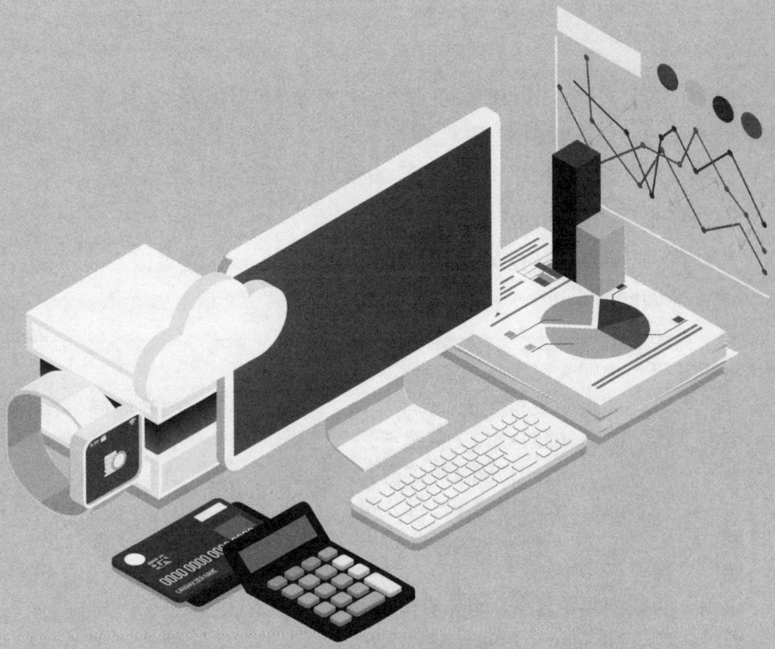

中国人民大学出版社

·北京·

图书在版编目（CIP）数据

企业纳税实训 / 王玉娟等编著. -- 北京 : 中国人民大学出版社，2025.6. --（新编 21 世纪高等职业教育精品教材）. --ISBN 978-7-300-33522-3

Ⅰ. F279.235.4

中国国家版本馆 CIP 数据核字第 20258BE497 号

2024 年北京经济管理职业学院优质教材遴选培育与建设
高等职业教育本科精品教材
新编 21 世纪高等职业教育精品教材 · 智慧财经系列

企业纳税实训

王玉娟　田春红　杜俊涛　周　丽　编著

Qiye Nashui Shixun

出版发行	中国人民大学出版社		
社　　址	北京中关村大街 31 号	邮政编码	100080
电　　话	010 - 62511242（总编室）		010 - 62511770（质管部）
	010 - 82501766（邮购部）		010 - 62514148（门市部）
	010 - 62511173（发行公司）		010 - 62515275（盗版举报）
网　　址	http://www.crup.com.cn		
经　　销	新华书店		
印　　刷	中煤（北京）印务有限公司		
开　　本	787 mm × 1092 mm　1/16	版　　次	2025 年 6 月第 1 版
印　　张	21.75	印　　次	2025 年 6 月第 1 次印刷
字　　数	510 000	定　　价	58.00 元

版权所有　侵权必究　　印装差错　负责调换

序

为深化教学改革创新，切实提高人才培养质量，聚焦京津冀职教改革示范园区创新发展，矢志打造一部集理论与实践于一体的“金教材”，北京经济管理职业学院王玉娟教授（北京教育系统育人先锋）、天津倚天会计师事务所副主任田春红会计师（全国会计高端人才、全国特级税务师、全国税务师行业高端人才）、天津立信会计师事务所有限公司高级项目经理杜俊涛（天津市会计高端人才）和北京经济管理职业学院周丽教授（北京市市属高校长城学者）共同编著了本教材。

我认为，本教材主要有以下六大特色：

第一，产教深度融合，打造实战化教学典范。

本教材摒弃了传统纳税实务教材中单一税种独立设例、案例间缺乏关联性的编排方式，创新性地开发了企业典型涉税业务的综合案例。这些案例均基于企业真实生产环节，由产教融合共同打造，并将其作为每个学习任务的核心工作任务。这种编排方式为学生营造了一个更加贴近实际的工作情境，能有效激发学生的主观能动性，培养学生自主学习的良好习惯。

第二，活页式设计，满足个性化需求。

当前，高职院校的纳税实务教材普遍采用线装或胶装形式，而本教材则大胆突破传统束缚，采用了创新的活页式设计。这种设计使得教材可拆解、可组合，更加灵活便捷。它不仅极大地方便了学生的阅读、学习和模拟纳税申报操作，还能够充分满足不同学生的个性化需求。在教学过程中，教师可根据实际需求随时加入新的教学内容，以适应日新月异的知识更新速度。

第三，工作任务导向明确，助力学生职业发展。

在教材中，每个学习任务都配备了详细的任务书。学生在实施过程中遇到问题，可通过迅速查找学习任务相关知识点来找到解决方案。本教材紧密结合京津冀地区会计专业毕业生的就业方向，设计了服务行业和制造行业两个综合案例，模拟了税务会计岗位的真实情境。这种编排方式充分体现了“以就业为导向，以能力为本位”的职业教育理念，打破了传统学科教育以学科为中心、以知识为本位的束缚，为学生的职业发展奠定了坚实基础。

第四，岗课赛证融通，全面提升综合素养。

遵循《国家职业教育改革实施方案》（简称“职教二十条”）的核心精神，本教材巧妙地融入了“育训一体”的设计理念。教材不仅覆盖了注册会计师、税务师及会计专业技术资格考试的要求，而且深度对接了“金税四期”背景下税务会计岗位的实际工作需求，同时与职业技能大赛的参赛标准紧密衔接。这种创新性的编排模式，成功地将岗位实践、课程内容、技能竞赛与职业资格证书有机整合，实现了“岗课赛证”的无缝对接与深度融合，为学生的综合能力培养与素质提升提供了有力支撑。

第五，时效性强，紧跟财税政策步伐。

本教材严格依据最新的税收政策和会计准则进行编写，全面、系统地阐述了报税工作的流程及操作方法，确保了内容的时效性和准确性。因此，本教材是目前职业教育教材市场上按照最新税收相关法律和政策撰写的教材。

第六，服务社会，惠及广大读者。

本教材配备了电子税务局和金蝶做账两个系统，为学生提供了便捷的数字化纳税申报和会计核算学习途径。这两个系统的搭建不仅方便了学生的学习与实践，更为社会大众提供了优质的教育资源和服务，实现了教育资源的共享与普惠。

张庆龙

前言

党的二十大报告指出，“深化教育领域综合改革，加强教材建设和管理”，这为新时代教材建设指明了方向。教育部副部长吴岩提出了现代教育体系建设的“五金”理念，其中，“金教材”作为不可或缺的一环，对于全面提升职业教育质量具有重要意义。在此背景下，北京经济管理职业学院积极响应国家号召，紧跟时代步伐，于 2024 年 5 月正式启动了校企双元合作开发的优质教材遴选培育与建设工作。这一举措旨在进一步加强高职院校职业教育教材建设，提升教材质量，为国家培养更多高素质技能型人才。经过严格评审，《企业纳税实训》于 2024 年 6 月成功立项，标志着该教材在推动“金教材”建设方面迈出了坚实而有力的一步。该教材不仅承载着北京经济管理职业学院对于职业教育的执着追求，更凝聚了北京市高校“双带头人”教师党支部书记“强国行”专项行动的丰硕成果，是财税大数据应用与管理教学创新团队集体智慧的结晶。

《企业纳税实训》不仅全面介绍了我国主要税种的税收制度，更在编写思路上实现了创新突破。本教材致力于将专业知识与企业涉税工作无缝对接，通过增强学生的感性认知，激发其学习专业知识的热情与积极性。本教材的特色及创新之处主要体现在以下几个方面：

（1）时效性强。教材紧跟税收制度改革步伐，将最新税收法律、法规和“金税四期”融入其中，充分反映了我国税收制度的最新发展动态和方向。

（2）产教融合。教材通过深化职普融通、产教融合、科教融汇，优化了职业教育的类型定位。企业实践专家以实际数字化纳税申报和会计核算过程中的经济业务为素材，精心设计了典型涉税业务综合案例，实现了“以综合案例覆盖知识面，以学习任务体系构建教学布局”。这种编排方式打破了传统纳税实训教材中单一税种独立设例的局限，增强了案例之间的内在联系，有利于培养学生综合、系统的涉税业务处理能力，提高未来就业的适应性。

（3）活页设计。教材采用活页形式，分为两个典型涉税业务综合案例和若干学习任务。学生可以根据自己的需求灵活组合教材内容，既方便学习实务操作，又便于学习税收法规，还能有针对性地学习涉及的部分税种。

（4）操作性强。教材结合实际纳税岗位的工作流程，提供了会计核算平台和电子税务局。通过纳税实践操作，学生可以熟悉纳税流程，提高学习兴趣和积极性。

（5）融媒体化。融媒体化的创新实践为教材注入了新的活力。教材配套了丰富且多样的数字化教学资源，涵盖了精心制作的微课视频和实时更新的即测即评试题库等。学生只需扫描教材中的二维码，即可迅速获取这些宝贵的学习资源，极大地提升了学习的便捷性和趣味性。这一举措不仅促进了新形态一体化教材与“互联网+”技术的深度融合，还实现了教材与学生之间的高效互动，为学生营造了一个更加生动、丰富且互动性强的学习环境。

（6）税导匠心。教材匠心独运地设立了“税海导航”板块，依据不同税种的特性巧妙融入诚信纳税、爱岗敬业、严谨认真、创新等职业素养，以及制度自信、文化自信，从而实现人才核心价值观、职业道德、法律意识与专业素质的全方位、深层次综合培养。尤为值得一提的是，教材为每一个税种都精心配备了中国共产党领导下的税收发展史 AI 数字人微课视频，这些视频生动展现了税收“取之于民，用之于民”的深刻内涵，让学生在学习专业知识的同时，能够深切感受到税收与国家发展、民生福祉的紧密联系，进一步激发学生的爱国情怀和社会责任感。

（7）书证融合。教材以注册会计师考试、税务师考试和会计专业技术资格考试中的税收考点为设计依据，融入考试真题。学生通过扫描二维码来答题，既适应了无纸化考试的趋势，又提高了备考效率。

（8）读者广泛。教材从税收理论和纳税操作两个方面讲解各个税种，适用于企业税务会计岗位、财务经理、注册会计师、税务师以及广大高校财税专业师生，具有广泛的读者群体。

本教材由北京经济管理职业学院的王玉娟教授与周丽教授，以及天津倚天会计师事务所合伙人田春红女士和天津立信会计师事务所有限公司高级项目经理杜俊涛女士共同编著。本教材的综合案例篇和项目实施篇，以及综合案例答案的编写，均由田春红和杜俊涛负责。项目实施篇中除任务实施之外的内容，以及财税法规篇的撰写，由北京经济管理职业学院的教师团队承担。具体分工如下：王玉娟负责编写增值税、城市维护建设税及附加、房产税、城镇土地使用税、土地增值税以及企业所得税的相关内容；王希颖负责消费税、印花税、车船税、契税、车辆购置税以及个人所得税的编写工作。此外，王玉娟还录制了与教材配套的纳税平台操作视频。周丽、王玉娟、王希颖以及刘华富共同参与了各个税种的视频讲解录制工作。即测即评由刘华富完成。本教材整体框架和结构设计由周丽和田春红共同完成，教材初稿和终稿的审定由王玉娟、田春红、杜俊涛和周丽完成。

本教材能够顺利出版应当感谢中国人民大学出版社的各位编辑，感谢她们的理解、支持和辛勤劳动。在撰写本教材的过程中，编著者参考了许多专家、学者的研究成果，在此谨向所有参考文献的作者表示感谢。

由于时间及水平所限，教材中难免有错误和疏漏，恳请广大读者和学界专家批评指正。

编著者

教材使用说明

《企业纳税实训》活页教材精心编排为四大板块：第一部分为综合案例篇，包括服务业与制造业两大领域的实训案例，为学习者提供丰富的实践场景。第二部分为项目实施篇，依托第一部分的两个综合案例，深入解析数字化纳税申报与会计核算的全流程，覆盖增值税、消费税、城市维护建设税及附加、房产税、城镇土地使用税、印花税、车船税、契税、土地增值税、车辆购置税、个人所得税及企业所得税等十二大税种，每个学习任务均细致规划了学习任务描述、教学目标、税海导航、任务书、准备工作、任务实施、任务总结等环节，确保学习的系统性与实效性。第三部分为财税法规篇，针对上述十二大税种，详尽梳理税收相关知识点，并配备即测即评栏目，强化理解与记忆。第四部分为附录，收录了纳税申报表格与数字化纳税申报和会计核算的平台操作视频，便于学习者查阅与实践操作。此外，本教材还附赠两大综合案例的详尽解答。

配套资源方面，本教材提供：中国共产党领导下我国税收发展史 AI 数字人微课视频、直观的平台操作视频教程、典型涉税案例、丰富的即测即评试题库和财税实训平台（网址：http://cssx.rdlearning.cn），全方位支持学习需求。

学习者可根据个人学习需求，灵活调整活页教材内页顺序，按照内容分类进行整理（如图 1～图 5 所示），实现个性化学习目标。以下介绍三种高效利用本教材的方法，助力学习成效提升。

一、学习纳税申报和会计核算

学习综合案例需要准备的教材页包括服务业企业实训案例（如图 1 所示）、制造业企业实训案例（如图 2 所示）、服务业企业任务实施（如图 3 所示）、制造业企业任务实施（如图 4 所示）、财税法规篇中的相关知识点（如图 5 所示）。

第一步，学生根据项目实施篇中“任务实施”的引导问题对应的索引号，查阅学习任务的相关知识点。通过本步骤的学习，实现“学习目标”中的“知识目标”。

第二步，以综合案例篇的两个案例为实训案例，学生登录财税实训平台学习数字化纳税申报和会计核算。如果操作遇到问题，可以扫描附录中的二维码观看微课视频。学生也可以通过扫描附录中的二维码，下载纸质版纳税申报表，完成手工纳税申报操作。通过本步骤的学习，实现“学习目标”中的“能力目标”。

第三步，通过完成“任务实施”中的“引导问题”、扫描“准备工作”中“微

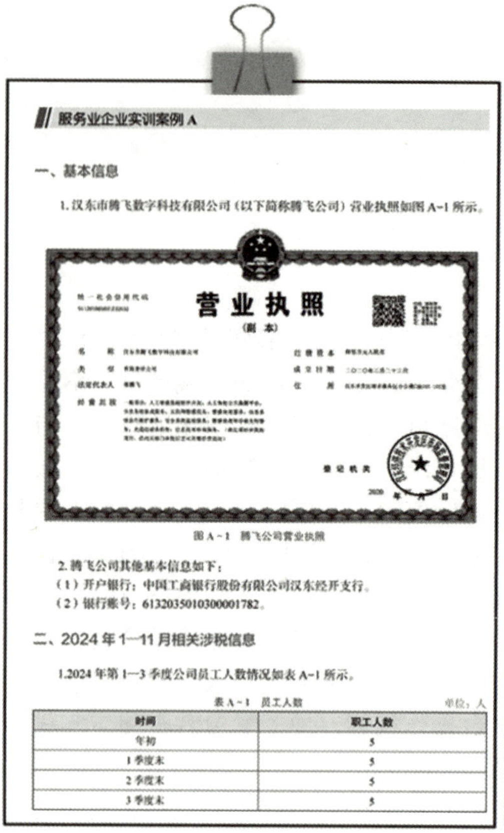
服务业企业实训案例 A

一、基本信息

1. 汉东市腾飞数字科技有限公司（以下简称腾飞公司）营业执照如图 A-1 所示。

营业执照（副本）

图 A-1 腾飞公司营业执照

2. 腾飞公司其他基本信息如下：

（1）开户银行：中国工商银行股份有限公司汉东经开支行。

（2）银行账号：6132035010300001782。

二、2024 年 1—11 月相关涉税信息

1. 2024 年第 1—3 季度公司员工人数情况如表 A-1 所示。

表 A-1 员工人数　　单位：人

时间	职工人数
年初	5
1 季度末	5
2 季度末	5
3 季度末	5

图 1　服务业企业实训案例

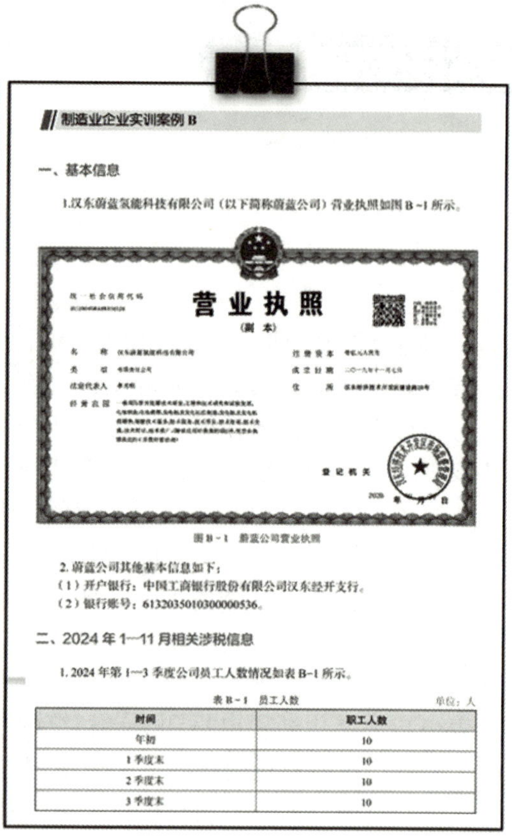
制造业企业实训案例 B

一、基本信息

1. 汉东蔚蓝氢能科技有限公司（以下简称蔚蓝公司）营业执照如图 B-1 所示。

营业执照（副本）

图 B-1 蔚蓝公司营业执照

2. 蔚蓝公司其他基本信息如下：

（1）开户银行：中国工商银行股份有限公司汉东经开支行。

（2）银行账号：6132035010300000536。

二、2024 年 1—11 月相关涉税信息

1. 2024 年第 1—3 季度公司员工人数情况如表 B-1 所示。

表 B-1 员工人数　　单位：人

时间	职工人数
年初	10
1 季度末	10
2 季度末	10
3 季度末	10

图 2　制造业企业实训案例

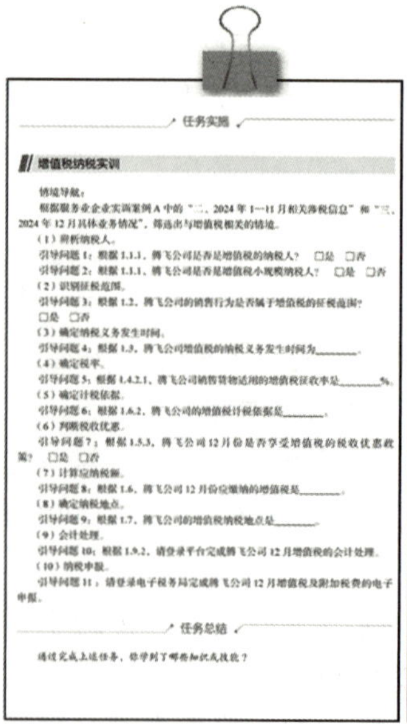
任务实施

增值税纳税实训

情境导航：

根据服务业企业实训案例 A 中的“二、2024 年 1—11 月相关涉税信息”和“三、2024 年 12 月具体业务情况”，筛选出与增值税相关的情境。

（1）辨析纳税人。

引导问题 1：根据 1.1.1，腾飞公司是否是增值税的纳税人？　□是　□否

引导问题 2：根据 1.1.1，腾飞公司是否是增值税小规模纳税人？　□是　□否

（2）识别征税范围。

引导问题 3：根据 1.2，腾飞公司的销售行为是否属于增值税的征税范围？

□是　□否

（3）确定纳税义务发生时间。

引导问题 4：根据 1.3，腾飞公司增值税的纳税义务发生时间为________。

（4）确定税率。

引导问题 5：根据 1.4.2.1，腾飞公司销售货物适用的增值税征收率是________%。

（5）确定计税依据。

引导问题 6：根据 1.6.2，腾飞公司的增值税计税依据是________。

（6）判断税收优惠。

引导问题 7：根据 1.5.3，腾飞公司 12 月份是否享受增值税的税收优惠政策？　□是　□否

（7）计算应纳税额。

引导问题 8：根据 1.6，腾飞公司 12 月份应缴纳的增值税是________。

（8）确定纳税地点。

引导问题 9：根据 1.7，腾飞公司的增值税纳税地点是________。

（9）会计处理。

引导问题 10：根据 1.9.2，请登录平台完成腾飞公司 12 月增值税的会计处理。

（10）纳税申报。

引导问题 11：请登录电子税务局完成腾飞公司 12 月增值税及附加税费的电子申报。

任务总结

通过完成上述任务，你学到了哪些知识或技能？

图 3　服务业企业任务实施

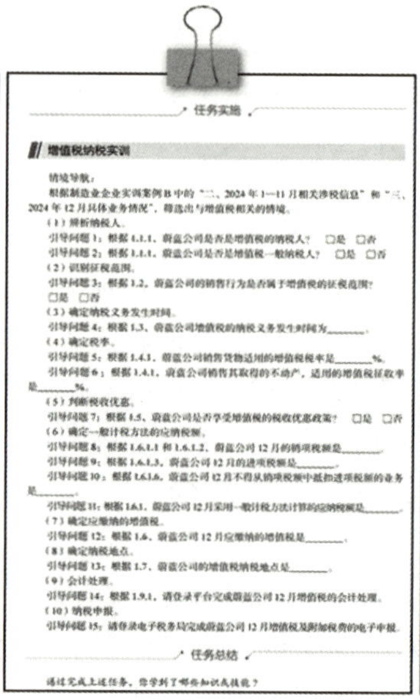
任务实施

增值税纳税实训

情境导航：

根据制造业企业实训案例 B 中的“二、2024 年 1—11 月相关涉税信息”和“三、2024 年 12 月具体业务情况”，筛选出与增值税相关的情境。

（1）辨析纳税人。

引导问题 1：根据 1.1.1，蔚蓝公司是否是增值税的纳税人？　□是　□否

引导问题 2：根据 1.1.1，蔚蓝公司是否是增值税一般纳税人？　□是　□否

（2）识别征税范围。

引导问题 3：根据 1.2，蔚蓝公司的销售行为是否属于增值税的征税范围？

□是　□否

（3）确定纳税义务发生时间。

引导问题 4：根据 1.3，蔚蓝公司增值税的纳税义务发生时间为________。

（4）确定税率。

引导问题 5：根据 1.4.1，蔚蓝公司销售货物适用的增值税税率是________%。

引导问题 6：根据 1.4.1，蔚蓝公司销售其取得的不动产，适用的增值税征收率是________%。

（5）判断税收优惠。

引导问题 7：根据 1.5，蔚蓝公司是否享受增值税的税收优惠政策？　□是　□否

（6）确定一般计税方法的应纳税额。

引导问题 8：根据 1.6.1.1 和 1.6.1.2，蔚蓝公司 12 月的销项税额是________。

引导问题 9：根据 1.6.1.3，蔚蓝公司 12 月的进项税额是________。

引导问题 10：根据 1.6.1.6，蔚蓝公司 12 月不得从销项税额中抵扣进项税额的业务是________。

引导问题 11：根据 1.6.1，蔚蓝公司 12 月采用一般计税方法计算的应纳税额是________。

（7）确定应缴纳的增值税。

引导问题 12：根据 1.6，蔚蓝公司 12 月应缴纳的增值税是________。

（8）确定纳税地点。

引导问题 13：根据 1.7，蔚蓝公司的增值税纳税地点是________。

（9）会计处理。

引导问题 14：根据 1.9.1，请登录平台完成蔚蓝公司 12 月增值税的会计处理。

（10）纳税申报。

引导问题 15：请登录电子税务局完成蔚蓝公司 12 月增值税及附加税费的电子申报。

任务总结

通过完成上述任务，你学到了哪些知识或技能？

图 4　制造业企业任务实施

图 5　财税法规篇中的相关知识点

课视频扫一扫”二维码观看 AI 数字人微课视频、阅读税海导航，学生树立正确的世界观、价值观和人生观。通过本步骤的学习，实现“学习目标”中的“素养目标”。

二、复习会计专业技术资格考试和注册会计师考试

利用财税法规篇中的相关知识点（如图 5 所示）准备会计专业技术资格考试和注册会计师考试。

第一步，阅读并记忆学习任务的相关知识点。

第二步，扫描“即测即评”二维码，完成测试题。

三、准备财税技能大赛

财税技能大赛一般包括理论测试和实践操作两个环节，需要准备的教材页包括：服务业企业实训案例（如图 1 所示）、制造业企业实训案例（如图 2 所示）、服务业企业任务实施（如图 3 所示）、制造业企业任务实施（如图 4 所示）、财税法规篇中的相关知识点（如图 5 所示）。

第一步，阅读并记忆财税法规篇中的相关知识点，扫描“即测即评”二维码，完成测试题。

第二步，以服务业企业实训案例为测试案例，登录财税实训平台，完成数字化纳税申报和会计核算操作。

第三步，以制造业企业实训案例为测试案例，登录财税实训平台，完成数字化纳税申报和会计核算操作。

目 录

综合案例篇

一、基本信息

1. 汉东市腾飞数字科技有限公司（以下简称“腾飞公司”）营业执照如图 A-1 所示。

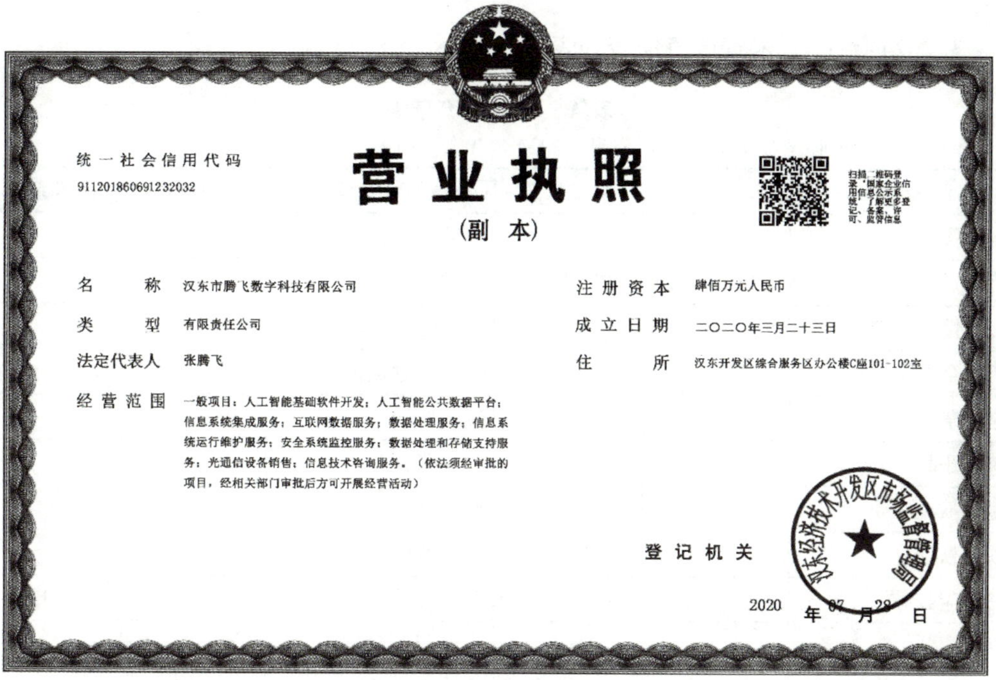

统一社会信用代码
911201860691232032

营业执照

（副 本）

扫描二维码登录“国家企业信用信息公示系统”了解更多登记、备案、许可、监管信息

名　　称　汉东市腾飞数字科技有限公司

类　　型　有限责任公司

法定代表人　张腾飞

经营范围　一般项目：人工智能基础软件开发；人工智能公共数据平台；信息系统集成服务；互联网数据服务；数据处理服务；信息系统运行维护服务；安全系统监控服务；数据处理和存储支持服务；光通信设备销售；信息技术咨询服务。（依法须经审批的项目，经相关部门审批后方可开展经营活动）

注册资本　肆佰万元人民币

成立日期　二〇二〇年三月二十三日

住　　所　汉东开发区综合服务区办公楼C座101-102室

登记机关

汉东经济技术开发区市场监督管理局

2020 年 07 月 28 日

图 A－1　腾飞公司营业执照

2. 腾飞公司其他基本信息如下：

（1）开户银行：中国工商银行股份有限公司汉东经开支行。

（2）银行账号：6132035010300001782。

二、2024 年 1—11 月相关涉税信息

1.2024 年第 1—3 季度公司员工人数情况如表 A-1 所示。

表 A－1　员工人数　　单位：人

时间	员工人数
年初	5
1 季度末	5
2 季度末	5
3 季度末	5

2. 2024 年第 1—3 季度资产总额情况如表 A-2 所示。

表 A－2　资产总额情况　　金额单位：万元

时间	资产总额
年初	243.05
1 季度末	264.28
2 季度末	278.85
3 季度末	298.57

3. 2024 年 11 月末资产负债表如表 A-3 所示。

表 A－3　资产负债表

编制单位：汉东市腾飞数字科技有限公司　2024 年 11 月 30 日　　金额单位：元

资产	年初余额	期末余额	负债和所有者权益	年初余额	期末余额
流动资产：			流动负债：		
货币资金	312 567.23	775 964.75	短期借款		
交易性金融资产			交易性金融负债		
衍生金融资产			衍生金融负债		
应收票据			应付票据		
应收账款			应付账款		
应收款项融资			预收款项		
预付款项			合同负债		
其他应收款			应交税费	8 325.56	9 123.75
存货			应付职工薪酬		
合同资产			其他应付款		
持有待售资产			持有待售负债		
一年内到期的非流动资产			一年内到期的非流动负债		
其他流动资产			其他流动负债		
流动资产合计	312 567.23	775 964.75	流动负债合计	8 325.56	9 123.75
非流动资产：			非流动负债：		
债权投资			长期借款		
其他债权投资			应付债券		
长期应收款			租赁负债		
长期股权投资			长期应付款		
其他权益工具投资			预计负债		
其他非流动金融资产			递延收益		
投资性房地产			递延所得税负债		
固定资产	2 117 948.51	2 354 150.08	其他非流动负债		

续表

资产	年初余额	期末余额	负债和所有者权益	年初余额	期末余额
在建工程			非流动负债合计		
生产性生物资产			负债合计	8 325.56	9 123.75
油气资产			所有者权益：		
使用权资产			实收资本	2 500 000.00	3 000 000.00
无形资产			其他权益工具		
开发支出			资本公积		
商誉			减：库存股		
长期待摊费用			其他综合收益		
递延所得税资产			专项储备		
其他非流动资产			盈余公积		
非流动资产合计	2 117 948.51	2 354 150.08	未分配利润	−77 809.82	120 991.08
			所有者权益合计	2 422 190.18	3 120 991.08
资产总计	2 430 515.74	3 130 114.83	负债和所有者权益总计	2 430 515.74	3 130 114.83

4. 2024 年 1—11 月利润表如表 A-4 所示。

表 A－4　利润表

编制单位：汉东市腾飞数字科技有限公司　　2024 年 1—11 月　　金额单位：元

项目	金额
一、营业收入	1 359 223.30
减：营业成本	950 374.78
税金及附加	1 081.53
销售费用	
管理费用	203 883.50
研发费用	
财务费用	−1 285.36
加：其他收益	
投资收益	
公允价值变动收益	
资产减值损失	
二、营业利润	205 168.85
加：营业外收入	
减：营业外支出	
三、利润总额	205 168.85

续表

项目	金额
减：所得税费用	6 367.95
四、净利润	198 800.90

注：所得税费用均为2024年第1—3季度预缴金额。

5. 2024年1—11月科目余额表如表A-5所示。

表A-5　科目余额表

编制单位：汉东市腾飞数字科技有限公司 2024年1—11月　　金额单位：元

科目编号	会计科目	年初余额	本期借方发生额	本期贷方发生额	期末余额
1002	银行存款	312 567.23	1 862 508.66	1 399 111.14	775 964.75
100201	工商银行汉东经开支行	312 567.23	1 862 508.66	1 399 111.14	775 964.75
1405	库存商品				
1601	固定资产	2 575 106.05	630 666.24		3 205 772.29
160101	机器设备	1 202 324.46	355 575.15		1 557 899.61
160102	办公设备	1 372 781.59	275 091.09		1 647 872.68
1602	累计折旧	457 157.54		394 464.67	851 622.21
160201	机器设备	114 220.82		121 592.24	235 813.06
160202	办公设备	342 936.72		272 872.43	615 809.15
2202	应付账款				
2211	应付职工薪酬		669 168.00	669 168.00	
221101	短期薪酬		602 013.00	602 013.00	
22110101	职工工资		455 400.00	455 400.00	
22110102	社会保险费		42 735.00	42 735.00	
2211010201	医疗保险		40 700.00	40 700.00	
2211010202	工伤保险		2 035.00	2 035.00	
22110103	住房公积金		44 770.00	44 770.00	
22110104	职工福利费		30 000.00	30 000.00	
22110105	职工教育经费		20 000.00	20 000.00	
22110106	工会经费		9 108.00	9 108.00	
221102	离职后福利		67 155.00	67 155.00	
22110201	设定提存计划		67 155.00	67 155.00	
2211020101	基本养老保险		65 120.00	65 120.00	
2211020102	失业保险		2 035.00	2 035.00	
2221	应交税费	8 325.56	23 493.02	24 291.21	9 123.75
222101	应交增值税	7 577.58	12 823.25	13 592.23	8 346.56
222102	应交城市维护建设税	265.22	448.81	475.73	292.14

续表

科目编号	会计科目	年初余额	本期借方发生额	本期贷方发生额	期末余额
222103	应交教育费附加	113.66	192.35	203.88	125.19
222104	应交地方教育附加	75.78	128.23	135.92	83.47
222105	应交个人所得税	220.19	3 235.63	3 249.50	234.06
222106	应交房产税				
222107	应交城镇土地使用税				
222108	应交印花税	73.13	296.80	266.00	42.33
222109	应交所得税		6 367.95	6 367.95	
2241	其他应付款		87 505.00	87 505.00	
4001	实收资本	2 500 000.00		500 000.00	3 000 000.00
4101	盈余公积				
4104	未分配利润	−77 809.82		198 800.90	120 991.08
6001	主营业务收入		1 359 223.30	1 359 223.30	
6117	其他收益				
6401	主营业务成本		950 374.78	950 374.78	
6403	税金及附加		1 081.53	1 081.53	
6601	销售费用				
660101	广告宣传费				
6602	管理费用		203 883.50	203 883.50	
660201	办公费		54 571.55	54 571.55	
660202	折旧费		2 311.95	2 311.95	
660203	业务招待费		20 000.00	20 000.00	
660204	工资薪金		55 000.00	55 000.00	
660205	社会保险费		14 850.00	14 850.00	
660206	住房公积金		6 050.00	6 050.00	
660207	职工福利费		30 000.00	30 000.00	
660208	职工教育经费		20 000.00	20 000.00	
660209	工会经费		1 100.00	1 100.00	
6603	财务费用		−1 285.36	−1 285.36	
660301	手续费		2 000.00	2 000.00	
660302	利息收入		−3 285.36	−3 285.36	
6711	营业外支出				
6801	所得税费用		6 367.95	6 367.95	

6. 前五年当年境内所得额如表 A-6 所示。

表 A－6　前五年当年境内所得额

金额单位：元

年份	前一年	前两年	前三年	前四年	前五年
当年境内所得额	101 508.53	35 426.07	−88 915.67	−125 828.75	

注：从前五年企业所得税年度纳税申报表中摘录。

7. 2024 年 1—11 月固定资产折旧情况如表 A-7 所示。

表 A－7　2024 年 1—11 月固定资产折旧统计表

金额单位：元

项目	2024 年年初余额	本期增减额	2024 年 11 月月末余额	2024 年 1—11 月累计折旧发生额		
				主营业务成本	管理费用	小计
一、账面原值合计	2 575 106.05	630 666.24	3 205 772.29			
其中：机器设备	1 202 324.46	355 575.15	1 557 899.61			
办公设备	1 372 781.59	275 091.09	1 647 872.68			
二、累计折旧合计	457 157.54	394 464.67	851 622.21	392 152.72	2 311.95	394 464.67
其中：机器设备	114 220.82	121 592.24	235 813.06	121 592.24		121 592.24
办公设备	342 936.72	272 872.43	615 809.15	270 560.48	2 311.95	272 872.43
三、固定资产账面价值合计	2 117 948.51		2 354 150.08			
其中：机器设备	1 088 103.64		1 322 086.55			
办公设备	1 029 844.87		1 032 063.53			

8. 腾飞公司 2024 年员工信息，专项附加扣除及 1—11 月工资、保险等数据如表 A-8 至表 A-10 所示。

表 A－8　员工信息

姓名	性别	身份证号码	国籍	入职日期	是否雇员	是否股东、投资者	人员状态	手机号码
张腾飞	男	3701011982051832××	中国	2020/4/18	是	是	正常	188030263××
王晓	女	3701011986121687××	中国	2020/6/1	是	否	正常	137038209××
胡美丽	女	3701011988081206××	中国	2020/9/12	是	否	正常	139330698××
张波	男	3701021997112137××	中国	2021/5/13	是	否	正常	133030356××
李志强	男	3701021997020901××	中国	2022/6/6	是	否	正常	186230097××

注：办税人员为胡美丽，其工资计入管理部门，其他人员工资计入主营业务成本。

表 A－9　专项附加扣除数据

姓名	项目						合计					
	子女教育	赡养老人	住房贷款利息	住房租金	继续教育	3 岁以下婴幼儿照护						
张腾飞	4 000	1 500	1 000									
合计							6 500					
姓名	申请项目	配偶姓名	身份证号码	子女姓名	身份证号码	出生日期	国籍	当前受教育阶段	受教育日期起	就读国家	就读学校名称	本人扣缴比例
张腾飞	子女教育	王晓	3701011986121687××	张晓平	3701012011051578××	2011/05/15	中国	义务教育	2017/09/01	中国	实验中学	100%
张腾飞	子女教育	王晓	3701011986121687××	张晓安	3701012014030612××	2014/03/06	中国	义务教育	2017/09/01	中国	实验小学	100%
姓名	申请项目	配偶姓名	身份证号码	地址	房屋所有权证编号	本人是否借款人	扣除比例	公积金贷款合同编号		首次还款日期	贷款期限（月数）	
张腾飞	住房贷款	王晓	3701011986121687××	汉东市欣怡小区 1-501	38653257	是	100%	JK627306		2017/05/15	240	
姓名	申请项目	独生子女	父亲姓名	身份证号码			出生日期			本人扣缴比例		
张腾飞	赡养老人	否	张建国	3701011952082017××			1952/08/20			50%		

表 A－10　1—11 月工资表

金额单位：元

姓名	应发工资	应扣个人缴纳保险					专项附加扣除	应纳税所得额	应纳及已缴税额
		养老保险（8%）	医疗保险（2%）	失业保险（0.5%）	住房公积金（11%）	合计			
张腾飞	224 400.00	14 960.00	3 740.00	935.00	20 570.00	40 205.00	71 500.00	57 695.00	3 249.50
王晓	57 750.00	4 400.00	1 100.00	275.00	6 050.00	11 825.00			
胡美丽	55 000.00	4 400.00	1 100.00	275.00	6 050.00	11 825.00			
张波	57 750.00	4 400.00	1 100.00	275.00	6 050.00	11 825.00			
李志强	60 500.00	4 400.00	1 100.00	275.00	6 050.00	11 825.00			
合计	455 400.00	32 560.00	8 140.00	2 035.00	44 770.00	87 505.00	71 500.00	57 695.00	3 249.50

注：张腾飞担任专家取得劳务报酬 6 000 元，未代扣代缴个人所得税。

9. 增值税、城市维护建设税、教育费附加和地方教育附加、个人所得税均按月申报，印花税、企业所得税按季度申报（涉及减征的，汉东市规定均按最高幅度减征）。

三、2024 年 12 月具体业务情况

业务 A-1：腾飞公司 12 月完成智能识别系统开发项目且款项已收齐，金额为 101 000.00 元，签订的技术服务合同如图 A-2 所示。自行开具增值税普通发票，具体开票信息及收款情况如图 A-3 和图 A-4 所示。

技术服务合同

甲方：汉东市众诚物业管理有限公司

乙方：汉东市腾飞数字科技有限公司

甲方委托乙方开发智能识别系统，甲乙双方经过友好协商，根据《中华人民共和国民法典》的规定，达成如下协议：

一、服务内容

乙方将为甲方提供智能识别系统开发服务，并负责解决使用智能识别系统过程中遇到的问题。

二、服务期限与进度安排

本合同服务期限为2024年12月1日至2024年12月20日。

三、服务费用及支付方式

甲方应支付乙方的服务费用为不含税人民币100,000.00元，增值税为1,000.00元。

技术服务费用支付办法：乙方完成全部技术服务后十五个工作日内，甲方向乙方支付合同100%金额。

……

甲方：
法定代表人或授权代表：
日期：2024年11月18日

乙方：
法定代表人或授权代表：
日期：2024年11月18日

图 A－2　腾飞公司技术服务合同

电子发票（普通发票）

发票号码：24371000000023190839
开票日期：2024 年 12 月 31 日

购买方信息	名称：汉东市众诚物业管理有限公司 统一社会信用代码/纳税人识别号：911201005137920108	销售方信息	名称：汉东市腾飞数字科技有限公司 统一社会信用代码/纳税人识别号：911201860691232032

项目名称	规格型号	单位	数量	单价	金额	税率/征收率	税额
*信息技术服务*软件开发服务		项	1	100 000.00	100 000.00	1%	1 000.00
合计					¥100 000.00		¥1 000.00
价税合计（大写）	⊗壹拾万零壹仟圆整				（小写）¥101 000.00		
备注							

下载次数：1

开票人：胡美丽

图 A－3　腾飞公司 12 月销售发票

中国工商银行股份有限公司　业务回单（收款）

日期：2024 年 12 月 31 日

回单编号：20542684913

付款人户名：汉东市众诚物业管理有限公司　　付款人开户行：中国工商银行股份有限公司汉东朝阳支行

付款人账号(卡号)：6132047820300002589

收款人户名：汉东市腾飞数字科技有限公司　　收款人开户行：中国工商银行股份有限公司汉东经开支行

收款人账号(卡号)：6132035010300001782

金额：壹拾万壹仟元整　　小写：¥101,000.00 元

业务(产品)种类：同城转账　　凭证种类：0800477559　　凭证号码：40424956284013176

摘要：服务费　　用途：服务费　　币种：人民币

交易机构：1999614895　　记账柜员：04931　　交易代码：46361　　渠道：网上银行

本回单为第 1 次打印，注意重复　　打印日期：2024 年 12 月 31 日

图 A－4　腾飞公司 12 月销售银行回单

业务 A–2：腾飞公司于 12 月购买一套超融合设备用于智能识别系统开发项目并已全额支付 50 000 元，签订的购销合同如图 A–5 所示。具体发票信息及付款情况如图 A–6 和 A–7 所示。

购销合同

甲方：汉东市腾飞数字科技有限公司

乙方：汉东市星辰设备销售有限公司

根据《中华人民共和国民法典》及国家相关法律、法规之规定，甲乙双方本着平等互利的原则，就甲方购买乙方货物一事达成以下协议：

一、货物的名称、数量及价格

超融合设备一套，不含税价49,504.95元，增值税495.05元。

二、交货方式和费用承担

交货方式：供货方运送至交货地点，交货时间：2024年12月15日前，交货地点：汉东开发区综合服务区。

三、付款时间与付款方式

甲方收到货物时一次性向乙方付清货款。

……

甲方：
法定代表人或授权代表：
日期：2024年12月2日

乙方：
法定代表人或授权代表：
日期：2024年12月2日

图 A－5　腾飞公司购销合同

电子发票（普通发票）

发票号码：24371000000025491562
开票日期：2024年12月15日

下载次数：1

购买方信息	名称：汉东市腾飞数字科技有限公司 统一社会信用代码/纳税人识别号：911201860691232032	销售方信息	名称：汉东市星辰设备销售有限公司 统一社会信用代码/纳税人识别号：911214381629123578

项目名称	规格型号	单位	数量	单价	金额	税率/征收率	税额
*计算机网络设备*超融合设备		套	1	49 504.95	49 504.95	1%	495.05
合计					¥49 504.95		¥495.05
价税合计（大写）	⊗伍万圆整				（小写）¥50 000.00		
备注							

开票人：×××

图 A－6　腾飞公司 12 月购货发票

业务回单（付款）

日期：2024 年 12 月 15 日

回单编号：20542684913

付款人户名：汉东市腾飞数字科技有限公司　　付款人开户行：中国工商银行股份有限公司汉东经开支行

付款人账号（卡号）：6132035010300001782

收款人户名：汉东市星辰设备销售有限公司　　收款人开户行：中国工商银行股份有限公司汉东经开支行

收款人账号（卡号）：6132035010300002536

金额：伍万元整　　小写：¥50,000.00 元

业务（产品）种类：同城转账　　凭证种类：0800477559　　凭证号码：40424956284013176

摘要：设备费　　用途：货款　　币种：人民币

交易机构：1999614895　　记账柜员：04931　　交易代码：46361　　渠道：网上银行

中国工商银行股份有限公司 汉东经开支行 业务专用章

本回单为第 1 次打印，注意重复　　打印日期：2024 年 12 月 15 日

图 A－7　腾飞公司 12 月购货银行回单

业务 A-3：腾飞公司 12 月工资薪金支付情况如图 A-8、表 A-11 所示，工会经费缴纳情况如图 A-9 所示，社会保险费缴纳情况如图 A-10 所示，住房公积金缴纳情况如图 A-11 所示。

中国工商银行股份有限公司　业务回单（付款）

日期：2024 年 12 月 25 日

回单编号：60631508155

付款人户名：汉东市腾飞数字科技有限公司　　付款人开户行：中国工商银行股份有限公司汉东经开支行

付款人账号(卡号)：6132035010300001782

收款人户名：　　收款人开户行：

收款人账号(卡号)：

金额：叁万零捌佰陆拾元伍角整　　小写：¥30,860.50 元

业务(产品)种类：代理业务　　凭证种类：3929360973　　凭证号码：34248725554635959

摘要：工资　　用途：工资　　币种：人民币

交易机构：7656890624　　记账柜员：61612　　交易代码：03932　　渠道：网上银行

中国工商银行股份有限公司 汉东经开支行 业务专用章

本回单为第 1 次打印，注意重复　　打印日期：2024 年 12 月 25 日

图 A－8　腾飞公司 12 月工资银行回单

表 A－11　腾飞公司 12 月工资表　　金额单位：元

姓名	应发工资	应扣个人缴纳保险					专项附加扣除
		养老保险（8%）	医疗保险（2%）	失业保险（0.5%）	住房公积金（11%）	合计	
张腾飞	18 000.00	1 360.00	340.00	85.00	1 870.00	3 655.00	6 500.00
王晓	5 300.00	400.00	100.00	25.00	550.00	1 075.00	
胡美丽	5 000.00	400.00	100.00	25.00	550.00	1 075.00	
张波	5 300.00	400.00	100.00	25.00	550.00	1 075.00	
李志强	5 500.00	400.00	100.00	25.00	550.00	1 075.00	
合计	39 100.00	2 960.00	740.00	185.00	4 070.00	7 955.00	6 500.00

中国工商银行　　凭证

电子缴税付款凭证

缴税日期：2024 年 12 月 31 日　　凭证字号：20240010

纳税人全称及纳税人识别号：汉东市腾飞数字科技有限公司　911201860691232032

付款人全称：汉东市腾飞数字科技有限公司

付款人账号：6132035010300001782　　征收机关名称：国家税务总局汉东市经开区税务局

付款人开户行：中国工商银行股份有限公司汉东经开支行　　收款国库（银行）名称：国家金库汉东市经开区支库

小写（合计）金额：¥782.00　　缴款书交易流水号：77595760

大写（合计）金额：人民币柒佰捌拾贰元整　　税票号码：625397865850257665

税（费）种名称	所属日期	实缴金额（单位：元）
其他收入	2024.12.01 — 2024.12.31	782.00

中国工商银行股份有限公司汉东经开支行 电子回单专用章

第 1 次打印　　打印时间：2024 年 12 月 31 日

客户回单联　　验证码：999030　　复核：李刚　　记账：王磊

图 A－9　腾飞公司 12 月工会经费银行回单

中国工商银行

凭证

电子缴税付款凭证

缴税日期： 2024 年 12 月 31 日　　　　凭证字号：20240011

纳税人全称及纳税人识别号：汉东市腾飞数字科技有限公司　　911201860691232032

付款人全称：汉东市腾飞数字科技有限公司

付款人账号：6132035010300001782　　征收机关名称：国家税务总局汉东市经开区税务局

付款人开户行：中国工商银行股份有限公司汉东经开支行　　收款国库（银行）名称：国家金库汉东市经开区支库

小写（合计）金额：¥13,875.00　　缴款书交易流水号：77595760

大写（合计）金额：人民币壹万叁仟捌佰柒拾伍元整　　税票号码：625397865850257665

税（费）种名称	所属日期	实缴金额（单位：元）
企业职工基本养老保险费	2024.12.01 — 2024.12.31	8,880.00
基本医疗保险费	2024.12.01 — 2024.12.31	4,440.00
失业保险费	2024.12.01 — 2024.12.31	370.00
工伤保险费	2024.12.01 — 2024.12.31	185.00

第 1 次打印　　打印时间： 2024 年 12 月 31 日

中国工商银行股份有限公司汉东经开支行 电子回单专用章

客户回单联　　验证码：999030　　复核：李刚　　记账：王磊

图 A－10　腾飞公司 12 月社会保险费银行回单

中国工商银行股份有限公司　业务回单（付款）

日期： 2024 年 12 月 31 日

回单编号：16324128090

付款人户名：汉东市腾飞数字科技有限公司　　付款人开户行：中国工商银行股份有限公司汉东经开支行

付款人账号（卡号）：6132035010300001782

收款人户名：汉东市住房公积金管理中心　　收款人开户行：中国工商银行股份有限公司

收款人账号（卡号）：6132001217650000006

金额：捌仟壹佰肆拾元整　　小写： ¥8,140.00 元

业务（产品）种类：转账　　凭证种类：2202834966　　凭证号码：64458510359496948

摘要：2001766　　用途：2001766　　币种：人民币

交易机构：5949354617　　记账柜员：37965　　交易代码：22009　　渠道：网上银行

本回单为第 1 次打印，注意重复　　打印日期： 2024 年 12 月 31 日

中国工商银行股份有限公司 汉东经开支行 业务专用章

图 A－11　腾飞公司 12 月住房公积金银行回单

业务 A–4：腾飞公司 12 月支付招待客户餐费，金额为含税价 12 000 元。相关发票和银行回单如图 A–12、图 A–13 所示。

电子发票（普通发票）

全国统一发票监制章 国家税务总局 汉东市税务局

发票号码：24371000000028503728
开票日期：2024 年 12 月 20 日

下载次数：1

购买方信息	名称：汉东市腾飞数字科技有限公司 统一社会信用代码/纳税人识别号：911201860691232032
销售方信息	名称：汉东市有缘餐饮有限公司 统一社会信用代码/纳税人识别号：92450302FB08736284F

项目名称	规格型号	单位	数量	单价	金额	税率/征收率	税额
*餐饮服务*餐费		项	1	11 320.75	11 320.75	6%	679.25
合计					¥11 320.75		¥679.25
价税合计（大写）	⊗壹万贰仟圆整			（小写）¥12 000.00			
备注							

开票人：XXX

图 A－12　腾飞公司 12 月餐费发票

中国工商银行股份有限公司　业务回单（付款）

日期：2024 年 12 月 20 日

回单编号：27135128064

付款人户名：汉东市腾飞数字科技有限公司　付款人开户行：中国工商银行股份有限公司汉东经开支行

付款人账号（卡号）：6132035010300001782

收款人户名：汉东市有缘餐饮有限公司　收款人开户行：中国工商银行股份有限公司汉东光明支行

收款人账号（卡号）：6132078270200002876

金额：壹万贰仟元整　小写：¥12,000.00 元

业务（产品）种类：转账　凭证种类：5758498409　凭证号码：99804165685146941

摘要：餐费　用途：餐费　币种：人民币

交易机构：0613200350　记账柜员：26279　交易代码：11213　渠道：网上银行

中国工商银行股份有限公司 汉东经开支行 业务专用章 2412WM271042

本回单为第 1 次打印，注意重复　打印日期：2024 年 12 月 20 日　打印次数：5

图 A－13　腾飞公司 12 月餐费银行回单

业务 A-5：腾飞公司 12 月收到存款利息 200 元，支付手续费 150 元。银行回单如图 A-14、图 A-15 所示。

中国工商银行股份有限公司　业务回单（收款）

日期：2024 年 12 月 21 日

回单编号：22521000001

付款人户名：　　　　付款人开户行：

付款人账号(卡号)：

收款人户名：汉东市腾飞数字科技有限公司　　　　收款人开户行：中国工商银行股份有限公司汉东经开支行

收款人账号(卡号)：6132035010300001782

金额：贰佰元整　　　　小写：¥200.00 元

业务(产品)种类：利息入账　　凭证种类：5758498409　　凭证号码：99804165685146941

摘要：利息　　用途：利息　　币种：人民币

交易机构：0613200350　　记账柜员：26279　　交易代码：15389　　渠道：网上银行

中国工商银行股份有限公司 汉东经开支行 业务专用章

本回单为第 1 次打印，注意重复　　打印日期：2024 年 12 月 21 日　　打印柜员：5

图 A－14　腾飞公司 12 月利息收入银行回单

中国工商银行股份有限公司　业务回单（付款）

日期：2024 年 12 月 26 日

回单编号：22521000006

付款人户名：汉东市腾飞数字科技有限公司　　　　付款人开户行：中国工商银行股份有限公司汉东经开支行

付款人账号(卡号)：6132035010300001782

收款人户名：　　　　收款人开户行：

收款人账号(卡号)：

金额：壹佰伍拾元整　　　　小写：¥150.00 元

业务(产品)种类：对公收费　　凭证种类：5758498409　　凭证号码：99804165685146941

摘要：手续费　　用途：手续费　　币种：人民币

交易机构：0613200350　　记账柜员：26279　　交易代码：15389　　渠道：网上银行

中国工商银行股份有限公司 汉东经开支行 业务专用章

本回单为第 1 次打印，注意重复　　打印日期：2024 年 12 月 26 日　　打印柜员：5

图 A－15　腾飞公司 12 月手续费银行回单

业务 A-6：腾飞公司 12 月支付电梯广告费 30 000 元，签订了电梯广告发布合同，含税价 30 000 元。广告发布合同、发票及银行回单如图 A-16 至图 A-18 所示。

电梯广告发布合同

甲方：汉东市腾飞数字科技有限公司
乙方：汉东市创新文化传媒有限公司

甲乙双方根据《中华人民共和国民法典》及相关法律法规规定，在平等、自愿、协商一致的基础上就甲方委托乙方发布广告事宜签订本合同，双方共同遵守。

一、委托内容

乙方接受甲方委托，在指定的电梯内发布广告。具体广告内容、发布地点、发布时间等详见附件。

二、合同期限

2024 年 12 月 1 日至 2024 年 12 月 31 日。

三、合同金额及支付方式

甲方应支付乙方的发布费用为含税金额 30 000 元，应于乙方发布广告后 15 日内一次性付清广告发布费用。

……

甲方：　　　　　　　　　　　　　　　　乙方：
法定代表人或授权代表：　　　　　　　　法定代表人或授权代表：
日期：2024 年 12 月 1 日　　　　　　　　日期：2024 年 12 月 1 日

图 A－16　腾飞公司 12 月广告费合同

电子发票（普通发票）

发票号码：24371000000028615309
开票日期：2024 年 12 月 20 日

购买方信息	名称：汉东市腾飞数字科技有限公司 统一社会信用代码/纳税人识别号：911201860691232032			销售方信息	名称：汉东市创新文化传媒有限公司 统一社会信用代码/纳税人识别号：912302035830286012		
项目名称	规格型号	单 位	数 量	单 价	金 额	税率/征收率	税 额
*广告服务*广告发布费		项	1	29 702.97	29 702.97	1%	297.03
合 计					¥29 702.97		¥297.03
价税合计（大写）	⊗叁万圆整				（小写）¥30 000.00		
备注							

下载次数：1

开票人：XXX

图 A－17　腾飞公司 12 月广告费发票

中国工商银行股份有限公司　业务回单（付款）

日期：2024 年 12 月 20 日

回单编号：24494222058

付款人户名：汉东市腾飞数字科技有限公司　　付款人开户行：中国工商银行股份有限公司汉东经开支行

付款人账号(卡号)：6132035010300001782

收款人户名：汉东市创新文化传媒有限公司　　收款人开户行：中国工商银行股份有限公司汉东开发区支行

收款人账号(卡号)：6158002821700002873

金额：叁万元整　　小写：¥30,000.00 元

业务(产品)种类：同城转账　　凭证种类：3010934471　　凭证号码：72429515307839782

摘要：广告费　　用途：广告费　　币种：人民币

交易机构：6747364112　　记账柜员：08893　　交易代码：03837　　渠道：网上银行

本回单为第 1 次打印，注意重复　　打印日期：2024 年 12 月 20 日　　打印柜员：

图 A－18　腾飞公司 12 月广告费银行回单

业务 A-7：腾飞公司 12 月支付希望小学 10 000 元捐赠款。银行回单如图 A-19 所示。

中国工商银行股份有限公司　业务回单（付款）

日期：2024 年 12 月 23 日

回单编号：03602755591

付款人户名：汉东市腾飞数字科技有限公司　　付款人开户行：中国工商银行股份有限公司汉东经开支行

付款人账号(卡号)：6132035010300001782

收款人户名：汉东市希望小学　　收款人开户行：中国工商银行股份有限公司汉东经开支行

收款人账号(卡号)：6132035010300003725

金额：壹万元整　　小写：¥10,000.00 元

业务(产品)种类：同城转账　　凭证种类：1830687616　　凭证号码：50636048840212838

摘要：捐款　　用途：捐款　　币种：人民币

交易机构：4577117467　　记账柜员：87001　　交易代码：72045　　渠道：网上银行

本回单为第 1 次打印，注意重复　　打印日期：2024 年 12 月 23 日

图 A－19　腾飞公司 12 月捐款银行回单

业务 A-8：腾飞公司 12 月支付税费共计 9 123.75 元，其中：增值税 8 346.56 元，城市维护建设税 292.14 元，教育费附加 125.19 元，地方教育附加 83.47 元，个人所得税 234.06 元，印花税 42.33 元。银行回单如图 A-20 所示。

中国工商银行　　凭证

电子缴税付款凭证

缴税日期：2024 年 12 月 12 日　　凭证字号：20200010

纳税人全称及纳税人识别号：汉东市腾飞数字科技有限公司　　911201860691232032

付款人全称：汉东市腾飞数字科技有限公司

付款人账号：6132035010300001782　　征收机关名称：汉东市地方税务局

付款人开户行：中国工商银行股份有限公司汉东经开支行　　收款国库（银行）名称：国家金库汉东市经开区支库

小写（合计）金额：¥9,123.75 元　　缴款书交易流水号：83948932

大写（合计）金额：玖仟壹佰贰拾叁元柒角伍分　　税票号码：789829689786031920

税（费）种名称	所属日期	实缴金额（单位：元）
增值税	2024.12.01 — 2024.12.31	¥8,346.56
城市维护建设税	2024.12.01 — 2024.12.31	¥292.14
教育费附加	2024.12.01 — 2024.12.31	¥125.19
地方教育费附加	2024.12.01 — 2024.12.31	¥83.47
印花税	2024.12.01 — 2024.12.31	¥42.33
个人所得税	2024.12.01 — 2024.12.31	¥234.06

第 1 次打印　　打印时间：2024 年 12 月 12 日

（印章：中国工商银行 汉东经开支行 业务专用章 20208HK2836）

客户回单联　　验证码：043572　　复核：　　记账：

图 A－20　腾飞公司 12 月税费银行回单

业务 A-9：腾飞公司 12 月累计折旧情况如表 A-12 所示。

表 A－12　2024 年 12 月固定资产折旧统计表　　金额单位：元

项目	2024 年 11 月月末余额	本期增减发生额	2024 年年末余额	2024 年 12 月发生额		
				主营业务成本	管理费用	小计
一、账面原值合计	3 205 772.29		3 205 772.29			
其中：机器设备	1 557 899.61		1 557 899.61			
办公设备	1 647 872.68		1 647 872.68			
二、累计折旧合计	851 622.21	38 424.69	890 046.90	38 214.51	210.18	38 424.69
其中：机器设备	235 813.06	12 333.37	248 146.43	12 333.37		12 333.37
办公设备	615 809.15	26 091.32	641 900.47	25 881.14	210.18	26 091.32
三、固定资产账面价值合计	2 354 150.08		2 315 725.39			
其中：机器设备	1 322 086.55		1 309 753.18			
办公设备	1 032 063.53		1 005 972.21			

制造业企业实训案例 B

一、基本信息

1.汉东蔚蓝氢能科技有限公司（以下简称“蔚蓝公司”）营业执照如图 B -1 所示。

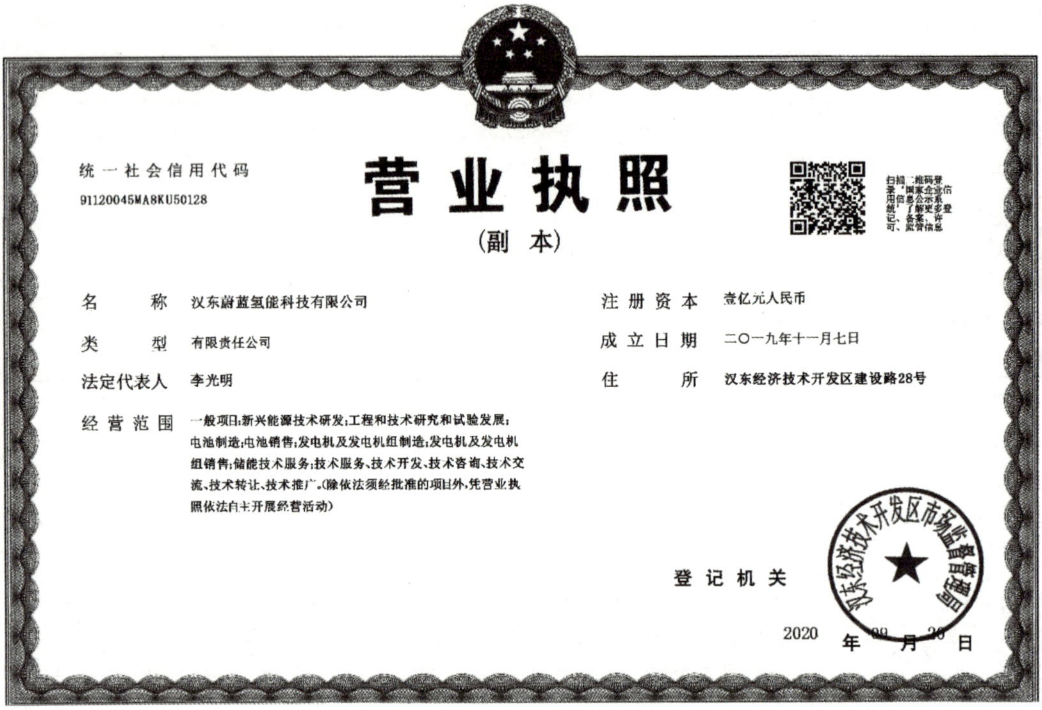
统一社会信用代码
91120045MA8KU50128

营业执照
（副　本）

扫描二维码登录“国家企业信用信息公示系统”了解更多登记、备案、许可、监管信息

名　　称　汉东蔚蓝氢能科技有限公司
类　　型　有限责任公司
法定代表人　李光明
经营范围　一般项目:新兴能源技术研发;工程和技术研究和试验发展;电池制造;电池销售;发电机及发电机组制造;发电机及发电机组销售;储能技术服务;技术服务、技术开发、技术咨询、技术交流、技术转让、技术推广。(除依法须经批准的项目外,凭营业执照依法自主开展经营活动)

注册资本　壹亿元人民币
成立日期　二〇一九年十一月七日
住　　所　汉东经济技术开发区建设路28号

登记机关　汉东经济技术开发区市场监督管理局
2020 年 09 月 20 日

图 B－1　蔚蓝公司营业执照

2. 蔚蓝公司其他基本信息如下：

（1）开户银行：中国工商银行股份有限公司汉东经开支行。

（2）银行账号：6132035010300000536。

二、2024 年 1—11 月相关涉税信息

1. 2024 年第 1—3 季度公司员工人数情况如表 B-1 所示。

表 B－1　员工人数　　单位：人

时间	员工人数
年初	10
1 季度末	10
2 季度末	10
3 季度末	10

2. 2024 年第 1—3 季度资产总额情况如表 B-2 所示。

表 B－2　资产总额情况　　金额单位：万元

时间	资产总额
年初	14 068.52
1 季度末	12 071.38
2 季度末	13 327.16
3 季度末	14 726.08

3. 2024 年 11 月末资产负债表如表 B-3 所示。

表 B－3　资产负债表

编制单位：汉东蔚蓝氢能科技有限公司　2024 年 11 月 30 日　　金额单位：元

资产	年初余额	期末余额	负债和所有者权益	年初余额	期末余额
流动资产：			流动负债：		
货币资金	18 978 521.43	13 118 014.21	短期借款		
交易性金融资产			交易性金融负债		
衍生金融资产			衍生金融负债		
应收票据			应付票据		
应收账款	5 681 200.00	20 332 100.00	应付账款	38 885 320.81	55 258 432.81
应收款项融资			预收款项		
预付款项			合同负债		
其他应收款			应交税费	2 845 054.19	2 050 792.59
存货	48 357 136.30	61 877 676.22	应付职工薪酬		
合同资产			其他应付款		
持有待售资产			持有待售负债		
一年内到期的非流动资产			一年内到期的非流动负债		
其他流动资产			其他流动负债		
流动资产合计	73 016 857.73	95 327 790.43	流动负债合计	41 730 375.00	57 309 225.40
非流动资产：			非流动负债：		
债权投资			长期借款		
其他债权投资			应付债券		
长期应收款			租赁负债		
长期股权投资	5 000 000.00	5 000 000.00	长期应付款		
其他权益工具投资			预计负债		
其他非流动金融资产			递延收益		

续表

资产	年初余额	期末余额	负债和所有者权益	年初余额	期末余额
投资性房地产			递延所得税负债		
固定资产	57 868 339.74	53 596 529.67	其他非流动负债		
在建工程			非流动负债合计		
生产性生物资产			负债合计	41 730 375.00	57 309 225.40
油气资产			所有者权益：		
使用权资产			实收资本	100 000 000.00	100 000 000.00
无形资产	4 800 000.08	4 708 333.45	其他权益工具		
开发支出			资本公积		
商誉			减：库存股		
长期待摊费用			其他综合收益		
递延所得税资产			专项储备		
其他非流动资产			盈余公积	19 246.44	19 246.44
非流动资产合计	67 668 339.82	63 304 863.12	未分配利润	−1 064 423.89	1 304 181.71
			所有者权益合计	98 954 822.55	101 323 428.15
资产总计	140 685 197.55	158 632 653.55	负债和所有者权益总计	140 685 197.55	158 632 653.55

4. 2024 年 1—11 月利润表如表 B-4 所示。

表 B－4　利润表

编制单位：汉东蔚蓝氢能科技有限公司　　2024 年 1—11 月　　金额单位：元

项目	金额
一、营业收入	104 080 000.00
减：营业成本	94 088 320.00
税金及附加	3 374 631.71
销售费用	
管理费用	2 192 887.20
研发费用	2 180 084.22
财务费用	−124 528.73
加：其他收益	
投资收益	
公允价值变动收益	
资产减值损失	
二、营业利润	2 368 605.60
加：营业外收入	

续表

项目	金额
减：营业外支出	
三、利润总额	2 368 605.60
减：所得税费用	
四、净利润	2 368 605.60

5. 2024 年 1—11 月科目余额表如表 B-5 所示。

表 B－5　科目余额表

会计期间：2024.1.1—2024.11.30　　　　金额单位：元

科目编号	会计科目	期初余额	本期借方发生额	本期贷方发生额	期末余额
1002	银行存款	18 978 521.43	103 281 961.78	109 142 469.00	13 118 014.21
100201	工商银行汉东经开支行	18 978 521.43	103 281 961.78	109 142 469.00	13 118 014.21
1122	应收账款	5 681 200.00	38 979 200.00	24 328 300.00	20 332 100.00
1403	原材料	19 567 823.63	103 234 587.32	102 861 348.08	19 941 062.87
1405	库存商品	28 789 312.67	107 235 620.68	94 088 320.00	41 936 613.35
140501	铅蓄电池	17 473 587.60	60 022 706.54	54 954 240.00	22 542 054.14
140502	氢燃料电池	11 315 725.07	47 212 914.14	39 134 080.00	19 394 559.21
1511	长期股权投资	5 000 000.00			5 000 000.00
1601	固定资产	64 208 043.04			64 208 043.04
160101	房屋及建筑物	38 168 421.72			38 168 421.72
160102	机器设备	23 785 682.06			23 785 682.06
160103	运输工具	715 235.98			715 235.98
160104	办公设备	1 538 703.28			1 538 703.28
1602	累计折旧	6 339 703.30		4 271 810.07	10 611 513.37
160201	房屋及建筑物	2 515 183.38		1 661 916.74	4 177 100.12
160202	机器设备	3 012 853.06		2 071 336.52	5 084 189.58
160203	运输工具	254 802.82		155 712.81	410 515.63
160204	办公设备	556 864.04		382 844.00	939 708.04
1606	固定资产清理				
1701	无形资产	5 000 000.00			5 000 000.00
170101	土地使用权	5 000 000.00			5 000 000.00
1702	累计摊销	199 999.92		91 666.63	291 666.55
170201	土地使用权	199 999.92		91 666.63	291 666.55

续表

科目编号	会计科目	期初余额	本期借方发生额	本期贷方发生额	期末余额
1811	递延所得税资产				
2202	应付账款	38 885 320.81	100 281 971.67	116 655 083.67	55 258 432.81
2211	应付职工薪酬		1 985 037.73	1 985 037.73	
221101	短期薪酬		1 785 387.73	1 785 387.73	
22110101	职工工资		1 335 000.00	1 335 000.00	
22110102	社会保险费		127 050.00	127 050.00	
2211010201	医疗保险		121 000.00	121 000.00	
2211010202	工伤保险		6 050.00	6 050.00	
22110103	住房公积金		133 100.00	133 100.00	
22110104	职工福利费		100 000.00	100 000.00	
22110105	职工教育经费		66 037.73	66 037.73	
22110106	工会经费		24 200.00	24 200.00	
221102	离职后福利		199 650.00	199 650.00	
22110201	设定提存计划		199 650.00	199 650.00	
2211020101	基本养老保险		193 600.00	193 600.00	
2211020102	失业保险		6 050.00	6 050.00	
2221	应交税费	2 845 054.19	33 923 308.76	33 129 047.16	2 050 792.59
222101	应交增值税		27 380 800.00	27 380 800.00	
22210101	进项税额		11 339 737.00	11 339 737.00	
22210102	销项税额抵减				
22210103	已交税金				
22210104	转出未交增值税		2 350 663.00	2 350 663.00	
22210105	减免税额				
22210106	销项税额		13 690 400.00	13 690 400.00	
22210107	进项税额转出				
22210108	转出多交增值税				
222102	未交增值税	1 830 192.56	2 841 775.44	2 350 663.00	1 339 080.12
222103	简易计税				
222104	应交消费税	489 235.52	2 531 628.52	2 497 920.00	455 527.00
222105	应交城市维护建设税	162 359.97	376 138.28	339 400.81	125 622.50
222106	应交教育费附加	69 582.84	161 202.12	145 457.49	53 838.21

续表

科目编号	会计科目	期初余额	本期借方发生额	本期贷方发生额	期末余额
222107	应交地方教育附加	46 388.56	107 468.08	96 971.66	35 892.14
222108	应交房产税	181 937.37	363 874.74	181 937.37	
222109	应交城镇土地使用税	50 750.00	101 500.00	50 750.00	
222110	应交印花税	11 732.08	35 156.50	62 194.38	38 769.96
222111	应交车船税				
222112	应交土地增值税				
222113	应交个人所得税	2 875.29	23 765.08	22 952.45	2 062.66
222114	应交所得税				
2241	其他应付款				
2501	长期借款				
2901	递延所得税负债				
4001	实收资本	100 000 000.00			100 000 000.00
4101	盈余公积	19 246.44			19 246.44
4104	未分配利润	−1 064 423.89		2 368 605.60	1 304 181.71
5001	生产成本		107 235 620.68	107 235 620.68	
500101	铅蓄电池		60 022 706.54	60 022 706.54	
500102	氢燃料电池		47 212 914.14	47 212 914.14	
5301	研发支出		2 180 084.22	2 180 084.22	
530101	原材料		926 750.00	926 750.00	
530102	工资薪金		440 000.00	440 000.00	
530103	职工福利费		33 000.00	33 000.00	
530104	职工教育经费		47 169.81	47 169.81	
530105	工会经费		7 700.00	7 700.00	
530106	社会保险费		103 950.00	103 950.00	
530107	住房公积金		42 350.00	42 350.00	
530108	水电费		58 300.00	58 300.00	
530109	折旧费		520 864.41	520 864.41	
6001	主营业务收入		104 080 000.00	104 080 000.00	
600101	铅蓄电池		62 448 000.00	62 448 000.00	
600102	氢燃料电池		41 632 000.00	41 632 000.00	
6051	其他业务收入				

续表

科目编号	会计科目	期初余额	本期借方发生额	本期贷方发生额	期末余额
6101	公允价值变动损益				
6111	投资收益				
6115	资产处置损益				
6301	营业外收入				
6401	主营业务成本		94 088 320.00	94 088 320.00	
640101	铅蓄电池		54 954 240.00	54 954 240.00	
640102	氢燃料电池		39 134 080.00	39 134 080.00	
6402	其他业务成本				
6403	税金及附加		3 374 631.71	3 374 631.71	
640301	消费税		2 497 920.00	2 497 920.00	
640302	城市维护建设税		339 400.81	339 400.81	
640303	教育费附加		145 457.49	145 457.49	
640304	地方教育附加		96 971.66	96 971.66	
640305	房产税		181 937.37	181 937.37	
640306	城镇土地使用税		50 750.00	50 750.00	
640307	印花税		62 194.38	62 194.38	
640308	车船税				
6601	销售费用				
6602	管理费用		4 372 971.42	4 372 971.42	
660201	办公费		135 048.25	135 048.25	
660202	折旧费		901 882.41	901 882.41	
660203	业务招待费		112 438.72	112 438.72	
660204	工资薪金		625 000.00	625 000.00	
660205	社会保险费		154 440.00	154 440.00	
660206	住房公积金		62 920.00	62 920.00	
660207	职工福利费		67 000.00	67 000.00	
660208	职工教育经费		18 867.92	18 867.92	
660209	工会经费		11 440.00	11 440.00	
660210	水电费		12 183.27	12 183.27	
660211	累计摊销		91 666.63	91 666.63	

续表

科目编号	会计科目	期初余额	本期借方发生额	本期贷方发生额	期末余额
660212	研究费用		2 180 084.22	2 180 084.22	
6603	财务费用		−124 528.73	−124 528.73	
660301	手续费		37 933.05	37 933.05	
660302	利息收入		−162 461.78	−162 461.78	
660303	利息支出				
6701	资产减值损失				
6711	营业外支出				
6801	所得税费用				
6901	以前年度损益调整				

6. 2024 年 12 月纳税申报涉及的以往相关税费情况如下：

（1）1—11 月增值税及附加税费累计纳税申报情况如表 B−6 所示。

表 B－6　1—11 月增值税及附加税费累计纳税申报情况　　金额单位：元

项目		栏次	一般项目	即征即退项目
			1—11 月累计	1—11 月累计
销售额	(一) 按适用税率计税销售额	1	104 080 000.00	
	其中：应税货物销售额	2	104 080 000.00	
	应税劳务销售额	3		
	纳税检查调整的销售额	4		
	(二) 按简易办法计税销售额	5		
	其中：纳税检查调整的销售额	6		
	(三) 免、抵、退办法出口销售额	7		—
	(四) 免税销售额	8		—
	其中：免税货物销售额	9		—
	免税劳务销售额	10		—
税款计算	销项税额	11	13 690 400.00	
	进项税额	12	11 339 737.00	
	上期留抵税额	13		—
	进项税额转出	14		
	免、抵、退应退税额	15		—
	按适用税率计算的纳税检查应补缴税额	16		—

续表

项目		栏次	一般项目	即征即退项目
			1—11 月累计	1—11 月累计
税款计算	应抵扣税额合计	17=12+13−14−15+16	11 339 737.00	—
	实际抵扣税额	18（如 17<11，则为 17，否则为 11）	11 339 737.00	
	应纳税额	19=11−18	2 350 663.00	
	期末留抵税额	20=17−18		—
	简易计税办法计算的应纳税额	21		
	按简易计税办法计算的纳税检查应补缴税额	22		—
	应纳税额减征额	23		
	应纳税额合计	24=19+21−23	2 350 663.00	
税款缴纳	期初未缴税额（多缴为负数）	25	1 830 192.56	
	实收出口开具专用缴款书退税额	26	—	—
	本期已缴税额	27=28+29+30+31	2 841 775.44	
	①分次预缴税额	28		—
	②出口开具专用缴款书预缴税额	29		—
	③本期缴纳上期应纳税额	30	2 841 775.44	
	④本期缴纳欠缴税额	31	—	
	期末未缴税额（多缴为负数）	32=24+25+26−27	1 339 080.12	
	其中：欠缴税额（≥ 0）	33=25+26−27		—
	本期应补（退）税额	34=24−28−29		—
	即征即退实际退税额	35		
	期初未缴查补税额	36		—
	本期入库查补税额	37		—
	期末未缴查补税额	38=16+22+36−37		—
附加税费	城市维护建设税本期应补（退）税额	39	164 546.41	—
	教育费附加本期应补（退）费额	40	70 519.89	—
	地方教育附加本期应补（退）费额	41	47 013.26	—

（2）11 月应缴纳的消费税为 455 527.00 元。

（3）第 1—3 季度预缴的企业所得税累计金额为 0 元。

（4）前五年当年境内所得额如表 B-7 所示。

表 B－7　前五年当年境内所得额　　金额单位：元

年份	前一年	前两年	前三年	前四年	前五年
当年境内所得额	−476 830.58	−760 811.23	838 412.62	317 453.09	−963 401.35

注：从前五年企业所得税年度纳税申报表中摘录。

7. 2024 年 11 月末房屋、土地基本信息如表 B-8 所示。

表 B－8　2024 年 11 月末房屋、土地基本信息　　金额单位：万元

<table>
<tr><th rowspan="2">名称</th><th colspan="4">账面原值</th><th rowspan="2">不动产权证号</th><th rowspan="2">不动产单元号</th><th rowspan="2">建筑面积（m²）</th><th rowspan="2">房产原值扣除比例</th></tr>
<tr><th>土地原值</th><th>房屋原值</th><th>契税</th><th>合计</th></tr>
<tr><td>蔚蓝厂房一期</td><td>500.00</td><td>3 507.84</td><td>15.00</td><td>4 022.84</td><td>1262104</td><td>111202250002GB00132F01100126</td><td>4 000</td><td>30%</td></tr>
<tr><td>蔚蓝办公楼</td><td colspan="2">300.00</td><td>9.00</td><td>309.00</td><td>1175016</td><td>111202100001GB0002F000100238</td><td>300</td><td>30%</td></tr>
<tr><th>名称</th><th colspan="2">土地面积（m²）</th><th>土地等级</th><th>城镇土地使用税税额标准</th><th>宗地号</th><th>房屋坐落地点</th><th>土地购置时间</th><th>房屋竣工时间</th></tr>
<tr><td>蔚蓝厂房一期</td><td colspan="2">10 000</td><td>四级</td><td>10 元 / 平方米</td><td>02-02-15-027</td><td>汉东经济技术开发区建设路 28 号</td><td>2021 年 12 月</td><td>2022 年 8 月</td></tr>
<tr><td>蔚蓝办公楼</td><td colspan="2">50.00</td><td>一级</td><td>30 元 / 平方米</td><td>02-01-11-012</td><td>汉东市东城区创业大厦 701 室</td><td colspan="2">2021 年 12 月</td></tr>
</table>

注：房产原值扣除比例根据当地标准确定；土地等级和城镇土地使用税税额标准由当地所属税务机关核实并在电子税务局系统采集。

8. 2024 年 11 月末车辆基本信息如表 B-9 所示。

表 B－9　2024 年 11 月末车辆基本信息

发票日期	车牌号码	车辆识别代码（车架号）	车辆品牌	车辆型号	年基准税额（元）	排（气）量	整备质量（吨）
2020 年 2 月 1 日	东 A12657	L6T7824S6IN10066	吉利	MR7152L21	480	1.8 升	5
2020 年 11 月 9 日	东 A03206	LBEJMBJB8AX320100	北京现代	BH6430AY	600	2.0 升	5
2021 年 2 月 23 日	东 B08976	LGWCB61A4MJ172005	长城	CC1030QA00A	600	2.0 升	5

续表

发票日期	车牌号码	车辆识别代码（车架号）	车辆品牌	车辆型号	年基准税额（元）	排（气）量	整备质量（吨）
2021 年 4 月 13 日	东 B10352	LEFAFCG25MHN10520	江铃牌	JX1041TSG26	50	2.9 升	1.6

注：年基准税额根据当地标准确定，其他信息从机动车销售统一发票和机动车行驶证中摘录。

9. 2024 年 11 月末固定资产折旧情况表如表 B-10 所示。

表 B－10　2024 年 11 月末固定资产折旧统计表

2024 年 11 月　　　　金额单位：元

项目	2024 年年初余额	本期增减发生额	2024 年 11 月月末余额	2024 年 1—11 月累计折旧发生额			
				生产部门	研发部门	其他部门	小计
一、账面原值合计	64 208 043.04		64 208 043.04				
其中：房屋及构筑物	38 168 421.72		38 168 421.72				
机器设备	23 785 682.06		23 785 682.06				
运输工具	715 235.98		715 235.98				
办公设备	1 538 703.28		1 538 703.28				
二、累计折旧合计	6 339 703.30	4 271 810.07	10 611 513.37	2 849 063.25	520 864.41	901 882.41	4 271 810.07
其中：房屋及构筑物	2 515 183.38	1 661 916.74	4 177 100.12	1 069 161.06	152 737.31	440 018.37	1 661 916.74
机器设备	3 012 853.06	2 071 336.52	5 084 189.58	1 760 636.02	310 700.50		2 071 336.52
运输工具	254 802.82	155 712.81	410 515.63	19 266.17		136 446.64	155 712.81
办公设备	556 864.04	382 844.00	939 708.04		57 426.60	325 417.40	382 844.00
三、固定资产账面价值合计	57 868 339.74		53 596 529.67				
其中：房屋及构筑物	35 653 238.34		33 991 321.60				
机器设备	20 772 829.00		18 701 492.48				
运输工具	460 433.16		304 720.35				
办公设备	981 839.24		598 995.24				

10. 11 月末对外投资情况：蔚蓝公司为汉东市蔚蓝销售有限公司的股东，具体对外投资情况如表 B-11 所示。

表 B－11　11 月末对外投资情况

金额单位：元

被投资企业	被投资企业统一社会信用代码（纳税人识别号）	投资性质	原始投资成本	投资比例（%）
汉东市蔚蓝销售有限公司	9137027510MA6TUE9362	直接投资	5 000 000.00	100

11. 2024 年 1—11 月员工信息、专项附加扣除数据以及个人所得税情况如表 B-12～表 B-19 所示。

表 B－12　员工信息

姓名	性别	身份证号码	国籍	入职日期	是否雇员	是否股东及比例	人员状态	部门	手机号码
李光明	男	3701011975021902××	中国	2019/12/1	是	是，60%	正常	综合	188010587××
李建华	男	3701011977070706××	中国	2019/12/1	是	是，40%	正常	生产（氢燃料电池）	137151803××
胡淑芳	女	3701021980101256××	中国	2019/12/1	是	否	正常	财务	133031326××
王力君	男	3701021982081910××	中国	2020/8/1	是	否	正常	生产（铅蓄电池）	186132037××
王子轩	男	3701011990080518××	中国	2020/8/1	是	否	正常	综合	188021353××
向天浩	男	3701011990110231××	中国	2021/3/1	是	否	正常	研发	137052623××
胡云欣	男	3701011985060808××	中国	2021/1/1	是	否	正常	研发	139124621××
张启航	女	3701011994061108××	中国	2021/3/1	是	否	正常	财务	139031628××
张显平	男	3701011996032312××	中国	2021/5/1	是	否	正常	综合	139120306××
赵明露	女	3701021998100903××	中国	2021/8/1	是	否	正常	研发	139012827××

注：办税人员为张启航，财务人员为胡淑芳。

表 B－13　专项附加扣除数据

单位：元

姓名	项目						合计
	子女教育	赡养老人	住房贷款利息	住房租金	继续教育	3 岁以下婴幼儿照护	
李光明	2 000		1 000				3 000
李建华		1 500					1 500
胡淑芳	2 000		1 000				3 000
王力君		3 000				1 000	4 000
胡云欣				1 500		2 000	3 500
合计	4 000	4 500	2 000	1 500		3 000	15 000

表 B－14　子女教育专项附加扣除明细

姓名	申请项目	配偶姓名	身份证号码	子女姓名	身份证号码	出生日期	国籍	当前受教育阶段	受教育日期起	就读国家	扣除比例
李光明	子女教育	张晓凡	3701011975052303××	李圆圆	3701012008030925××	2008/3/9	中国	高中阶段教育	2024/9/1	中国	100%
胡淑芳	子女教育	任子贤	3701011979031807××	任远鸣	3701012010051526××	2010/5/15	中国	义务教育	2016/9/1	中国	100%

表 B－15　住房贷款专项附加扣除明细

姓名	申请项目	配偶姓名	身份证号码	地址	房屋所有权证编号	本人是否借款人	扣除比例	公积金贷款合同编号	首次还款日期	贷款期限（月数）
李光明	住房贷款	张晓凡	3701011975052303××	汉东市幸福小区 6-201	28310187	是	100%	JK116372	2010/4/13	240
胡淑芳	住房贷款	任子贤	3701011979031807××	汉东市雅苑小区 9-506	31207269	是	100%	JK102094	2017/8/14	240

表 B－16　住房租金专项附加扣除明细

姓名	申请项目	工作城市	出租房类型	地址	租赁日期起	租赁日期止
胡云欣	住房租金	汉东市	个人	汉东市嘉宜小区 13-1-601	2024/1/1	2025/12/31

表 B－17　赡养老人专项附加扣除明细

姓名	申请项目	独生子女	父亲姓名	身份证号码	出生日期	本人扣缴比例
李建华	赡养老人	否	李承龙	3701011950080316××	1950/08/03	50%
王力君	赡养老人	是	王立强	3701011950032728××	1950/3/27	100%

表 B－18　3 岁以下婴幼儿照护专项附加扣除明细

姓名	子女姓名	身份证号码	出生日期	本人扣缴比例
王力君	王忠钰	3701012024051223××	2024/5/12	50%
胡云欣	胡晨曦	3701012023080901××	2023/8/9	100%

表 B－19　1—11 月累计工资及个人所得税明细　　金额单位：元

姓名	应发工资	应扣个人缴纳保险					专项附加扣除	应纳税所得额	应纳及已缴税额
		养老保险（8%）	医疗保险（2%）	失业保险（0.5%）	住房公积金（11%）	小计			
李建华	180 000.00	13 200.00	3 300.00	825.00	18 150.00	35 475.00	16 500.00	73 025.00	4 782.50
王力君	90 000.00	7 040.00	1 760.00	440.00	9 680.00	18 920.00	44 000.00	—	—
生产部门小计	270 000.00	20 240.00	5 060.00	1 265.00	27 830.00	54 395.00	60 500.00	73 025.00	4 782.50
胡云欣	200 000.00	13 200.00	3 300.00	825.00	18 150.00	35 475.00	38 500.00	71 025.00	4 582.50
向天浩	120 000.00	8 800.00	2 200.00	550.00	12 100.00	23 650.00		41 350.00	1 615.00
赵明露	120 000.00	8 800.00	2 200.00	550.00	12 100.00	23 650.00		41 350.00	1 615.00
研发部门小计	440 000.00	30 800.00	7 700.00	1 925.00	42 350.00	82 775.00	38 500.00	153 725.00	7 812.50
李光明	225 000.00	15 840.00	3 960.00	990.00	21 780.00	42 570.00	33 000.00	94 430.00	6 923.00
王子轩	70 000.00	5 280.00	1 320.00	330.00	7 260.00	14 190.00		810.00	24.30
张显平	70 000.00	5 280.00	1 320.00	330.00	7 260.00	14 190.00		810.00	24.30
胡淑芳	180 000.00	13 200.00	3 300.00	825.00	18 150.00	35 475.00	33 000.00	56 525.00	3 132.50
张启航	80 000.00	6 160.00	1 540.00	385.00	8 470.00	16 555.00		8 445.00	253.35
其他部门小计	625 000.00	45 760.00	11 440.00	2 860.00	62 920.00	122 980.00	66 000.00	161 020.00	10 357.45
合计	1 335 000.00	96 800.00	24 200.00	6 050.00	133 100.00	260 150.00	165 000.00	387 770.00	22 952.45

12. 增值税、消费税、城市维护建设税、教育费附加和地方教育附加、契税、土地增值税、车辆购置税、个人所得税按月申报；印花税、企业所得税按季度申报；城镇土地使用税和房产税按年计算，每半年申报一次；车船税分月计算，12 月一次性统一申报。(涉及减征的，汉东市规定均按最高幅度减征）

三、2024 年 12 月具体业务情况

业务 B-1：蔚蓝公司采用直接收款方式销售铅蓄电池，采用赊销方式销售氢燃料电池，均签订了买卖合同，开具了增值税专用发票。具体合同、开票信息及收款情况如图 B-2～图 B-4 所示。

购销合同

甲方：汉东市蔚蓝销售有限公司

乙方：汉东蔚蓝氢能科技有限公司

根据《中华人民共和国民法典》及国家相关法律、法规之规定，甲乙双方本着平等互利的原则，就甲方购买乙方货物一事达成以下协议：

一、货物的名称、数量及价格

1. 铅蓄电池400箱，不含税价23,270,000.00元，增值税3,025,100.00元。

2. 氢燃料电池300箱，不含税价17,070,000.00元，增值税2,219,100.00元。

二、交货方式和费用承担

交货方式：供货方运送至交货地点，交货时间：2024年12月25日前，交货地点：汉东市经济技术开发区。

三、付款时间与付款方式

1. 甲方收到铅蓄电池时一次性向乙方付清货款。

2. 甲方采取赊销方式购买氢燃料电池，2025年根据甲方一季度销售情况双方再协商具体付款时间。

……

甲方：汉东市蔚蓝销售有限公司

法定代表人或授权代表：

日期：2024年12月5日

乙方：汉东蔚蓝氢能科技有限公司

法定代表人或授权代表：

日期：2024年12月5日

图 B－2　蔚蓝公司 12 月购销合同

电子发票（增值税专用发票）

发票号码：24371000000028610318

开票日期：2024 年 12 月 31 日

下载次数：1

购买方信息		销售方信息	
名称：	汉东市蔚蓝销售有限公司	名称：	汉东蔚蓝氢能科技有限公司
统一社会信用代码/纳税人识别号：	914501002874001503	统一社会信用代码/纳税人识别号：	91120045MA8KU50128

项目名称	规格型号	单位	数量	单价	金额	税率/征收率	税额
*电池*铅蓄电池		箱	400	58 175.00	23 270 000.00	13%	3 025 100.00
*电池*氢燃料电池		箱	300	56 900.00	17 070 000.00	13%	2 219 100.00
合计					¥40 340 000.00		¥5 244 200.00
价税合计（大写）	⊗肆仟伍佰伍拾捌万肆仟贰佰圆整				（小写）¥45 584 200.00		
备注							

开票人：张启航

图 B－3　蔚蓝公司 12 月销售发票

中国工商银行股份有限公司　业务回单（收款）

日期：2024 年 12 月 31 日

回单编号：12010847031

付款人户名：汉东市蔚蓝销售有限公司　　付款人开户行：中国工商银行股份有限公司汉东经开支行

付款人账号(卡号)：6132035010300001092

收款人户名：汉东蔚蓝氢能科技有限公司　　收款人开户行：中国工商银行股份有限公司汉东经开支行

收款人账号(卡号)：6132035010300000536

金额：贰仟陆佰贰拾玖万伍仟壹佰元整　　小写：¥26,295,100.00 元

业务(产品)种类：同城转账　　凭证种类：9157203871　　凭证号码：86626064539664474

摘要：货款　　用途：货款　　币种：人民币

交易机构：2894623611　　记账柜员：13981　　交易代码：55311　　渠道：网上银行

本回单为第 1 次打印，注意重复　　打印日期：2024 年 12 月 31 日　　打印柜员：2

图 B－4　蔚蓝公司 12 月销售银行回单

业务 B-2：蔚蓝公司 12 月采购一批电池制造原料，与汉东市多彩材料有限公司签订买卖合同，合同和增值税专用发票如图 B-5、图 B-6 所示。同时支付以前月份欠付货款 20 000 000 元，银行回单如图 B-7 所示。

购销合同

甲方：汉东蔚蓝氢能科技有限公司

乙方：汉东市多彩材料有限公司

根据《中华人民共和国民法典》及国家相关法律、法规之规定，甲乙双方本着平等互利的原则，就甲方购买乙方货物一事达成以下协议：

一、货物的名称、数量及价格

电池制造材料一批（具体详见后附清单），不含税金额31,030,000.00元，增值税4,033,900.00元。

二、交货方式和费用承担

交货方式：供货方运送至交货地点，交货时间：2024年12月25日前，交货地点：汉东市经济技术开发区。

三、付款时间与付款方式

甲方收到电池制造材料后三个月内向乙方付清货款。

……

甲方：　　　　乙方：

法定代表人或授权代表：　　　　法定代表人或授权代表：

日期：2024年12月5日　　　　日期：2024年12月5日

图 B－5　蔚蓝公司采购合同

电子发票（增值税专用发票）

发票号码：24371000000028360612

开票日期：2024年12月25日

下载次数：1

购买方信息	名称：汉东蔚蓝氢能科技有限公司 统一社会信用代码/纳税人识别号：91120045MA8KU50128	销售方信息	名称：汉东市多彩材料有限公司 统一社会信用代码/纳税人识别号：914502003257003716

项目名称	规格型号	单位	数量	单价	金额	税率/征收率	税额
电池制造材料一批（略）		略	略	略	略	13%	略
合计					¥31 030 000.00		¥4 033 900.00
价税合计（大写）	⊗叁仟伍佰零陆万叁仟玖佰圆整			（小写）¥35 063 900.00			
备注							

开票人：XXX

图 B－6　蔚蓝公司 12 月购货发票

中国工商银行股份有限公司　业务回单（收款）

日期：2024 年 12 月 25 日

回单编号：64372724335

付款人户名：汉东蔚蓝氢能科技有限公司　　付款人开户行：中国工商银行股份有限公司汉东经开支行

付款人账号（卡号）：5199552390001924212

收款人户名：汉东市多彩材料有限公司　　收款人开户行：中国工商银行股份有限公司汉东经开支行

收款人账号（卡号）：6132035010300001827

金额：贰仟万元整　　小写：¥20,000,000.00 元

业务（产品）种类：同城转账　　凭证种类：3384591501　　凭证号码：11307107684604190

摘要：货款　　用途：货款　　币种：美元

交易机构：0635113341　　记账柜员：01539　　交易代码：96583　　渠道：网上银行

中国工商银行股份有限公司 汉东经开支行 业务专用章

本回单为第 1 次打印，注意重复　　打印日期：2024 年 12 月 25 日

图 B－7　蔚蓝公司 12 月支付货款银行回单

业务 B-3：蔚蓝公司 12 月生产部门领用电池制造原料 16 301 300 元，制作电池并全部完工，其中：生产部门领用铅蓄电池产品 8 973 500 元，领用氢燃料 7 327 800 元；研发部门领用电池制造原料 1 853 500 元进行新工艺研究，12 月末未能满足资本化条件。

业务 B-4：蔚蓝公司将办公房屋出售给汉东盈胜科技有限公司，双方签订了房屋转让合同，并开具增值税专用发票。相关凭证如图 B-8～图 B-10 所示。

房屋转让合同

出让人：汉东蔚蓝氢能科技有限公司（以下简称甲方）
受让人：汉东盈胜科技有限公司（以下简称乙方）

甲乙双方经友好协商，就甲方向乙方转让甲方房产一事达成以下条款：

第一条　甲方对产权的声明

甲方根据国家规定，已依法取得合法的房屋所有权证书，所有权证书编号为汉（2021）东城区不动产权第1175016号。甲方为该房屋的现状负全责。该房屋的建筑面积为300平方米。

第二条　甲方对买卖权的声明

甲方保证该房屋是符合国家及区房屋上市的有关规定及政策法规，甲方有权将该房屋上市交易。由于违反国家及区相关政策法规而引起的法律及经济责任由甲方来承担。

第三条　乙方对购买权的声明

乙方愿意在本合同第一条款及第二条款成立的前提下，就向甲方购买上述房屋的完全产权之事签订本协议，并认可仅在此种情况下签订才具有法律效力。

第四条　房屋售价

双方同意上述房屋不含税售价为400万元，增值税36万元，共计436万元（大写：肆佰叁拾陆万元整）。

第五条　付款方式

乙方应在签订《房屋转让合同》的当天，一次性支付全部房款。

1. 乙方如未按本协议第五条款规定的时间付款，甲方对乙方的逾期应付款有权追究违约利息。每逾期一天，乙方应支付甲方所应付房款的0.4‰作为滞纳金。

2. 甲方应在获得全部房款后7个工作日内将房屋搬空，每逾期一天，甲方应按乙方已付房款的0.4‰向乙方付滞纳金，逾期超过15天，即视甲方违约，乙方可要求法院强制执行。

第六条　房屋交付

甲乙双方就房屋交付达成以下细目：

1. 没有房屋欠账，如电费、物业管理费等；
2. 没有固定不可移动装修物品的破坏；
3. 房屋本身没有影响房屋使用或美观的破坏。

第七条　关于产权办理的约定

本协议签订后，甲乙双方应向当地房地产交易管理部门申请办理房屋买卖立契过户手续，并按有关规定申领房屋所有权证。

第八条　有关争议

本协议未尽事宜，双方可签订补充协议。本协议的附件和双方签订的补充协议为本协议不可分割的组成部分，具有同行法律效力。当本合同在履行中发生争议时，双方协商解决。协商不能解决的，双方均有权向该房屋所在地的人民法院提起诉讼。

第九条　生效说明本协议一式叁份，甲乙双方各执一份，房屋交易管理部门留存一份。均具有同等法律效力。自双方签字之日起生效。

甲方：汉东蔚蓝氢能科技有限公司
法定代表人：
电话：
日期：2024年12月2日

乙方：汉东盈胜科技有限公司
法定代表人：
电话：
日期：2024年12月2日

图 B－8　蔚蓝公司 12 月房屋转让合同

电子发票（增值税专用发票）

发票号码：24371000000019732531
开票日期：2024 年 12 月 2 日

购买方信息	名称：汉东盈胜科技有限公司 统一社会信用代码/纳税人识别号：91450068SQ51235829	销售方信息	名称：汉东蔚蓝氢能科技有限公司 统一社会信用代码/纳税人识别号：91120045MA8KU50128

项目名称	规格型号	单位	数量	单价	金额	税率/征收率	税额
*不动产*汉东市东城区创业大厦 701 室			套	4 000 000.00	4 000 000.00	9%	360 000.00
合计					¥4 000 000.00		¥360 000.00
价税合计（大写）	⊗肆佰叁拾陆万圆整				（小写）¥4 360 000.00		
备注	汉东市东城区创业大厦 701 室						

开票人：张启航

下载次数：1

图 B－9　蔚蓝公司 12 月不动产销售发票

中国工商银行股份有限公司　业务回单（收款）

日期：2024 年 12 月 02 日

回单编号：43525883602

付款人户名：汉东盈胜科技有限公司　　付款人开户行：中国工商银行股份有限公司汉东经开支行

付款人账号(卡号)：6132035010300003024

收款人户名：汉东蔚蓝氢能科技有限公司　　收款人开户行：中国工商银行股份有限公司汉东经开支行

收款人账号(卡号)：6132035010300000536

金额：肆佰叁拾陆万元整　　小写：¥4,360,000.00 元

业务(产品)种类：同城转账　　凭证种类：5923009526　　凭证号码：91650276951560712

摘要：房款　　用途：房款　　币种：人民币

交易机构：8560429277　　记账柜员：27924　　交易代码：12078　　渠道：网上银行

中国工商银行股份有限公司 汉东经开支行 业务专用章

本回单为第 1 次打印，注意重复　　打印日期：2024 年 12 月 02 日

图 B－10　蔚蓝公司 12 月不动产销售银行回单

业务 B-5：蔚蓝公司通过土地出让方式从汉东市规划和自然资源局经开区分局购买相邻地块开发建设蔚蓝厂房二期。双方于 12 月 18 日签订合同并完成土地款和契税收付，取得中央非税收入统一票据。相关凭证如图 B-11～图 B-14 所示。

国有建设用地使用权出让合同

出让人：汉东市规划和自然资源局经开区分局（以下简称甲方）

受让人：汉东蔚蓝氢能科技有限公司（以下简称乙方）

第一章　总则

……

第二章　出让土地的交付与出让金的缴纳

第四条　本合同项下出让宗地编号为汉经开（挂）G2024-9号，出让宗地面积为大写壹万平方米（小写10 000平方米）。

本合同项下出让宗地坐落于汉东经济技术开发区。

……

第九条　本合同项下宗地的土地出让成交价款即土地出让金为人民币大写陆佰万元（小写6 000 000元）。

第十条　受让人同意本合同签订之日起30日内缴齐土地出让金人民币大写陆佰万元（小写6 000 000元）。

……

甲方：汉东市规划和自然资源局经开区分局
法定代表人：
电话：
日期：2024年12月18日

乙方：汉东蔚蓝氢能科技有限公司
法定代表人：
日期：2024年12月18日

图 B－11　蔚蓝公司土地出让合同

非税收入通用票据（电子）

缴款人：汉东蔚蓝氢能科技有限公司　　票据代码：000[illegible]　　票据号码：8888016528

执收单位编码：91120045MA8KU50128　　校验码：f7352a　　开票日期：2024-12-18

项目编码	项目名称	单位	数量	标准(元)	金额(元)
30012	国有土地使用权出让收入		6000000	1.00	6,000,000.00

金额合计（大写）[illegible]佰万元整　　（小写）¥6,000,000.00

执收单位（公章）　　复核人：王刚　　经办人：李磊

图 B－12　蔚蓝公司 12 月购买土地票据

中国工商银行股份有限公司　业务回单（付款）

日期：2024 年 12 月 18 日

回单编号：27135000005

付款人户名：汉东蔚蓝氢能科技有限公司　　付款人开户行：中国工商银行股份有限公司汉东经开支行

付款人账号(卡号)：6132035010300000536

收款人户名：汉东市经济技术开发区土地发展中心　　收款人开户行：中国工商银行股份有限公司汉东经开支行

收款人账号(卡号)：6132035010300000002

金额：陆佰万元整　　小写：¥6,000,000.00 元

业务(产品)种类：同城转账　　凭证种类：5923009526　　凭证号码：91650276951560712

摘要：土地出让金　　用途：土地出让金　　币种：人民币

交易机构：8560429277　　记账柜员：27924　　交易代码：12078　　渠道：网上银行

本回单为第 1 次打印，注意重复　　打印日期：2024 年 12 月 18 日

图 B－13　蔚蓝公司 12 月购买土地银行回单

中国工商银行　　凭证

电子缴税付款凭证

缴税日期：2024 年 12 月 25 日　　凭证字号：20200010

纳税人全称及纳税人识别号：汉东蔚蓝氢能科技有限公司　　91120045MA8KU50128

付款人全称：汉东蔚蓝氢能科技有限公司

付款人账号：6132035010300000536　　征收机关名称：北京市地方税务局

付款人开户行：中国工商银行股份有限公司汉东经开支行　　收款国库（银行）名称：国家税务总局汉东市经开区税务局

小写（合计）金额：¥180,000.00　　缴款书交易流水号：73408152

大写（合计）金额：人民币壹拾捌万元整　　税票号码：157283333060752666

税（费）种名称	所属日期	实缴金额（单位：元）
契税	2024.12.25 — 2024.12.25	180,000.00

第 1 次打印　　打印时间：2024 年 12 月 [illegible] 日

客户回单联　　验证码：411935　　复核：李刚　　记账：王磊

图 B－14　蔚蓝公司 12 月购买土地契税回单

业务 B-6：12 月 2 日，蔚蓝公司购入一辆汽车，双方签订了车辆买卖合同，并取得了机动车销售统一发票。车辆基本信息如表 B-20 所示，相关凭证如图 B-15～图 B-18 所示。

购销合同

甲方：汉东蔚蓝氢能科技有限公司

乙方：汉东市顺安汽车销售有限公司

根据《中华人民共和国民法典》及国家相关法律、法规之规定，甲乙双方本着平等互利的原则，就甲方购买乙方车辆一事达成以下协议：

一、货物的名称、数量及价格

车辆品牌：长城，车辆型号：CC6460RM40，不含税金额148,584.07元，增值税19,315.93元。

二、交货方式和费用承担

交货方式：购货方自行提货，交货时间：2024年12月12日前，交货地点：汉东市经济技术开发区。

三、付款时间与付款方式

甲方提取车辆时一次性付清货款。

……

甲方：蔚蓝氢能科技有限公司
法定代表人或授权代表：
日期：2024年12月2日

乙方：汉东市顺安汽车销售有限公司
法定代表人或授权代表：
日期：2024年12月2日

图 B－15　蔚蓝公司 12 月购车合同

机 动 车 销 售 统 一 发 票

发票联

发票代码：370121001548
发票号码：10481137

开票日期：2024-12-10

机打代码	370121001548	税控码	数电发票号码:24122000000012750831 全国增值税发票查验平台: https://inv-veri.chinatax.gov.cn/		
机打号码	10481137				
机器编号					
购买方名称及身份证号码/组织机构代码	汉东蔚蓝氢能科技有限公司	纳税人识别号	91120045MA8KU50128		
车辆类型	轿车	厂牌型号	长城CC6460RM40	产地	常州
合格证号	×××	进口证明书号		商检单号	
发动机号码	×××	车辆识别代号/车架号码	LGWEFEA57DF210723		
价税合计	⊗壹拾陆万柒仟玖佰元整			小写	¥167,900.00
销货单位名称	汉东市顺安汽车销售公司			电话	18502111234
纳税人识别号	924105301070002385			账号	6132016370300003879
地址	汉东市东城区明德路12号	开户银行	中国工商银行股份有限公司汉东明德支行		
增值税税率或征收率	13%	增值税税额	19,315.93	主管税务机关及代码	国家税务总局汉东市东城区税务局 37011065325
不含税价	¥148,584.07	完税凭证号码		吨位	限乘人数 5

销货单位盖章　　开票人 ×××　　备注：一车一票

××××年××.05 印5万份（5万份×6）×××××－×××××

第一联：发票联（购货单位付款凭证）

图 B－16　蔚蓝公司 12 月购车发票

电子缴款凭证

车架号码：LGWEFEA57DF210723

厂牌型号：长城 CC6460RM40

缴税终端号：DN-TAM003　　　　打印日期：2024 年 12 月 11 日

纳税人识别号：91120045MA8KU50128				国家税务总局汉东市东城区税务局		
纳税人全称：汉东蔚蓝氢能科技有限公司				银行账号：6132035010300000536		
系统税票号	税（费）种	税（品）目	所属时期	实缴金额	缴款日期	备注
312016241200291065	车辆购置税	10%	2024-12-11 至 2024-12-11	14,858.41	2024-12-11	
312016241200291068	滞纳金	0.05%		0.00		0 天
金额合计（大写）：壹万肆仟捌佰伍拾捌元肆角壹分					¥ 14,858.41	

本缴款凭证仅作为纳税人记账核算凭证使用，电子缴税的，需与银行对账单电子划缴记录核对一致方有效。纳税人如需汇总开具正式完税证明，请凭税务登记证或身份证明到主管税务机关开具。

税务机关（电子章）　国家税务总局汉东市税务局 电子缴税专用章

银行卡号：6132035010300000536

缴款金额：14,858.41

清算日期：2024-12-11

交易日期：2024-12-11

交易参考号：000034303618

商户号：87621003282817G

终端号：

系统税票号码：312016241200291065　**银联收讫**

图 B－17　蔚蓝公司 12 月车辆购置税缴税回单

中国工商银行股份有限公司　业务回单（付款）

日期：2024 年 12 月 10 日

回单编号：91414623238

付款人户名：汉东蔚蓝氢能科技有限公司　　付款人开户行：中国工商银行股份有限公司汉东经开支行

付款人账号（卡号）：6132035010300000536

收款人户名：汉东市顺安汽车销售公司　　收款人开户行：中国工商银行股份有限公司汉东明德支行

收款人账号（卡号）：6132016370300003879

金额：壹拾陆万柒仟玖佰元整　　小写：¥167,900.00 元

业务（产品）种类：同城转账　　凭证种类：6097671490　　凭证号码：27779820739483703

摘要：购车款　　用途：购车款　　币种：人民币

交易机构：1282394656　　记账柜员：54143　　交易代码：49197　　渠道：网上银行

中国工商银行股份有限公司 汉东经开支行 业务专用章

本回单为第 1 次打印，注意重复　　打印日期：2024 年 12 月 10 日　　打印柜员：[illegible]2816

图 B－18　蔚蓝公司 12 月购车银行回单

表 B－20　12 月购置车辆基本信息

发票日期	车牌号码	车辆识别代码（车架号）	车辆品牌	车辆型号	年基准税额（元）	排（气）量	核定载客（人）
2024 年 12 月 2 日	东 A57321	LGWEFEA57DF210723	长城	CC6460RM40	480	1.8 升	5

注：年基准税额根据当地标准确定，其他信息从机动车销售统一发票和机动车行驶证中摘录。

业务B-7：蔚蓝公司2024年12月工资实际发放情况如表B-21、图B-19、图B-20、图B-21所示。

（1）蔚蓝公司员工工资发放情况。

表B－21　12月工资明细表　　金额单位：元

姓名	应发工资	应扣个人缴纳保险					专项附加扣除
		养老保险（8%）	医疗保险（2%）	失业保险（0.5%）	住房公积金（11%）	小计	
李建华	16 000.00	1 200.00	300.00	75.00	1 650.00	3 225.00	1 500.00
王力君	8 000.00	640.00	160.00	40.00	880.00	1 720.00	4 000.00
生产部门小计	24 000.00	1 840.00	460.00	115.00	2 530.00	4 945.00	5 500.00
胡云欣	18 000.00	1 200.00	300.00	75.00	1 650.00	3 225.00	3 500.00
向天浩	11 000.00	800.00	200.00	50.00	1 100.00	2 150.00	
赵明露	11 000.00	800.00	200.00	50.00	1 100.00	2 150.00	
研发部门小计	40 000.00	2 800.00	700.00	175.00	3 850.00	7 525.00	3 500.00
李光明	20 000.00	1 440.00	360.00	90.00	1 980.00	3 870.00	3 000.00
王子轩	7 000.00	480.00	120.00	30.00	660.00	1 290.00	
张显平	7 000.00	480.00	120.00	30.00	660.00	1 290.00	
胡淑芳	16 000.00	1 200.00	300.00	75.00	1 650.00	3 225.00	3 000.00
张启航	7 500.00	560.00	140.00	35.00	770.00	1 505.00	
其他部门小计	57 500.00	4 160.00	1 040.00	260.00	5 720.00	11 180.00	6 000.00
合计	121 500.00	8 800.00	2 200.00	550.00	12 100.00	23 650.00	15 000.00

中国工商银行股份有限公司　业务回单（付款）

日期：2024 年 12 月 30 日

回单编号：26520368760

付款人户名：汉东蔚蓝氢能科技有限公司　　付款人开户行：中国工商银行股份有限公司汉东经开支行

付款人账号(卡号)：6132035010300000536

收款人户名：　　收款人开户行：

收款人账号(卡号)：

金额：玖万肆仟肆佰陆拾贰元零伍分　　小写：¥94,462.05 元

业务(产品)种类：代理业务　　凭证种类：0409255933　　凭证号码：46412730022056913

摘要：工资　　用途：工资　　币种：人民币

交易机构：3146675684　　记账柜员：73786　　交易代码：68821　　渠道：网上银行

中国工商银行股份有限公司 汉东经开支行 业务专用章 25032Q102816

本回单为第 1 次打印，注意重复　　打印日期：2024 年 12 月 30 日　　打印柜员：

图B－19　蔚蓝公司12月工资银行回单

（2）蔚蓝公司生产工人均通过劳务派遣方式聘用，每月月末根据实际派遣工人结算，12 月支付汉东蔚蓝劳务派遣有限公司生产工人劳务派遣费 580 000 元，其中：生产铅蓄电池 298 271.28 元，生产氢燃料电池 281 115.96 元，增值税税额 612.76 元。

电子发票（增值税专用发票）

发票号码：24371000000028760127
开票日期：2024 年 12 月 30 日

购买方信息	名称：汉东蔚蓝氢能科技有限公司 统一社会信用代码/纳税人识别号：91120045MA8KU50128	销售方信息	名称：汉东市欣荣人力资源服务有限公司 统一社会信用代码/纳税人识别号：914503105738DQ1953

项目名称	规格型号	单位	数量	单价	金额	税率/征收率	税额
*人力资源服务*劳务派遣		项	1	579 387.24	579 387.24	***	612.76
合计					¥579 387.24		¥612.76

价税合计（大写）	⊗ 伍拾捌万圆整	（小写）¥580 000.00
备注		

下载次数：1

开票人：×××

图 B－20　蔚蓝公司 12 月劳务派遣发票

中国工商银行股份有限公司　业务回单（付款）

日期：2024 年 12 月 30 日

回单编号：27135000025

付款人户名：汉东蔚蓝氢能科技有限公司　　付款人开户行：中国工商银行股份有限公司汉东经开支行

付款人账号（卡号）：6132035010300000536

收款人户名：汉东市欣荣人力资源服务有限公司　　收款人开户行：中国工商银行股份有限公司汉东经开支行

收款人账号（卡号）：6132035010300001927

金额：伍拾捌万元整　　小写：¥580,000.00 元

业务（产品）种类：同城转账　　凭证种类：0409255933　　凭证号码：46412730022056913

摘要：劳务费　　用途：劳务费　　币种：人民币

交易机构：3146675684　　记账柜员：73786　　交易代码：68821　　渠道：网上银行

本回单为第 1 次打印，注意重复　　打印日期：2024 年 12 月 30 日　　打印柜员：5032QI02816

图 B－21　蔚蓝公司 12 月劳务派遣银行回单

业务 B-8：蔚蓝公司 12 月的社会保障、职工福利费、工会经费和职工教育经费如表 B-22、图 B-22～图 B-28 所示。

表 B－22　12 月社会保障、职工福利费、工会经费和职工教育经费　　单位：元

项目	生产部门——铅蓄电池	生产部门——氢燃料电池	研发部门	其他部门	合计
职工福利费支出	15 000.00	10 000.00	3 000.00	5 000.00	33 000.00
职工教育经费支出			10 000.00		10 000.00
工会经费支出	160.00	300.00	700.00	1 040.00	2 200.00
各类基本社会保险缴款	2 160.00	4 050.00	9 450.00	14 040.00	29 700.00
住房公积金	880.00	1 650.00	3 850.00	5 720.00	12 100.00
合计	18 200.00	16 000.00	27 000.00	25 800.00	87 000.00

注：职工福利费取得增值税专用发票，表中金额为含税金额，其中：职工福利费不含税金额为 29 203.54 元，增值税税额为 3 796.46 元；职工教育经费取得增值税普通发票。

电子发票（增值税专用发票）

发票号码：24371000000029563215
开票日期：2024 年 12 月 25 日

购买方信息　名称：汉东蔚蓝氢能科技有限公司
统一社会信用代码/纳税人识别号：91120045MA8KU50128

销售方信息　名称：汉东市惠民物业服务有限公司
统一社会信用代码/纳税人识别号：92450253623412532R

项目名称	规格型号	单位	数量	单价	金额	税率/征收率	税额
*会议展览服务*年会服务		项	1	29 203.54	29 203.54	6%	3 796.46
合计					¥29 203.54		¥3 796.46

价税合计（大写）　⊗叁万叁仟圆整　　（小写）¥33 000.00

备注

开票人：XXX

下载次数：1

图 B－22　蔚蓝公司 12 月职工福利费发票

中国工商银行股份有限公司　业务回单（付款）

日期：2024 年 12 月 25 日
回单编号：75879616462
付款人户名：汉东蔚蓝氢能科技有限公司　　付款人开户行：中国工商银行股份有限公司汉东经开支行
付款人账号（卡号）：6132035010300000536
收款人户名：汉东市惠民物业服务有限公司　　收款人开户行：中国工商银行股份有限公司汉东经开支行
收款人账号（卡号）：6132035010300002365
金额：叁万叁仟元整　　小写：¥33,000.00 元
业务（产品）种类：同城转账　　凭证种类：7662885675　　凭证号码：17947035536966807
摘要：年会服务费　　用途：年会服务费　　币种：人民币
交易机构：0299205182　　记账柜员：2223　　交易代码：39366　　渠道：网上银行

本回单为第 1 次打印，注意重复　　打印日期：2024 年 12 月 25 日

图 B－23　蔚蓝公司 12 月职工福利费银行回单

电子发票（普通发票）

发票号码：24371000000029563215

开票日期：2024年12月9日

购买方信息 名称：汉东蔚蓝氢能科技有限公司 统一社会信用代码/纳税人识别号：91120045MA8KU50128	销售方信息 名称：汉东市非凡教育科技有限公司 统一社会信用代码/纳税人识别号：924500007868731028

项目名称	规格型号	单位	数量	单价	金额	税率/征收率	税额
*非学历教育服务*培训费		项	1	9 433.96	9 433.96	6%	566.04
合计					¥9 433.96		¥566.04
价税合计（大写）	⊗壹万圆整				（小写）¥10 000.00		
备注							

开票人：XXX

图 B－24　蔚蓝公司 12 月培训费发票

中国工商银行股份有限公司 业务回单（付款）

日期：2024 年 12 月 09 日

回单编号：75879616462

付款人户名：汉东蔚蓝氢能科技有限公司　　付款人开户行：中国工商银行股份有限公司汉东经开支行

付款人账号（卡号）：6132035010300000536

收款人户名：汉东市非凡教育科技有限公司　　收款人开户行：中国工商银行股份有限公司汉东开发区支行

收款人账号（卡号）：6158002821700003783

金额：壹万元整　　小写：¥10,000.00 元

业务（产品）种类：同城转账　　凭证种类：7662885675　　凭证号码：17947035536966807

摘要：培训费　　用途：培训费　　币种：人民币

交易机构：0299205182　　记账柜员：2223　　交易代码：39366　　渠道：网上银行

本回单为第 1 次打印，注意重复　　打印日期：2024 年 12 月 09 日

图 B－25　蔚蓝公司 12 月培训费银行回单

中国工商银行　凭证

电子缴税付款凭证

缴税日期：2024 年 12 月 31 日　　凭证字号：20200010

纳税人全称及纳税人识别号：汉东蔚蓝氢能科技有限公司　91120045MA8KU50128

付款人全称：汉东蔚蓝氢能科技有限公司

付款人账号：6132035010300000536　　征收机关名称：国家税务总局汉东市经开区税务局

付款人开户行：中国工商银行股份有限公司汉东经开支行　　收款国库（银行）名称：国家税务总局汉东市经开区税务局

小写（合计）金额：¥2,200.00　　缴款书交易流水号：24210283

大写（合计）金额：人民币贰仟贰佰元整　　税票号码：811028137109872715

税（费）种名称	所属日期	实缴金额（单位：元）
其他收入	2024.12.01 — 2024.12.31	2,200.00

第 1 次打印　　打印时间：2024 年 12 月 31 日

客户回单联　　验证码：411935　　复核：李刚　　记账：王磊

图 B－26　蔚蓝公司 12 月工会经费银行回单

中国工商银行 凭证

电子缴税付款凭证

缴税日期：2024 年 12 月 31 日　　　　凭证字号：20200010

纳税人全称及纳税人识别号：汉东蔚蓝氢能科技有限公司　　91120045MA8KU50128

付款人全称：汉东蔚蓝氢能科技有限公司

付款人账号：6132035010300000536　　征收机关名称：国家税务总局汉东市经开区税务局

付款人开户行：中国工商银行股份有限公司汉东经开支行　　收款国库（银行）名称：国家税务总局汉东市经开区税务局

小写（合计）金额：¥41,250.00　　缴款书交易流水号：24210283

大写（合计）金额：人民币肆万壹仟贰佰伍拾元整　　税票号码：811028137109872715

税（费）种名称	所属日期	实缴金额（单位：元）
企业职工基本养老保险	2024.12.01 — 2024.12.31	26,400.00
基本医疗保险	2024.12.01 — 2024.12.31	13,200.00
失业保险	2024.12.01 — 2024.12.31	1,100.00
工伤保险	2024.12.01 — 2024.12.31	550.00

（印章：中国工商银行股份有限公司 汉东经开支行 业务专用章 25032Q102816）

第 1 次打印　　　　打印时间：2024 年 12 月 31 日

客户回单联　　验证码：411935　　复核：李刚　　记账：王磊

图 B－27　蔚蓝公司 12 月社会保险费银行回单

中国工商银行股份有限公司　业务回单（付款）

日期：2024 年 12 月 31 日

回单编号：75879616462

付款人户名：汉东蔚蓝氢能科技有限公司　　付款人开户行：中国工商银行股份有限公司汉东经开支行

付款人账号（卡号）：6132035010300000536

收款人户名：汉东市住房公积金管理中心　　收款人开户行：中国工商银行股份有限公司

收款人账号（卡号）：6132001217650000006

金额：贰万肆仟贰佰元整　　小写：¥24,200.00 元

业务（产品）种类：转账　　凭证种类：7662885495　　凭证号码：17947035536966807

摘要：2001766　　用途：2001766　　币种：人民币

交易机构：0299205136　　记账柜员：44312　　交易代码：39366　　渠道：网上银行

（印章：中国工商银行股份有限公司 汉东经开支行 业务专用章 2701BY012718）

本回单为第 1 次打印，注意重复　　打印日期：2024 年 12 月 31 日　　打印柜员：7

图 B－28　蔚蓝公司 12 月住房公积金银行回单

业务 B-9：蔚蓝公司 12 月收到被投资单位汉东市蔚蓝销售有限公司分配的税后利润 2 000 000 元，作出利润分配的时间为 12 月 7 日，收到的款项与决定分配的金额一致。银行回单如图 B-29 所示。

业务 B-10：蔚蓝公司 12 月收到银行存款利息和手续费银行回单，并取得了手续费的增值税专用发票，相关凭证如图 B-30 ～图 B-32 所示。

中国工商银行股份有限公司　业务回单（收款）

日期：2024 年 12 月 25 日

回单编号：27135000045

付款人户名：汉东市蔚蓝销售有限公司　　付款人开户行：中国工商银行股份有限公司汉东经开支行

付款人账号(卡号)：6132035010300001092

收款人户名：汉东蔚蓝氢能科技有限公司　　收款人开户行：中国工商银行股份有限公司汉东经开支行

收款人账号(卡号)：6132035010300000536

金额：贰佰万元整　　小写：¥2,000,000.00 元

业务(产品)种类：同城转账　　凭证种类：7662885675　　凭证号码：17947035536966807

摘要：分配利润　　用途：分配利润　　币种：人民币

交易机构：0613200350　　记账柜员：2223　　交易代码：39366　　渠道：网上银行

（印章：中国工商银行股份有限公司　汉东经开支行　业务专用章　179ME1841984）

本回单为第 1 次打印，注意重复　　打印日期：2024 年 12 月 25 日　　打印柜员：

图 B－29　蔚蓝公司 12 月投资收益银行回单

中国工商银行股份有限公司　业务回单（收款）

日期：2024 年 12 月 21 日

回单编号：27121000034

付款人户名：　　付款人开户行：

付款人账号(卡号)：

收款人户名：汉东蔚蓝氢能科技有限公司　　收款人开户行：中国工商银行股份有限公司汉东经开支行

收款人账号(卡号)：6132035010300000536

金额：贰万陆仟贰佰伍拾捌元叁角柒分　　小写：¥26,258.37 元

业务(产品)种类：利息入账　　凭证种类：6612411926　　凭证号码：60168135096800969

摘要：利息　　用途：利息　　币种：人民币

交易机构：0613200350　　记账柜员：00009　　交易代码：031581　　渠道：网上银行

（印章：中国工商银行股份有限公司　汉东经开支行　业务专用章　3A9E80387101）

本回单为第 1 次打印，注意重复　　打印日期：2024 年 12 月 21 日　　打印柜员：2

图 B－30　蔚蓝公司 12 月利息收入银行回单

电子发票（增值税专用发票）

发票号码：24371000000030120016

开票日期：2024 年 12 月 31 日

购买方信息	名称：汉东蔚蓝氢能科技有限公司 统一社会信用代码/纳税人识别号：91120045MA8KU50128	销售方信息	名称：中国工商银行股份有限公司汉东经开支行 统一社会信用代码/纳税人识别号：924501022083613735

项目名称	规格型号	单位	数量	单价	金额	税率/征收率	税额
*直接收费金融服务*手续费		项	1	13 567.23	13 567.23	6%	814.03
合计					¥13 567.23		¥814.03
价税合计（大写）	⊗壹万肆仟叁佰捌拾壹圆贰角陆分				（小写）¥14 381.26		
备注							

开票人：XXX

图 B－31　蔚蓝公司 12 月手续费发票

中国工商银行股份有限公司　业务回单（付款）

日期：2024 年 12 月 31 日

回单编号：27131000029

付款人户名：汉东蔚蓝氢能科技有限公司　　付款人开户行：中国工商银行股份有限公司汉东经开支行

付款人账号（卡号）：6132035010300000536

收款人户名：　　收款人开户行：

收款人账号（卡号）：

金额：壹万肆仟叁佰捌拾壹元贰角陆分　　小写：¥14,381.26 元

业务（产品）种类：对公收费　　凭证种类：6612411926　　凭证号码：6016813509680969

摘要：手续费　　用途：手续费　　币种：人民币

交易机构：0613200350　　记账柜员：00005　　交易代码：031718　　渠道：网上银行

（印章：中国工商银行股份有限公司 汉东经开支行 业务专用章 301UB2841837）

本回单为第 1 次打印，注意重复　　打印日期：2024 年 12 月 31 日　　打印柜员：2

图 B－32　蔚蓝公司 12 月手续费银行回单

业务 B-11：蔚蓝公司 12 月支付管理部门招待客户餐费，取得增值税普通发票；另外管理部门购买打印纸、档案盒等办公用品费用，取得增值税专用发票。相关凭证如图 B-33 ～图 B-36 所示。

电子发票（普通发票）

发票号码：24371000000029016213

开票日期：2024 年 12 月 28 日

购买方信息	名称：汉东蔚蓝氢能科技有限公司 统一社会信用代码/纳税人识别号：91120045MA8KU50128	销售方信息	名称：汉东市有缘餐饮有限公司 统一社会信用代码/纳税人识别号：92450302FB08736284F

项目名称	规格型号	单位	数量	单价	金额	税率/征收率	税额
*餐饮服务*餐费		项	1	28 301.89	28 301.89	6%	1 698.11
合计					¥28 301.89		¥1 698.11
价税合计（大写）	⊗叁万圆整				（小写）¥30 000.00		
备注							

下载次数：1

开票人：XXX

图 B－33　腾飞公司 12 月餐费发票

业务 B-12：蔚蓝公司 12 月支付水电费 381 099.40 元，其中：生产部门——铅蓄电池 213 200 元，生产部门——氢燃料电池 122 500 元，研发部门 5 300 元，其他部门 1 100 元，增值税税额为 38 999.40 元。相关凭证如图 B-37、图 B-38 所示。

中国工商银行股份有限公司　业务回单（付款）

日期：2024 年 12 月 28 日

回单编号：14752802418

付款人户名：汉东蔚蓝氢能科技有限公司　　付款人开户行：中国工商银行股份有限公司汉东经开支行

付款人账号(卡号)：6132035010300000536

收款人户名：汉东市有缘餐饮有限公司　　收款人开户行：中国工商银行股份有限公司汉东光明支行

收款人账号(卡号)：6132078270200002876

金额：叁万元整　　小写：¥30,000.00 元

业务(产品)种类：同城转账　　凭证种类：6612411926　　凭证号码：60168135096800969

摘要：餐费　　用途：餐费　　币种：人民币

交易机构：0613200350　　记账柜员：00007　　交易代码：06327　　渠道：网上银行

本回单为第 1 次打印，注意重复　　打印日期：2024 年 12 月 28 日　　打印柜员：2　验证码：7R4VA36M72

图 B－34　腾飞公司 12 月餐费银行回单

电子发票（增值税专用发票）

发票号码：24371000000029016213

开票日期：2024 年 12 月 28 日

下载次数：1

购买方信息	名称：汉东蔚蓝氢能科技有限公司 统一社会信用代码/纳税人识别号：91120045MA8KU50128	销售方信息	名称：汉东市友邦办公用品有限公司 统一社会信用代码/纳税人识别号：924500190174523802

项目名称	规格型号	单位	数量	单价	金额	税率/征收率	税额
*纸制品*A4 打印纸	10 包/箱	项	100	176.99	17 699.12	13%	2 300.88
合计					¥17 699.12		¥2 300.88
价税合计（大写）	⊗贰万圆整				（小写）¥20 000.00		
备注							

开票人：XXX

图 B－35　腾飞公司 12 月办公用品发票

中国工商银行股份有限公司　业务回单（付款）

日期：2024 年 12 月 28 日

回单编号：14752802418

付款人户名：汉东蔚蓝氢能科技有限公司　　付款人开户行：中国工商银行股份有限公司汉东经开支行

付款人账号(卡号)：6132035010300000536

收款人户名：汉东市友邦办公用品有限公司　　收款人开户行：中国工商银行股份有限公司汉东经开支行

收款人账号(卡号)：6132035010300001805

金额：贰万元整　　小写：¥20,000.00 元

业务(产品)种类：同城转账　　凭证种类：6612411926　　凭证号码：60168135096800969

摘要：办公用品款　　用途：办公用品款　　币种：人民币

交易机构：0613200350　　记账柜员：00008　　交易代码：03173　　渠道：网上银行

本回单为第 1 次打印，注意重复　　打印日期：2024 年 12 月 28 日　　打印柜员：　验证码：128UK0184RT6

图 B－36　腾飞公司 12 月办公用品银行回单

电子发票（增值税专用发票）

发票号码：24371000000037150273
开票日期：2024年12月25日

购买方信息	名称：汉东蔚蓝氢能科技有限公司 统一社会信用代码/纳税人识别号：91120045MA8KU50128	销售方信息	名称：汉东市产业园发展有限公司 统一社会信用代码/纳税人识别号：926503092846026792

项目名称	规格型号	单位	数量	单价	金额	税率/征收率	税额
*水冰雪*水费		吨	18 300	7.48	136 840.00	9%	12 315.60
*供电*电费		度	201 589.50	1.02	205 260.00	13%	26 683.80
合计					¥342 100.00		¥38 999.40
价税合计（大写）	⊗叁拾捌万壹仟零玖拾玖圆肆角整				（小写）¥381 099.40		
备注							

开票人：XXX

图 B－37　蔚蓝公司 12 月水电费发票

中国工商银行股份有限公司　业务回单（付款）

日期：2024 年 12 月 25 日
回单编号：27135000037
付款人户名：汉东蔚蓝氢能科技有限公司　　付款人开户行：中国工商银行股份有限公司汉东经开支行
付款人账号(卡号)：6132035010300000536
收款人户名：汉东市产业园发展有限公司　　收款人开户行：中国工商银行股份有限公司汉东经开支行
收款人账号(卡号)：6132035010300003527
金额：叁拾捌万壹仟零玖拾玖元肆角整　　小写：¥381,099.40 元
业务(产品)种类：同城转账　　凭证种类：6612411926　　凭证号码：60168135096800969
摘要：水电费　　用途：水电费　　币种：人民币
交易机构：0613200350　　记账柜员：00013　　交易代码：037183　　渠道：网上银行

中国工商银行股份有限公司 汉东经开支行 业务专用章 184OR7380983

本回单为第 1 次打印，注意重复　　打印日期：2024 年 12 月 25 日　　打印柜员：2

图 B－38　蔚蓝公司 12 月水电费银行回单

业务 B-13：蔚蓝公司 12 月销售的铅蓄电池和氢燃料电池需结转主营业务成本共计 36 598 123.65 元，其中：库存商品——铅蓄电池结转 20 606 128.16 元，库存商品——氢燃料电池结转 15 991 995.49 元。

业务 B-14：蔚蓝公司 12 月固定资产累计折旧金额为 388 346.37 元（如表 B-23 所示），无形资产累计摊销金额为 8 333.33 元。

表 B－23　12 月固定资产累计折旧统计表　　金额单位：元

项目	2024 年 11 月月末余额	本期增减发生额	2024 年年末余额	2024 年 12 月发生额			
				生产部门	研发部门	其他部门	小计
一、账面原值合计	64 208 043.04	−2 926 557.52	61 281 485.52				
其中：房屋及构筑物	38 168 421.72	−3 090 000.00	35 078 421.72				
机器设备	23 785 682.06		23 785 682.06				
运输工具	715 235.98	163 442.48	878 678.46				
办公设备	1 538 703.28		1 538 703.28				
二、累计折旧合计	10 611 513.37	94 796.37	10 706 309.74	259 005.75	47 351.31	81 989.31	388 346.37
其中：房屋及构筑物	4 177 100.12	−142 466.66	4 034 633.46	97 196.46	13 885.21	40 001.67	151 083.34
机器设备	5 084 189.58	188 303.32	5 272 492.90	160 057.82	28 245.50		188 303.32
运输工具	410 515.63	14 155.71	424 671.34	1 751.47		12 404.24	14 155.71
办公设备	939 708.04	34 804.00	974 512.04		5 220.60	29 583.40	34 804.00
三、固定资产账面价值合计	53 596 529.67		50 575 175.78				
其中：房屋及构筑物	33 991 321.60		31 043 788.26				
机器设备	18 701 492.48		18 513 189.16				
运输工具	304 720.35		454 007.12				
办公设备	598 995.24		564 191.24				

注：归集于生产成本的累计折旧，其中：172 670.50 元为生产部门——铅蓄电池发生，86 335.25 元为生产部门——氢燃料电池发生。

业务 B-15：蔚蓝公司 12 月支付各种税费如表 B-24 所示。银行回单如图 B-39 所示。

表 B－24　12 月支付应交税费明细表　　金额单位：元

科目编码	科目名称	11 月月末金额
222102	应交增值税	1 339 080.12
222104	应交消费税	455 527.00
222105	应交城市维护建设税	125 622.50
222106	应交教育费附加	53 838.21
222107	应交地方教育附加	35 892.14
222110	应交印花税	38 769.96
222113	应交个人所得税	2 062.66

中国工商银行

凭证

电子缴税付款凭证

缴税日期： 2024 年 12 月 13 日　　　　凭证字号：20200010

纳税人全称及纳税人识别号：汉东蔚蓝氢能科技有限公司　　91110105M883607203

付款人全称：汉东蔚蓝氢能科技有限公司

付款人账号：6132035010300000536　　征收机关名称：国家税务总局汉东市经开区税务局

付款人开户行：中国工商银行股份有限公司汉东经开支行　　收款国库（银行）名称：国家金库汉东市经开区支库

小写（合计）金额：¥2,050,792.59　　缴款书交易流水号：54775820

大写（合计）金额：人民币贰佰零伍万零柒佰玖拾贰元伍角玖分　　税票号码：597299466684201642

税（费）种名称	所属日期	实缴金额（单位：元）
增值税	2024.12.01 — 2024.12.31	1,339,080.12
消费税	2024.12.01 — 2024.12.31	455,527.00
城市维护建设税	2024.12.01 — 2024.12.31	125,622.50
教育费附加	2024.12.01 — 2024.12.31	53,828.21
地方教育费附加	2024.12.01 — 2024.12.31	35,892.14
印花税	2024.12.01 — 2024.12.31	38,769.96
个人所得税	2024.12.01 — 2024.12.31	2,062.66

第 1 次打印　　打印时间： 2024 年 12 月 13 日

客户回单联　　验证码：861841　　复核：李刚　　记账：王磊

图 B－39　蔚蓝公司 12 月税费银行回单

项目实施篇

1 项目任务1

服务业企业纳税实训

学习任务1.1 增值税纳税实训

学习任务描述

根据2017年11月19日国务院发布的修订后的《中华人民共和国增值税暂行条例》、2008年12月财政部和国家税务总局发布的《中华人民共和国增值税暂行条例实施细则》以及2016年3月24日财政部和国家税务总局发布的《关于全面推开营业税改征增值税试点的通知》和2016年3月24日财政部发布的《增值税会计处理规定》中关于增值税的规定，进行小规模纳税人增值税应纳税额的计算、纳税申报与会计核算。

学习目标

能力目标

1. 能正确判断增值税的征收范围；
2. 能正确判断纳税人是否享受增值税的税收优惠；
3. 能进行小规模纳税人增值税的计算；
4. 能进行小规模纳税人增值税的纳税申报；
5. 能进行小规模纳税人增值税的会计核算。

知识目标

1.掌握小规模纳税人增值税的征收率、税收优惠和应纳税额的计算；
2. 掌握小规模纳税人增值税的纳税申报；
3. 掌握小规模纳税人增值税的会计核算。

素养目标

培养社会责任感，提升对经济政策的深入分析与精准理解能力。

税海导航

减税暖企，激活小微企业发展新动能

税收是国家实施宏观调控、调节收入分配的重要工具。党的十八大以来，以习近平同志为核心的党中央高度重视税收工作。习近平总书记关于“发挥税收在国家治理中的基础性、支柱性、保障性作用”[①]“财税体制改革不是解一时之弊，而是着眼长远机制的系统性重构”[②]等重要论述，为推进减税降费提供了根本遵循和基本依据。

2023年8月1日，财政部与税务总局联合发布的《关于增值税小规模纳税人减免增值税政策的公告》(财政部税务总局公告2023年第19号)，无疑为小微企业的发展送来了春风。2023年第19号公告将增值税减免政策延长至2027年底，并对月销售额10万元以下的小规模纳税人实施全面免征，同时降低应税销售收入及预缴项目的征收率至1%。该政策直接为小微企业注入了强劲的发展动力，有效激发了市场主体的活力与创造力，不仅巩固了小微企业的就业吸纳能力，更为民生福祉筑起了坚实的防线。

2023年第19号公告在税收公平与效率之间找到了完美的平衡点。它为初创及小规模企业减轻了增值税税负，使其能够将更多资金投入日常运营、员工薪酬提升及技术创新等关键环节，为企业稳健发展奠定了坚实基础。而当企业逐步成长，超出免税额度时，1%的优惠税率依然为其提供了持续的减负支持，激励其不断扩大经营规模，提升市场竞争力。

更深层次而言，2023年第19号公告彰显了对小微企业经济价值的深刻认识与高度认可。小微企业，作为国民经济的“毛细血管”，不仅承载着就业的重任，更是激发市场创新活力的重要源泉。减税政策的实施，如同为小微企业点亮了护航的灯塔，帮助它们在激烈的市场竞争环境中稳舵前行，充分释放内在潜能。

此外，该公告的发布也是宏观调控智慧的展现。面对复杂的经济环境，政策灵活调整，既有效减轻了企业负担，又确保了税收收入的稳定增长，精准施策助力小微企业稳步前行。

综上所述，2023年第19号公告的发布与实施，体现了国家对小微企业的深切关怀与扶持。这一政策不仅为小微企业带来了实实在在的税收优惠，更为其注入了蓬勃的市场活力与创新动力。展望未来，小微企业将步入一个更加广阔的发展空间，拥抱更加璀璨的发展前景，为国民经济的繁荣贡献力量。

任务书

1. 请分析判断增值税的纳税人、计税依据、税率、税收优惠，计算增值税应纳税额。

2. 请进行小规模纳税人增值税的应纳税额的计算、纳税申报和会计核算。

① 坚定改革信心汇聚改革合力 推动新发展阶段改革取得重大突破．人民网，2020-12-31.

② 改革要聚焦聚神聚力抓好落实 着力提高改革针对性和实效性．人民网，2014-06-07.

准备工作

1. 阅读任务书。

2. 学习《中华人民共和国增值税暂行条例》《中华人民共和国增值税暂行条例实施细则》《关于全面推开营业税改征增值税试点的通知》《增值税会计处理规定》，观看微课视频。

微课视频
扫一扫

3. 结合任务书分析增值税计算、纳税申报与会计核算的难点和常见问题。

任务实施

增值税纳税实训

情境导航：

根据服务业企业实训案例 A 中的“二、2024 年 1—11 月相关涉税信息”和“三、2024 年 12 月具体业务情况”，筛选出与增值税相关的情境。

（1）辨析纳税人。

引导问题 1：根据 **1.1.1**，腾飞公司是否是增值税的纳税人？　□是　□否

引导问题 2：根据 **1.1.1**，腾飞公司是否是增值税小规模纳税人？　□是　□否

（2）识别征税范围。

引导问题 3：根据 **1.2**，腾飞公司的销售行为是否属于增值税的征税范围？

□是　□否

（3）确定纳税义务发生时间。

引导问题 4：根据 **1.3**，腾飞公司增值税的纳税义务发生时间为________。

（4）确定税率。

引导问题 5：根据 **1.4.2.1**，腾飞公司销售货物适用的增值税征收率是________%。

（5）确定计税依据。

引导问题 6：根据 **1.6.2**，腾飞公司的增值税计税依据是________。

（6）判断税收优惠。

引导问题 7：根据 **1.5.3**，腾飞公司 12 月份是否享受增值税的税收优惠政策？　□是　□否

（7）计算应纳税额。

引导问题 8：根据 **1.6**，腾飞公司 12 月份应缴纳的增值税是________。

（8）确定纳税地点。

引导问题 9：根据 **1.7**，腾飞公司的增值税纳税地点是________。

（9）会计处理。

引导问题 10：根据 **1.9.2**，请登录平台完成腾飞公司 12 月增值税的会计处理。

（10）纳税申报。

引导问题 11：请登录电子税务局完成腾飞公司 12 月增值税及附加税费的电子申报。

任务总结

通过完成上述任务，你学到了哪些知识或技能？

学习任务 1.2 城市维护建设税及附加纳税实训

学习任务描述

根据 2020 年 8 月 11 日第十三届全国人民代表大会常务委员会第二十一次会议表决通过的《中华人民共和国城市维护建设税法》中关于城市维护建设税的规定、1986 年 4 月 28 日国务院发布的《征收教育费附加的暂行规定》（已历经三次修订）中关于教育费附加的规定、2010 年财政部发布的《关于统一地方教育附加政策有关问题的通知》中关于地方教育附加的规定、2006 年 10 月 30 日财政部发布的《企业会计准则应用指南》，以及 2016 年 12 月 3 日财政部发布的《增值税会计处理规定》中关于城市维护建设税、教育费附加和地方教育附加会计核算的规定，进行城市维护建设税、教育费附加和地方教育附加应纳税额的计算、纳税申报与会计核算。

学习目标

能力目标

1. 能正确判断城市维护建设税、教育费附加和地方教育附加的征收范围；
2. 能进行城市维护建设税、教育费附加和地方教育附加税额的计算；
3. 能进行城市维护建设税、教育费附加和地方教育附加的纳税（费）申报；
4. 能进行城市维护建设税、教育费附加和地方教育附加的会计核算。

知识目标

1. 掌握城市维护建设税、教育费附加和地方教育附加的计算；
2. 掌握城市维护建设税、教育费附加和地方教育附加的纳税（费）申报；
3. 掌握城市维护建设税、教育费附加和地方教育附加的会计核算。

素养目标

培养法治意识与社会责任感，深刻理解税收对城市繁荣的贡献。

税海导航

城市维护建设税：促进城市繁荣的基石与公民责任

城市维护建设税，作为专门用于城市基础设施维护和建设的税种，其重要性不言而喻。它不仅有效缓解了城市维护建设资金的短缺问题，更为城市的持续繁荣和发展注入了新的活力。通过税收的筹集和分配，城市的基础设施得到了及时的维护和升级，道路更加平整、排水系统更加完善、公共设施更加齐全，城市的整体面貌焕然一新。这些改变不仅提升了居民的生活品质，也为城市的经济发展和社会进步奠定了坚实的基础。

城市维护建设税的征收与管理，也充分体现了社会的责任与担当。税收是国家治理的重要工具，也是公民应尽的义务。城市维护建设税的征收，严格按照税法规定执行，确保了税收的公平、公正和透明。同时，税收收入的使用也受到了严格的监督和审计，确保了资金的安全和有效使用。这种负责任的管理方式，不仅增强了公民的纳税意识，也提升了政府的公信力和形象。

此外，城市维护建设税还发挥了重要的经济调节作用。税收收入的多少直接影响着当地城市建设水平的高低，这在一定程度上激发了税务部门加强税收征管的积极性。通过提高征管效率、优化纳税服务、加强税收宣传等措施，税务部门努力确保税款的应收尽收，为城市建设提供了更加充足的财力保障。同时，这也减轻了企业的经济负担，为企业营造了更加公平、透明的经营环境，促进了市场的公平竞争。

在当前全球形势复杂多变的背景下，我国社会主义现代化建设面临着前所未有的挑战和机遇。作为社会的一份子，我们每个人都应该增强依法纳税的意识，积极履行纳税义务。无论是自然人还是法人，都应该认识到税收对于国家发展和社会进步的重要作用。通过缴纳税款，我们不仅能够为国家的财政收入做出贡献，还能够为城市的繁荣与发展贡献自己的一份力量。让我们携手并进，共同推动城市的繁荣与发展，为实现中华民族伟大复兴的中国梦贡献智慧和力量。

任务书

1. 请分析判断城市维护建设税、教育费附加和地方教育附加的纳税（费）人、计税（费）依据、税（费）率、税（费）收优惠，计算应纳税额。

2. 请进行城市维护建设税、教育费附加和地方教育附加的应纳税（费）额的计算、纳税（费）申报和会计核算。

准备工作

微课视频
扫一扫

1. 阅读任务书。

2. 学习《中华人民共和国城市维护建设税法》《征收教育费附加的暂行规定》《关于统一地方教育附加政策有关问题的通知》，观看微课视频。

3. 结合任务书分析城市维护建设税、教育费附加和地方教育附加计算与会计核算的难点和常见问题。

任务实施

城市维护建设税及附加纳税实训

情境导航：

根据服务业企业实训案例 A 中的“二、2024 年 1—11 月相关涉税信息”和“三、2024 年 12 月具体业务情况”，筛选出与城市维护建设税、教育费附加和地方教育附加相关的情境。

（1）辨析纳税（费）人。

引导问题 1：根据 3.1，腾飞公司是否是城市维护建设税的纳税人？ □是 □否

引导问题 2：根据 3.1，腾飞公司是否是教育费附加和地方教育附加的纳费人？

□是 □否

（2）识别征税（费）范围。

引导问题 3：根据 3.2，腾飞公司是否属于城市维护建设税的征税范围？

□是 □否

引导问题 4：根据 3.2，腾飞公司是否属于教育费附加和地方教育附加的征费范围？ □是 □否

（3）确定纳税（费）义务发生时间。

引导问题 5：根据 3.3，腾飞公司的城市维护建设税、教育费附加和地方教育附加纳税（费）发生时间与________的纳税义务发生时间一致。

（4）确定税（费）率。

引导问题 6：根据 3.4，腾飞公司适用的城市维护建设税税率是________%。

引导问题 7：根据 3.4，腾飞公司适用的教育费附加的费率是________%，腾飞公司适用的地方教育附加的费率是________%。

（5）确定计税（费）依据。

引导问题 8：根据 3.5，腾飞公司 12 月份城市维护建设税的计税依据是________。

引导问题 9：根据 3.5，腾飞公司 12 月份教育费附加和地方教育附加的计费依据是________。

（6）判断税（费）优惠。

引导问题 10：根据 3.6，腾飞公司是否享受城市维护建设税、教育费附加和地方教育附加的税（费）收优惠？ □是 □否

（7）计算应纳税（费）额。

引导问题 11：根据 3.7，腾飞公司 12 月应缴纳的城市维护建设税是________。

引导问题 12：根据 3.7，腾飞公司 12 月应缴纳的教育费附加是________。

引导问题 13：根据 3.7，腾飞公司 12 月应缴纳的地方教育附加是________。

（8）确定纳税（费）地点。

引导问题 14：根据 3.8，腾飞公司城市维护建设税、教育费附加和地方教育附加的纳税（费）地点是________。

（9）会计处理。

引导问题 15：根据 **3.9**，请登录平台完成腾飞公司 12 月城市维护建设税、教育费附加、地方教育附加的会计处理。

（10）纳税申报。

引导问题 16：请登录电子税务局完成腾飞公司 12 月增值税及附加税费的电子申报。

任务总结

通过完成上述任务，你学到了哪些知识或技能？

学习任务 1.3 印花税纳税实训

学习任务描述

根据2021年6月10日中华人民共和国第十三届全国人民代表大会常务委员会第二十九次会议表决通过的《中华人民共和国印花税法》和2006年10月30日财政部发布的《企业会计准则应用指南》中关于印花税的相关规定，进行印花税应纳税额的计算、纳税申报与会计核算。

学习目标

能力目标

1. 能正确判断印花税的征收范围；
2. 能进行印花税税额的计算；
3. 能进行印花税的纳税申报；
4. 能进行印花税的会计核算。

知识目标

1. 掌握印花税的计算；
2. 掌握印花税的纳税申报；
3. 掌握印花税的会计核算。

素养目标

培养制度自信、文化自信。

税海导航

小小印花税票，蕴藏大情怀

大家对邮票并不陌生，但是你知道有一种可以用来交税的“邮票”吗？对，它就是印花税票。

印花税是一个古老的税种，最早出现在荷兰。1624年，荷兰政府发生经济危机，财政困难。当时执掌政权的统治者为了解决财政上的问题，提出要用增加税收的办法来解决支出的困难，并采用公开招标办法，以重赏来寻求新税设计方案。印花税，就是被精选出来的“杰作”。

印花税的设计者可谓独具匠心。他观察到人们在日常生活中使用契约、借贷凭证之类的单据很多，所以，一旦征税，税源将很广；而且，人们还有一个心理，认为凭证单据上由政府盖个印，就成为合法凭证，在诉讼时可以有法律保障，因而对缴纳印花税也乐于接受。正是这样，印花税被资产阶级经济学家誉为税负轻微、税源畅旺、手续简便、成本低廉的“良税”。

最早的印花税是刻花滚筒在应税凭证上盖上一个特殊的花纹，以示完税，故被称为印花税。后来推广开之后逐渐变成了票税。人们可以通过购买票税来获得政府部门的认可。

印花税票不仅是缴税的凭证，国家还可以在不同的历史时期，赋予其不同的时代特色，使其成为文化的载体，历史的见证。

新中国成立以后，我国数次发行印花税票，从初期的“旗球图”到改革开放后的“建设图”，是国家几十年发展历程的一个缩影。近年来的印花税票更是增加了时代特色和人文情怀，2020 年版的税收助力决胜全面小康，就包括“政暖人心惠民生”“筑巢引凤稳就业”等九个主题。

随着时代的发展，目前印花税的申报与缴纳已经电子化，除少数特定情况下需要使用印花税票外，印花税票的使用已经比较少了，印花税票更多地作为收藏品被保存。当我们欣赏着精美的图案时，也会体会其中蕴含的人文情怀，由衷地感叹祖国日新月异的发展。

任务书

1. 请分析判断印花税的纳税人、计税依据、税率、税收优惠，计算应纳税额。
2. 请进行印花税的应纳税额的计算、纳税申报和会计核算。

准备工作

微课视频
扫一扫

1. 阅读任务书。
2. 学习《中华人民共和国印花税法》和《企业会计准则应用指南》等，观看微课视频。
3. 结合任务书分析印花税计算与会计核算的难点和常见问题。

任务实施

印花税纳税实训

情境导航：

根据服务业企业实训案例A中的“二、2024年1—11月相关涉税信息”和“三、2024年12月具体业务情况”，筛选出与印花税相关的情境。

（1）辨析纳税人。

引导问题1：根据**6.1**，腾飞公司是否是印花税的纳税人？ □是 □否

（2）识别征税范围。

引导问题2：根据**6.2**，腾飞公司订立的合同是否属于印花税的征税范围？

□是 □否

（3）确定纳税义务发生时间。

引导问题3：根据**6.3**，腾飞公司印花税的纳税义务发生时间为________。

（4）确定税率。

引导问题4：根据**6.4**，腾飞公司适用的印花税税率是________%。

（5）确定计税依据。

引导问题5：根据**6.5**，腾飞公司印花税的计税依据是________。

（6）判断税收优惠。

引导问题6：根据**6.6**，腾飞公司是否享受印花税的税收优惠？ □是 □否

（7）计算应纳税额。

引导问题7：根据**6.7**，腾飞公司12月份应缴纳的印花税是________。（假定腾飞公司10月、11月不涉及印花税）

（8）确定纳税地点。

引导问题8：根据**6.8**，腾飞公司印花税的纳税地点是________。

（9）会计处理。

引导问题9：根据**6.10**，请登录平台完成腾飞公司12月印花税的会计处理。

（10）纳税申报。

引导问题10：请登录电子税务局完成腾飞公司12月财产和行为税的电子申报。

任务总结

通过完成上述任务，你学到了哪些知识或技能？

学习任务 1.4　个人所得税纳税实训

学习任务描述

根据 2018 年 8 月 31 日中华人民共和国第十三届全国人民代表大会常务委员会第五次会议《关于修改〈中华人民共和国个人所得税法〉的决定》(第七次修正)、国务院颁布的《中华人民共和国个人所得税法实施条例》(中华人民共和国国务院令第 707 号)和 2006 年 10 月 30 日财政部发布的《企业会计准则应用指南》中关于个人所得税的规定，进行个人所得税应纳税额的计算、纳税申报与会计核算。

学习目标

能力目标

1. 能正确判断个人所得税的征收范围；
2. 能进行个人所得税税额的计算；
3. 能进行个人所得税的纳税申报；
4. 能进行个人所得税的会计核算。

知识目标

1. 掌握个人所得税的计算；
2. 掌握个人所得税的纳税申报；
3. 掌握个人所得税的会计核算。

素养目标

培养遵纪守法、依法纳税的意识。

税海导航

诚信为先　依法纳税

近年来，随着网络的迅猛发展，直播带货发展得如火如荼，网上直播购物直观、方便、便宜，受到了人们的青睐，很多人选择了网上购物，给商家以及主播们带来了可观的收入。根据《2023 年中国直播电商行业研究报告》，2023 年中国直播电商市场规模达到了 4.9 万亿元，同比增速为 35.2%。网络主播从业人数呈现出显著增长的趋势。《中国网络表演（直播与短视频）行业发展报告（2022—2023）》中统计显示网络主播账号累计开通超过 1.5 亿个，同比增长 7.1%。这些数字不仅反映了网络主播行业的蓬勃发展，也表明了越来越多的人选择将网络直播作为职业发展方向。

但是，在获得巨额财富的同时，网络主播纳税状况却不容乐观。我们经常会看到网络主播因为偷逃税款被处以罚款的新闻。近几年，网络主播因为偷逃税违法行为被处罚的新闻屡屡登上热搜，引发社会热议。

2021 年 12 月，浙江省杭州市税务部门经税收大数据分析发现网络主播黄某涉嫌偷逃税款，在相关税务机关协作配合下，依法对其开展了全面深入的税务检查。经查，2019 年至 2020 年期间，黄某通过隐匿其从直播平台取得的佣金收入虚假申报偷逃税款；通过设立多家个人独资企业、合伙企业虚构业务，将其个人从事直播带货取得的佣金、坑位费等劳务报酬所得转换为企业经营所得进行虚假申报偷逃税款；从事其他生产经营活动取得收入，未依法申报纳税。通过隐匿个人收入、虚构业务转换收入性质、虚假申报等方式偷逃税款 6.43 亿元，其他少缴税款 0.6 亿元 。国家税务总局杭州市税务局稽查局依据相关法律法规的规定，对黄某追缴税款、加收滞纳金并处罚款，共计 13.41 亿元。

2024 年 4 月，国家税务总局天水市税务局稽查局通过精准分析，发现网络主播杨某涉嫌偷税。经查，杨某在 2020 年至 2021 年期间从事网络直播取得收入，通过不进行纳税申报、虚假申报等手段少缴个人所得税 31.38 万元，少缴其他税费 4.01 万元。国家税务总局天水市税务局稽查局依据相关法律法规的规定，对杨某追缴税款、加收滞纳金并处罚款，共计 82.32 万元。

从以上案例我们发现，存在侥幸心理、不依法纳税要付出巨大代价，偷税漏税一旦“东窗事发”，不仅要被处以高额罚款，而且会“星途”“钱途”尽毁。2021 年 12 月 20 日，黄某因偷逃税致歉后，其在淘宝、抖音、微博等多个平台的账号被封。正如 2021 年 12 月 21 日，中央纪委国家监委网站的刊文中所说，网络不是法外之地，直播不是法外之地，网上经营必须依法依规，诚信纳税。

任务书

1. 请分析判断个人所得税的纳税人、计税依据、税率、税收优惠，计算应纳税额。

2. 请进行个人所得税的应纳税额的计算、纳税申报和会计核算。

准备工作

微课视频
扫一扫

1. 阅读任务书。

2. 学习《中华人民共和国个人所得税法》和《企业会计准则应用指南》等，观看微课视频。

3. 结合任务书分析个人所得税计算与会计核算的难点和常见问题。

任务实施

个人所得税纳税实训

情境导航：

根据服务业企业实训案例 A 中的“二、2024 年 1—11 月相关涉税信息”和“三、2024 年 12 月具体业务情况”，筛选出与个人所得税相关的情境。

（1）辨析纳税人。

引导问题 1：根据 **11.1**，腾飞公司的员工是否是个人所得税的纳税人？

□是　□否

（2）识别征税范围。

引导问题 2：根据 **11.2**，腾飞公司员工所得是否属于个人所得税的征税范围？

□是　□否

（3）确定纳税义务发生时间。

引导问题 3：根据 **11.3**，腾飞公司员工个人所得税的纳税义务发生时间为________。

（4）确定计税依据。

引导问题 4：根据 **11.5**，腾飞公司 2024 年度预扣预缴个人所得税的计税依据是________。

（5）确定税率。

引导问题 5：根据 **11.4**，腾飞公司预扣预缴员工个人所得税适用的税率是________。

（6）判断税收优惠。

引导问题 6：根据 **11.6**，腾飞公司员工是否享受个人所得税的税收优惠？

□是　□否

（7）计算 2024 年度预扣预缴个人所得税额。

引导问题 7：根据 **11.7**，腾飞公司 2024 年度预扣预缴员工全年的个人所得税是________，12 月应缴纳的个人所得税是________。

引导问题 8：根据 **11.7**，腾飞公司员工个人所得税汇算清缴时需补缴的个人所得税是________。

（8）确定纳税地点。

引导问题 9：根据 **11.9**，腾飞公司代扣代缴员工个人所得税的纳税地点是________。

（9）会计处理。

引导问题 10：根据 **11.10**，请登录平台完成腾飞公司 12 月代扣代缴个人所得税的会计处理。

（10）纳税申报。

引导问题 11：请登录电子税务局完成腾飞公司 12 月个人所得税扣缴申报表的电子申报和张腾飞个人所得税 2024 年度汇算清缴的电子申报。

任务总结

通过完成上述任务，你学到了哪些知识或技能？

学习任务 1.5 企业所得税纳税实训

学习任务描述

根据 2018 年 12 月 29 日第十三届全国人民代表大会常务委员会第七次会议修正的《中华人民共和国企业所得税法》、2019 年 4 月 23 日国务院令第 714 号修订的《中华人民共和国企业所得税法实施条例》、2006 年 2 月财政部发布的《企业会计准则第 18 号——所得税》、2006 年 10 月 30 日财政部发布的《企业会计准则应用指南》和 2011 年 10 月 18 日财政部颁布的《小企业会计准则》中关于企业所得税的规定，进行企业所得税应纳税额的计算、纳税申报与会计核算。

学习目标

能力目标

1. 能正确判断企业所得税的征收范围；
2. 能进行企业所得税税额的计算；
3. 能进行企业所得税的纳税申报；
4. 能进行企业所得税的会计核算。

知识目标

1. 掌握企业所得税的计算；
2. 掌握企业所得税的纳税申报；
3. 掌握企业所得税的会计核算。

素养目标

培养制度自信。

税海导航

税费红利深润小微 共绘经济活力新篇章

为支持增值税小规模纳税人、小型微利企业和个体工商户发展，进一步为经营主体减负担、增动能，2023 年 8 月 2 日，财政部和税务总局联合发布《关于进一步支持小微企业和个体工商户发展有关税费政策的公告》(财政部税务总局公告 2023 年第 12 号)。

2023 年第 12 号公告规定，自 2023 年 1 月 1 日至 2027 年 12 月 31 日，对个体工商户年应纳税所得额不超过 200 万元的部分，减半征收个人所得税。个体工商户在享受现行其他个人所得税优惠政策的基础上，可叠加享受本条优惠政策。这条优惠政策不仅体现了国家对个体工商户发展的高度重视，更是以实际行动诠释了“减税降费、助企纾困”的坚定决心。

2023 年第 12 号公告规定，自 2023 年 1 月 1 日至 2027 年 12 月 31 日，对增值税小规模纳税人、小型微利企业和个体工商户减半征收资源税（不含水资源税）、城市维护建设税、房产税、城镇土地使用税、印花税（不含证券交易印花税）、耕地占用税和教育费附加、地方教育附加。增值税小规模纳税人、小型微利企业和个体工商户已依法享受资源税、城市维护建设税、房产税、城镇土地使用税、印花税、耕地占用税、教育费附加、地方教育附加等其他优惠政策的，可叠加享受优惠政策。这一系列优惠政策的叠加享受，如同为增值税小规模纳税人、小型微利企业和个体工商户插上了翅膀，使其能够在市场竞争中更加轻盈地飞翔，有效降低了运营成本，增强了发展后劲。

2023 年第 12 号公告还规定，对小型微利企业减按 25% 计算应纳税所得额，按 20% 的税率缴纳企业所得税政策，延续执行至 2027 年 12 月 31 日。这项优惠政策不仅减轻了小型微利企业的税收负担，更传递了国家对其长期、稳定发展的坚定支持。它像一盏明灯，照亮了小型微利企业前行的道路，为其在激烈的市场环境中稳健前行提供了有力保障。

2023 年第 12 号公告的出台，是国家对增值税小规模纳税人、小型微利企业和个体工商户深情厚爱的真实写照，更是推动经济高质量发展、激发市场活力的关键一招。它向全社会发出了一个强烈信号：国家将坚定不移地支持民营经济发展，为增值税小规模纳税人、小型微利企业和个体工商户的蓬勃发展营造更加宽松、有利的外部环境。

任务书

1. 请分析判断企业所得税的纳税人、计税依据、税率、税收优惠，计算应纳税额。

2. 请进行企业所得税应纳税额的计算、纳税申报和会计核算。

准备工作

微课视频
扫一扫

1. 阅读任务书。

2. 学习《中华人民共和国企业所得税法》、《中华人民共和国企业所得税法实施条例》、《企业会计准则第 18 号——所得税》、《企业会计准则应用指南》和《小企业会计准则》，观看微课视频。

3. 结合任务书分析企业所得税计算与会计核算的难点和常见问题。

任务实施

企业所得税纳税实训

情境导航：

根据服务业企业实训案例 A 中的“二、2024 年 1—11 月相关涉税信息”和“三、2024 年 12 月具体业务情况”，筛选出与企业所得税相关的情境。

（1）辨析纳税人。

引导问题 1：根据 **12.1**，腾飞公司是否是企业所得税的纳税人？　□是　□否

（2）识别征税范围。

引导问题 2：根据 **12.2**，腾飞公司是否属于企业所得税的征税范围？　□是　□否

（3）确定纳税义务发生时间。

引导问题 3：根据 **12.3**，腾飞公司企业所得税的纳税义务发生时间为________。

（4）编制科目余额表。

引导问题 4：参照 2024 年 1—11 月科目余额表，请列出与企业所得税相关业务的会计处理，并填列《腾飞公司 12 月科目余额表》（见附录）。

引导问题 5：请填列《腾飞公司 2024 年度科目余额表》（见附录）。

（5）确定第 4 季度预缴企业所得税计税依据。

引导问题 6：根据 **12.5**，腾飞公司 12 月的会计利润总额是________。请填列《腾飞公司 12 月会计利润总额计算表》（见附录）。

引导问题 7：根据 **12.5**，腾飞公司第 4 季度预缴企业所得税的计税依据是________。请填列《腾飞公司第 4 季度预缴所得税计算表》（见附录）。

（6）判断税收优惠。

引导问题 8：根据 **12.7.3**，腾飞公司是否享受企业所得税的税收优惠？

□是　□否

小提示：

1）小型微利企业的标准：年应纳税所得额≤ 300 万元，从业人数≤ 300 人，资产总额≤ 5 000 万元。

2）小型微利企业从业人数和资产总额指标，应按企业全年的季度平均值确定。具体计算公式如下：

季度平均值 =（季初值 + 季末值）÷2

全年季度平均值 = 全年各季度平均值之和 ÷4

腾飞公司员工人数和资产总额平均值的计算如表 A-13 所示。

表 A－13　员工人数和资产总额平均值计算表

时间	员工人数（人）	季度平均值（人）	全年季度平均值（人）
年初	5		
1 季度末	5	5	
2 季度末	5	5	
3 季度末	5	5	

续表

时间	员工人数（人）	季度平均值（人）	全年季度平均值（人）
4 季度末	5	5	5
时间	资产总额（万元）	季度平均值（万元）	全年季度平均值（万元）
年初	243.05		
1 季度末	264.28	253.67	
2 季度末	278.85	271.57	
3 季度末	298.57	288.71	
4 季度末	315.00	306.79	280.18

（7）确定第 4 季度预缴企业所得税税率。

引导问题 9：根据 **12.7.3**，腾飞公司适用的企业所得税税率是________。

（8）计算第 4 季度预缴企业所得税额。

引导问题 10：腾飞公司第 4 季度应预缴的企业所得税是________。

（9）确定 2024 年度企业所得税的计税依据。

引导问题 11：腾飞公司 2024 年度纳税调整额是________。请填列《腾飞公司企业所得税纳税调整额计算表》(见附录)。

引导问题 12：根据 **12.5**，腾飞公司 2024 年度企业所得税的计税依据是________。

（10）计算 2024 年度应纳企业所得税额。

引导问题 13：根据 **12.8**，腾飞公司 2024 年度应纳企业所得税税额是________。

（11）计算 2024 年度应补（退）所得税额。

引导问题 14：腾飞公司 2024 年度应补（退）所得税税额是________。

（12）确定纳税地点。

引导问题 15：根据 **12.9**，腾飞公司企业所得税的纳税地点是________。

（13）会计处理。

引导问题 16：根据 **12.11**，请登录平台完成腾飞公司 12 月企业所得税的会计处理。

（14）纳税申报。

引导问题 17：请登录电子税务局完成腾飞公司第 4 季度企业所得税预缴的电子申报和 2024 年度企业所得税汇算清缴的电子申报。

任务总结

通过完成上述任务，你学到了哪些知识或技能？

2 项目任务 2

制造业企业纳税实训

学习任务 2.1 增值税纳税实训

学习任务描述

根据 2017 年 11 月 19 日国务院发布的修订后的《中华人民共和国增值税暂行条例》、2008 年 12 月财政部和国家税务总局发布的《中华人民共和国增值税暂行条例实施细则》以及 2016 年 3 月 23 日财政部和国家税务总局发布的《关于全面推开营业税改征增值税试点的通知》和 2016 年 12 月 3 日财政部发布的《增值税会计处理规定》中关于增值税的规定，进行一般纳税人增值税应纳税额的计算、纳税申报与会计核算。

学习目标

能力目标

1. 能正确判断增值税的征收范围；
2. 能正确判断纳税人是否享受增值税的税收优惠；
3. 能进行一般纳税人增值税的计算；
4. 能进行一般纳税人增值税的纳税申报；
5. 能进行一般纳税人增值税的会计核算。

知识目标

1. 掌握一般纳税人增值税的征收率、税收优惠和应纳税额的计算；
2. 掌握一般纳税人增值税的纳税申报；
3. 掌握一般纳税人增值税的会计核算。

素养目标

树立诚信纳税意识，增强社会责任感。

税海导航

“以数治税”：新时代税收征管的深度变革与责任担当

2021年3月，随着《关于进一步深化税收征管改革的意见》的正式颁布，我国税收征管体系迎来了历史性的转折，正式步入了“以数治税”的新纪元。这一变革不仅是税收管理技术的一次飞跃，更是税务工作理念与模式的一次深刻重塑，标志着我国税收征管正式迈入智能化、精准化的新时代。

在增值税领域，“以数治税”的实施如同春风化雨，悄无声息地渗透至税收管理的每一个角落。它依托大数据、云计算、人工智能等前沿科技，对税收数据进行深度挖掘与智能分析，实现了从纳税人登记、发票开具、税款申报到风险评估、稽查审计等全链条的数字化、智能化管理。这一转变不仅极大地提升了税务处理的效率与精准度，更为企业打造了一个更加便捷、透明、高效的税务服务环境，有力促进了市场的公平竞争与健康发展。

尤为重要的是，“以数治税”的推行，还深刻影响了公众对于税收责任的认知与态度。在大数据的严密监控下，任何试图通过技术手段逃避税收的行为都将无所遁形。这促使纳税人不得不更加规范地进行税务申报与缴纳，严格遵守税法规定，履行纳税义务。同时，这一变革也进一步强化了公众对于税收重要性的认识，让更多的人深刻意识到税收不仅是国家财政的重要来源，更是国家治理的基石，是支撑国家发展、保障民生福祉不可或缺的力量。

“以数治税”的实施，更是一次社会责任的集体觉醒与践行。通过建立智能风险分析平台，运用海量数据为企业精准画像，建立“一人式”涉税档案，税务部门真正实现了“无风险不打扰，有违法要追究，全过程强智控”的精准监管要求。这不仅减轻了企业的负担，提高了税务管理的效率，更在全社会范围内营造了一种诚信纳税、依法纳税的良好氛围，为构建和谐社会、推动经济高质量发展奠定了坚实的基础。

展望未来，“以数治税”将继续引领我国税收征管体系向更高水平迈进。我们有理由相信，在全体税务人员与纳税人的共同努力下，“以数治税”将不断焕发出新的生机与活力，为我国税收事业的繁荣发展贡献更大的力量。

任务书

1. 请分析判断增值税的纳税人、计税依据、税率、税收优惠，计算增值税应纳税额。
2. 请进行一般纳税人增值税应纳税额的计算、纳税申报和会计核算。

准备工作

微课视频
扫一扫

1. 阅读任务书。

2. 学习《中华人民共和国增值税暂行条例》《中华人民共和国增值税暂行条例实施细则》《关于全面推开营业税改征增值税试点的通知》《增值税会计处理规定》，观看微课视频。

3. 结合任务书分析增值税计算、纳税申报与会计核算的难点和常见问题。

任务实施

增值税纳税实训

情境导航：

根据制造业企业实训案例B中的“二、2024年1—11月相关涉税信息”和“三、2024年12月具体业务情况”，筛选出与增值税相关的情境。

（1）辨析纳税人。

引导问题1：根据**1.1.1**，蔚蓝公司是否是增值税的纳税人？ □是 □否

引导问题2：根据**1.1.1**，蔚蓝公司是否是增值税一般纳税人？ □是 □否

（2）识别征税范围。

引导问题3：根据**1.2**，蔚蓝公司的销售行为是否属于增值税的征税范围？

□是 □否

（3）确定纳税义务发生时间。

引导问题4：根据**1.3**，蔚蓝公司增值税的纳税义务发生时间为________。

（4）确定税率。

引导问题5：根据**1.4.1**，蔚蓝公司销售货物适用的增值税税率是________%。

引导问题6：根据**1.4.1**，蔚蓝公司销售其取得的不动产，适用的增值税征收率是________%。

（5）判断税收优惠。

引导问题7：根据**1.5**，蔚蓝公司是否享受增值税的税收优惠政策？ □是 □否

（6）确定一般计税方法的应纳税额。

引导问题8：根据**1.6.1.1**和**1.6.1.2**，蔚蓝公司12月的销项税额是________。

引导问题9：根据**1.6.1.3**，蔚蓝公司12月的进项税额是________。

引导问题10：根据**1.6.1.6**，蔚蓝公司12月不得从销项税额中抵扣进项税额的业务是________。

引导问题11：根据**1.6.1**，蔚蓝公司12月采用一般计税方法计算的应纳税额是________。

（7）确定应缴纳的增值税。

引导问题12：根据**1.6**，蔚蓝公司12月应缴纳的增值税是________。

（8）确定纳税地点。

引导问题13：根据**1.7**，蔚蓝公司的增值税纳税地点是________。

（9）会计处理。

引导问题14：根据**1.9.1**，请登录平台完成蔚蓝公司12月增值税的会计处理。

（10）纳税申报。

引导问题15：请登录电子税务局完成蔚蓝公司12月增值税及附加税费的电子申报。

任务总结

通过完成上述任务，你学到了哪些知识或技能？

学习任务 2.2 消费税纳税实训

学习任务描述

根据1993年12月13日国务院令第135号发布实施、2008年11月5日国务院第34次常务会议修订通过、自2009年9月1日起施行的《中华人民共和国消费税暂行条例》，2008年12月15日财政部和国家税务总局发布的《中华人民共和国消费税暂行条例实施细则》和2006年10月30日财政部发布的《企业会计准则应用指南》中关于消费税的规定，进行消费税应纳税额的计算、纳税申报与会计核算。

学习目标

能力目标

1. 能正确判断消费税的征收范围；
2. 能进行消费税税额的计算；
3. 能进行消费税的纳税申报；
4. 能进行消费税的会计核算。

知识目标

1. 掌握消费税的计算；
2. 掌握消费税的纳税申报；
3. 掌握消费税的会计核算。

素养目标

培养保护环境、节能环保意识。

税海导航

与时俱进，万亿消费税再改革

万亿消费税，将成为新一轮财税体制改革的发力点。

2024年7月15—18日，党的二十届三中全会在北京举行，全会审议通过了《中共中央关于进一步全面深化改革、推进中国式现代化的决定》。关于税收制度改革，该决定明确了一个改革方向：推进消费税征收环节后移并稳步下划地方。

消费税与增值税、企业所得税、个人所得税并称为中国的四大税种。1994年财税体制改革设立消费税以来，中国消费税规模从487亿元提高到2024年的1.65万亿元。过去十年，消费税占当年税收收入比重保持在8%左右。

消费税是针对特定的消费品和消费行为所开征的一种间接税。世界上很多国家都开征了消费税，我国在1994年的财税改革中才开征了真正意义上的消费税，目前的税目有 15 个大类。消费税的征收环节单一，多数在生产或进口环节缴纳。消费税是典型的间接税，是价内税，作为产品价格的一部分存在，税款最终由消费者承担。

从 1994 年开征以来，消费税经历过 2006 年、2008 年、2014 年三轮调整，主要是部分税目的税率调整和税基扩大。2019 年国务院发布的一份分税改革方案则释放了消费税征收环节后移、税基扩围、增量部分分税的改革思路。党的二十届三中全会再次强调消费税后移并稳步下划地方，为未来的消费税改革指明了方向，展示了国家层面培育新的地方税源的决心。

消费税征税环节后移，有助于优化税收结构，使得税收更加公平合理。通过征税环节后移，可以减少生产环节的税收负担，鼓励企业生产，使所有企业在更加公平的税收环境下竞争，激发市场活力。同时增加对消费环节的税收，从而更好地调节消费行为。消费税征税环节后移，有利于消费税政策的实施。在零售环节征收消费税，可以使得消费者更加直观地感受到税收的存在，从而增强消费者的税收意识，并以此来引导消费者进行合理消费，选择更加环保、节能或健康的产品。消费税后移有助于平衡不同地区之间的财政收入，特别是对财政收入基数较低的地区，改革带来的边际效应更高。消费税改革对于增加地方自主财力、拓展地方税源具有标志性意义。

任务书

1. 请分析判断消费税的纳税人、计税依据、税率、税收优惠，计算应纳税额。
2. 请进行消费税应纳税额的计算、纳税申报和会计核算。

准备工作

微课视频
扫一扫

1. 阅读任务书。
2. 学习《中华人民共和国消费税暂行条例》《中华人民共和国消费税暂行条例实施细则》《企业会计准则应用指南》，观看微课视频。
3. 结合任务书分析消费税计算与会计核算的难点和常见问题。

任务实施

消费税纳税实训

情境导航：

根据制造业企业实训案例B中的“二、2024年1—11月相关涉税信息”和“三、2024年12月具体业务情况”，筛选出与消费税相关的情境。

（1）辨析纳税人。

引导问题1：根据**2.1**，蔚蓝公司是否是消费税的纳税人？ □是 □否

（2）识别征税范围。

引导问题2：根据**2.2**，蔚蓝公司生产电池是否属于消费税的征税范围？

□是 □否

（3）确定纳税义务发生时间。

引导问题3：根据**2.3**，蔚蓝公司消费税的纳税义务发生时间为________。

（4）确定税率。

引导问题4：根据**2.4**，蔚蓝公司销售电池适用的消费税税率是________。

（5）确定计税依据。

引导问题5：根据**2.5**，蔚蓝公司12月消费税的计税依据是________。

（6）计算应纳税额。

引导问题6：根据**2.6.1**，蔚蓝公司12月应缴纳的消费税是________。

（7）确定纳税地点。

引导问题7：根据**2.7**，蔚蓝公司消费税的纳税地点是________。

（8）会计处理。

引导问题8：根据**2.8**，请登录平台完成蔚蓝公司12月消费税的会计处理。

（9）纳税申报。

引导问题9：请登录电子税务局完成蔚蓝公司12月消费税及附加税费的电子申报。

任务总结

通过完成上述任务，你学到了哪些知识或技能？

学习任务 2.3 城市维护建设税及附加纳税实训

学习任务描述

根据 2020 年 8 月 11 日第十三届全国人民代表大会常务委员会第二十一次会议表决通过的《中华人民共和国城市维护建设税法》、1986 年 4 月 28 日国务院发布的《征收教育费附加的暂行规定》(已历经三次修订)、2010 年财政部发布的《关于统一地方教育附加政策有关问题的通知》，以及 2006 年 10 月 30 日财政部发布的《企业会计准则应用指南》和 2016 年 12 月 3 日财政部发布的《增值税会计处理规定》中关于城市维护建设税、教育费附加和地方教育附加会计核算的规定，进行城市维护建设税、教育费附加和地方教育附加应纳税（费）额的计算、纳税（费）申报与会计核算。

学习目标

能力目标

1. 能正确判断城市维护建设税、教育费附加和地方教育附加的征收范围；
2. 能进行城市维护建设税、教育费附加和地方教育附加税（费）额的计算；
3. 能进行城市维护建设税、教育费附加和地方教育附加的纳税（费）申报；
4. 能进行城市维护建设税、教育费附加和地方教育附加的会计核算。

知识目标

1. 掌握城市维护建设税、教育费附加和地方教育附加的计算；
2. 掌握城市维护建设税、教育费附加和地方教育附加的纳税（费）申报；
3. 掌握城市维护建设税、教育费附加和地方教育附加的会计核算。

素养目标

培养法治意识、社会责任感及创新思维，深刻理解法治在推动国家治理现代化中的重要作用。

税海导航

《中华人民共和国城市维护建设税法》颁布：税制革新与治理效能提升

2021 年 9 月 1 日《中华人民共和国城市维护建设税法》的正式实施，标志着《中华人民共和国城市维护建设税暂行条例》圆满完成了其历史使命，悄然退出历史舞台。这一法律更迭，不仅是文字条款的简单升级，更是法治国家建设征程中的一座重要里程碑，深刻体现了法治精神与社会治理理念的融合与创新。

首先，《中华人民共和国城市维护建设税法》将期末留抵退税退还的增值税税额纳入城市维护建设税计税依据的扣除范畴，这一细微却关键的调整，不仅彰显了我国法律体系的严密与精细，更透露出国家对市场主体，尤其是中小企业发展的深切关怀。这份关怀如同灯塔，照亮了企业前行的道路，让留抵退税政策真正落地生根，为企业带来了实实在在的现金流支持，助力其生产运营和盈利目标的实现。

其次，《中华人民共和国城市维护建设税法》赋予地方政府税收管理的自主权，开启了地方治理的新篇章。在《中华人民共和国城市维护建设税法》的框架下，各地政府拥有了根据自身经济发展实际，灵活制定税收政策的权力。这一变化，如同为地方政府解锁了发展的新钥匙，激发了其参与国家税收制度改革的热情与创造力。地方政府因此能够更加精准地把握地方经济发展的脉搏，因地制宜地推动经济发展，实现财政收入的稳步增长。这一过程，不仅是对矛盾普遍性与特殊性辩证关系的深刻诠释，更是教导我们在面对复杂多变的形势时，要勇于探索、敢于创新，用具体问题具体分析的方法论武器，破解发展难题，开创发展新局。

《中华人民共和国城市维护建设税法》的颁布，不仅是我国税收法律体系的一次重大完善，更是国家治理体系与治理能力现代化进程中的一次深刻变革。它启示我们，在法治的引导下，应坚持市场经济与法治建设的结合，既尊重市场规律，激发市场活力，又发挥政府作用，强化法治保障。只有这样，方能汇聚起磅礴的力量，共同绘制出国家繁荣富强、人民幸福安康的美好蓝图。

任务书

1. 请分析判断城市维护建设税、教育费附加和地方教育附加的纳税（费）人、计税（费）依据、税（费）率、税（费）收优惠，计算应纳税额。

2. 请进行城市维护建设税、教育费附加和地方教育附加的应纳税（费）额的计算、纳税（费）申报和会计核算。

准备工作

微课视频
扫一扫

1. 阅读任务书。

2. 学习《中华人民共和国城市维护建设税法》《征收教育费附加的暂行规定》《关于统一地方教育附加政策有关问题的通知》，观看微课视频。

3. 结合任务书分析城市维护建设税、教育费附加和地方教育附加计算与会计核算的难点和常见问题。

城市维护建设税及附加纳税实训

情境导航：

根据制造业企业实训案例B中的“二、2024年1—11月相关涉税信息”和“三、2024年12月具体业务情况”，筛选出与城市维护建设税、教育费附加和地方教育附加相关的情境。

（1）辨析纳税（费）人。

引导问题1：根据3.1，蔚蓝公司是否是城市维护建设税的纳税人？ □是 □否

引导问题2：根据3.1，蔚蓝公司是否是教育费附加和地方教育附加的纳费人？

□是 □否

（2）识别征税（费）范围。

引导问题3：根据3.2，蔚蓝公司是否属于城市维护建设税的征税范围？

□是 □否

引导问题4：根据3.2，蔚蓝公司是否属于教育费附加和地方教育附加的征费范围？ □是 □否

（3）确定纳税（费）义务发生时间。

引导问题5：根据3.3，蔚蓝公司的城市维护建设税、教育费附加和地方教育附加纳税（费）发生时间与增值税和消费税的纳税义务发生时间是否一致？ □是 □否

（4）确定税（费）率。

引导问题6：根据3.4，蔚蓝公司适用的城市维护建设税税率是________%。

引导问题7：根据3.4，蔚蓝公司适用的教育费附加的费率是________%；根据3.4，蔚蓝公司适用的地方教育附加的费率是________%。

（5）确定计税（费）依据。

引导问题8：根据3.5，蔚蓝公司城市维护建设税的计税依据是________。

引导问题9：根据3.5，蔚蓝公司教育费附加和地方教育附加的计费依据是________。

（6）判断税（费）优惠。

引导问题10：根据3.6，蔚蓝公司是否享受城市维护建设税、教育费附加和地方教育附加的税（费）收优惠 □是 □否

（7）计算应纳税（费）额。

引导问题11：根据3.7，蔚蓝公司12月应缴纳的城市维护建设税是________。

引导问题12：根据3.7，蔚蓝公司12月应缴纳的教育费附加是________。

引导问题13：根据3.7，蔚蓝公司12月应缴纳的地方教育附加是________。

（8）确定纳税（费）地点。

引导问题14：根据3.8，蔚蓝公司城市维护建设税、教育费附加和地方教育附加的纳税（费）地点是________。

（9）会计处理。

引导问题 15：根据 **3.9**，请登录平台完成蔚蓝公司 12 月城市维护建设税、教育费附加和地方教育附加的会计处理。

（10）纳税申报。

引导问题 16：请登录电子税务局完成蔚蓝公司 12 月增值税及附加税费、消费税及附加的电子申报。

任务总结

通过完成上述任务，你学到了哪些知识或技能？

学习任务 2.4　房产税纳税实训

学习任务描述

根据1986年9月15日国务院发布、2011年1月8日国务院令第588号修改的《中华人民共和国房产税暂行条例》和2006年10月30日财政部发布的《企业会计准则应用指南》中关于房产税的相关规定，进行房产税应纳税额的计算、纳税申报与会计核算。

学习目标

能力目标

1. 能正确判断房产税的征收范围；
2. 能进行房产税税额的计算；
3. 能进行房产税的纳税申报；
4. 能进行房产税的会计核算。

知识目标

1. 掌握房产税的计算；
2. 掌握房产税的纳税申报；
3. 掌握房产税的会计核算。

素养目标

树立国防意识，增进军民团结情感，积极投身国家建设，共同构建安全和谐的美好家园。

税海导航

税收优惠促军民团结，共谱国防家园新篇章

《中华人民共和国房产税暂行条例》与《中华人民共和国城镇土地使用税暂行条例》分别规定军队自用的房产与土地免征相应的税款。这两项税收优惠政策不仅体现了经济上的扶持，更深刻反映了军民团结、共筑国防、齐心协力建设美好家园的理念。

军队是国家的坚固屏障，其存在与发展直接关系到国家安全。国家对军队自用土地与房产的税收减免，充分认可了军队的无私贡献与保国卫民的崇高使命。这种关怀如阳光般温暖，照亮军队前行的道路，使军人能够全力以赴提升战斗力，守护国家的每一寸土地及人民的安宁。

此外，这两项税收优惠政策也凸显了军民之间的深情厚谊与紧密联系。军民团结是中华民族的优良传统，是推动国家繁荣、民族和谐的核心力量。在和平时期，军民同心协力，共同为国家的兴旺发展贡献力量。税收上的优惠，正是国家以经济手段促进军民融合、增强团结的明智策略。

这两项税收优惠政策启示我们，共建美好家园需要全社会的参与与努力。国防是国家安全的保障，国家安全又直接关联每个人的福祉。因此，我们应增强国防意识，支持军队发展，并积极投身社会各项建设，为国家繁荣贡献力量。

这两项税收优惠政策是军民团结、共筑国防、协力建设家园理念的生动体现。它教会我们，军民齐心，方能筑就安全、和谐的美好家园。展望未来，让我们继承和弘扬这一优良传统，为国家的富强贡献智慧与力量。

任务书

1. 请分析判断房产税的纳税人、计税依据、税率、税收优惠，计算应纳税额。
2. 请进行房产税应纳税额的计算、纳税申报和会计核算。

准备工作

微课视频
扫一扫

1. 阅读任务书。
2. 学习《中华人民共和国房产税暂行条例》和《企业会计准则应用指南》，观看微课视频。
3. 结合任务书分析房产税计算与会计核算的难点和常见问题。

任务实施

房产税纳税实训

情境导航：

根据制造业企业实训案例B中的"二、2024年1—11月相关涉税信息"和"三、2024年12月具体业务情况"，筛选出与房产税相关的情境。

（1）辨析纳税人。

引导问题1：根据**4.1**，蔚蓝公司是否是房产税的纳税人？ □是 □否

（2）识别征税范围。

引导问题2：根据**4.2**，蔚蓝公司的自有房产是否属于房产税的征税范围？
□是 □否

（3）确定纳税义务发生时间。

引导问题3：根据**4.3**，蔚蓝公司12月房屋房产税的纳税义务发生时间为________。

（4）确定税率。

引导问题4：根据**4.4**，蔚蓝公司适用的房产税税率是________%。

（5）确定计税依据。

引导问题5：根据**4.5**，蔚蓝公司房产税的计税依据是________。

（6）判断税收优惠。

引导问题6：根据**4.6**，蔚蓝公司是否享受房产税的税收优惠？ □是 □否

（7）计算应纳税额。

引导问题7：根据**4.5**，蔚蓝公司下半年应缴纳的房产税是________。

（8）确定纳税地点。

引导问题8：根据**4.7**，蔚蓝公司房产税的纳税地点是________。

（9）会计处理。

引导问题9：根据**4.9**，请登录平台完成蔚蓝公司12月房产税的会计处理。

（10）纳税申报。

引导问题10：请登录电子税务局完成蔚蓝公司12月财产和行为税的电子申报。

任务总结

通过完成上述任务，你学到了哪些知识或技能？

学习任务 2.5　城镇土地使用税纳税实训

学习任务描述

根据1988年9月27日国务院发布的《中华人民共和国城镇土地使用税暂行条例》(历经四次修订，最新修订时间为2019年3月）和2006年10月30日财政部发布的《企业会计准则应用指南》中关于城镇土地使用税会计核算的相关规定，进行城镇土地使用税应纳税额的计算、纳税申报与会计核算。

学习目标

能力目标

1. 能正确判断城镇土地使用税的征收范围；
2. 能进行城镇土地使用税税额的计算；
3. 能进行城镇土地使用税的纳税申报；
4. 能进行城镇土地使用税的会计核算。

知识目标

1. 掌握城镇土地使用税的计算；
2. 掌握城镇土地使用税的纳税申报；
3. 掌握城镇土地使用税的会计核算。

素养目标

培养土地资源节约意识与可持续发展责任感。

税海导航

城镇土地使用税：珍惜土地，促进可持续发展

在城市的繁华背后，土地资源的珍贵性与有限性日益凸显。作为调节土地资源利用的重要工具，城镇土地使用税的征收标准巧妙地与土地的使用效率和价值相挂钩，这一制度设计不仅体现了经济管理的智慧，更深刻地呼唤着我们对土地资源的珍惜与合理利用。

城镇土地使用税的征收，并非简单的财政手段，而是国家对于土地资源优化配置和可持续利用的战略考量。通过财政杠杆的作用，鼓励土地使用者提高土地利用效率，减少土地闲置和浪费，从而推动土地资源的节约和集约利用。这种机制，如同一位精明的管家，精心打理着城市的每一寸土地，确保它们都能发挥出最大的价值。

当我们审视这一制度时，不难发现其中蕴含的深刻意义。它告诉我们，土地资源并非取之不尽、用之不竭的。相反，它是有限的、珍贵的，需要我们珍惜和保护。因此，无论是政府、企业还是个人，都应当树立节约土地资源的意识，将合理利用土地资源作为自己的责任和义务。

在日常生活中，我们可以从点滴做起，珍惜每一块土地。比如，在购房时选择紧凑型住宅，减少占地面积；在规划城市建设时，注重土地的集约利用和绿化空间的保留；在农业生产中，推广高效节水灌溉技术，减少土地资源的浪费。这些看似微小的行动，实则是对土地资源保护作出的重要贡献。

同时，我们也应该认识到，城镇土地使用税的征收不仅仅是一种经济手段，更是一种社会导向。它引导我们关注土地资源的节约与合理利用，倡导绿色、低碳、可持续的生活方式。这种导向作用，对于推动社会进步和可持续发展具有重要意义。

因此，让我们共同行动起来，珍惜土地资源、合理利用土地资源。让城镇土地使用税成为我们节约土地、保护土地的有力武器，共同为城市的可持续发展贡献力量。在未来的日子里，愿我们都能成为土地资源的守护者，共同守护这片珍贵的绿色家园。

任务书

1. 请分析判断城镇土地使用税的纳税人、计税依据、税率、税收优惠，计算应纳税额。

2. 请进行城镇土地使用税应纳税额的计算、纳税申报和会计核算。

准备工作

微课视频
扫一扫

1. 阅读任务书。

2. 学习《中华人民共和国城镇土地使用税暂行条例》和《企业会计准则应用指南》，观看微课视频。

3. 结合任务书分析城镇土地使用税计算与会计核算的难点和常见问题。

任务实施

城镇土地使用税纳税实训

情境导航：

根据制造业企业实训案例B中的“二、2024年1—11月相关涉税信息”和“三、2024年12月具体业务情况”，筛选出与城镇土地使用税相关的情境。

（1）辨析纳税人。

引导问题1：根据**5.1**，蔚蓝公司是否是城镇土地使用税的纳税人？　□是　□否

（2）识别征税范围。

引导问题2：根据**5.2**，蔚蓝公司拥有的土地使用权是否属于城镇土地使用税的征税范围？　□是　□否

（3）确定纳税义务发生时间。

引导问题3：根据**5.3**，蔚蓝公司12月新购置土地，其城镇土地使用税的纳税义务发生时间为________。

引导问题4：根据**5.3**，蔚蓝公司原购置房屋的城镇土地使用税的纳税义务发生时间为________。

（4）确定税率。

引导问题5：根据**5.4**，蔚蓝公司适用的城镇土地使用税定额税率是________元/平方米。

（5）确定计税依据。

引导问题6：根据**5.5**，蔚蓝公司城镇土地使用税的计税依据是________。

（6）判断税收优惠。

引导问题7：根据**5.6**，蔚蓝公司是否享受城镇土地使用税的税收优惠？

□是　□否

（7）计算应纳税额。

引导问题8：根据**5.7**，蔚蓝公司下半年应缴纳的城镇土地使用税是________。

（8）确定纳税地点。

引导问题9：根据**5.8**，蔚蓝公司城镇土地使用税的纳税地点是________。

（9）会计处理。

引导问题10：根据**5.10**，请登录平台完成蔚蓝公司12月城镇土地使用税的会计处理。

（10）纳税申报。

引导问题11：请登录电子税务局完成蔚蓝公司12月财产和行为税的电子申报。

任务总结

通过完成上述任务，你学到了哪些知识或技能？

学习任务 2.6 印花税纳税实训

学习任务描述

根据2021年6月10日中华人民共和国第十三届全国人民代表大会常务委员会第二十九次会议表决通过的《中华人民共和国印花税法》和2006年10月30日财政部发布的《企业会计准则应用指南》中关于印花税的相关规定，进行印花税应纳税额的计算、纳税申报与会计核算。

学习目标

能力目标

1. 能正确判断印花税的征收范围；
2. 能进行印花税税额的计算；
3. 能进行印花税的纳税申报；
4. 能进行印花税的会计核算。

知识目标

1. 掌握印花税的计算；
2. 掌握印花税的纳税申报；
3. 掌握印花税的会计核算。

素养目标

培养依法纳税意识。

税海导航

涉税无小事，别拿印花税不当“干粮”

据深圳地税2016年5月4日报道：深圳市地税局第五稽查局在对某珠宝公司实施稽查时，发现该公司存在未按税法规定申报缴纳印花税的问题，遂依法追补了其少缴的税款，并处罚款、加收滞纳金，三项合计376万元。

据悉，该公司主要从事黄金、铂金等贵金属及珠宝原材料的加工生产销售。稽查人员在检查该公司纳税情况时发现，该公司在日常经营中注重流转税、所得税等主体税种的缴纳，却“忽视”了印花税等小税种的存在，导致签订的合计金额达70多亿元的购销合同，未按规定申报缴纳购销合同印花税215万元。

可见，印花税金额不大，但其滞纳金、罚款较重，未及时申报缴纳，小税种也可能惹大祸。自2022年7月1日起，《中华人民共和国印花税法》正式实施，随着我国税收法治化程度的加强，对纳税人提出了更为严格的要求，需要财税人员认真对待。

任务书

1. 请分析判断印花税的纳税人、计税依据、税率、税收优惠，计算应纳税额。
2. 请进行印花税应纳税额的计算、纳税申报和会计核算。

准备工作

微课视频
扫一扫

1. 阅读任务书。
2. 学习《中华人民共和国印花税法》和《企业会计准则应用指南》，观看微课视频。
3. 结合任务书分析印花税计算与会计核算的难点和常见问题。

任务实施

印花税纳税实训

情境导航：

根据制造业企业实训案例B中的“二、2024年1—11月相关涉税信息”和“三、2024年12月具体业务情况”，筛选出与印花税相关的情境。

（1）辨析纳税人。

引导问题1：根据**6.1**，蔚蓝公司是否是印花税的纳税人？ □是 □否

（2）识别征税范围。

引导问题2：根据**6.2**，蔚蓝公司订立的合同是否属于印花税的征税范围？

□是 □否

（3）确定纳税义务发生时间。

引导问题3：根据**6.3**，蔚蓝公司印花税的纳税义务发生时间为________。

（4）确定税率。

引导问题4：根据**6.4**，蔚蓝公司适用的印花税税率是________%。

（5）确定计税依据。

引导问题5：根据**6.5**，蔚蓝公司印花税的计税依据是________。

（6）判断税收优惠。

引导问题6：根据**6.6**，蔚蓝公司是否享受印花税的税收优惠？ □是 □否

（7）计算应纳税额。

引导问题7：根据**6.7**，蔚蓝公司12月应缴纳的印花税是________。（假定蔚蓝公司10月、11月不涉及印花税）

（8）确定纳税地点。

引导问题8：根据**6.8**，蔚蓝公司印花税的纳税地点是________。

（9）会计处理。

引导问题9：根据**6.10**，请登录平台完成蔚蓝公司12月印花税的会计处理。

（10）纳税申报。

引导问题10：请登录电子税务局完成蔚蓝公司12月财产和行为税的电子申报。

任务总结

通过完成上述任务，你学到了哪些知识或技能？

学习任务 2.7 车船税纳税实训

学习任务描述

根据 2011 年 2 月 25 日第十一届全国人民代表大会常务委员会第十九次会议通过、2019 年 4 月 23 日第十三届全国人民代表大会常务委员会第十次会议修正的《中华人民共和国车船税法》，2011 年 12 月 5 日国务院公布、2019 年 3 月 2 日修订的《中华人民共和国车船税法实施条例》，2006 年 10 月 30 日财政部发布的《企业会计准则应用指南》中关于车船税会计核算的相关规定，进行车船税应纳税额的计算、纳税申报与会计核算。

学习目标

能力目标

1. 能正确判断车船税的征收范围；
2. 能进行车船税税额的计算；
3. 能进行车船税的纳税申报；
4. 能进行车船税的会计核算。

知识目标

1. 掌握车船税的计算；
2. 掌握车船税的纳税申报；
3. 掌握车船税的会计核算。

素养目标

增强制度自信，提升环保意识。

税海导航

小税种肩负着大任务

随着我国经济的发展，人民生活水平的提高，小汽车已经走进了千家万户，越来越多的人成为有车一族，于是作为家庭主要财产的小汽车的征税问题就被提上了议事日程。我国现行的车船税是在 2007 年 1 月开始征收的。

2006 年 12 月 29 日，国务院发布了《中华人民共和国车船税暂行条例》，规定自 2007 年 1 月 1 日起在全国统一征收车船税。这个案例取代了之前的《车船使用牌照税暂行条例》和《中华人民共和国车船使用税暂行条例》，标志着车船税制度的正式确立和实施。

顾名思义，车船税是针对纳税人所拥有的车辆和船舶所征收的一种税，它是一种财产税，2011 年 2 月 25 日第十一届全国人民代表大会第十九次会议通过《中华人民共和国车船税法》，自 2012 年 1 月 1 日起施行，根据 2019 年 4 月 23 日第十三届全国人民代表大会常务委员会第十次会议的决定进行修订。其中对于载客少于 9 人的乘用车按照排气量大小分档设置税率，排气量越大，税率越高。这样的税制设计一方面体现了国家鼓励节能环保的生活方式，另一方面也发挥了车船税作为财产税调节收入差距的功能，因为一般来说，汽车排气量大小与价格直接相关，排气量越大，价格越高，纳税人承担更大的税负，这样也更加公平合理。

财产税和所得税都属于直接税，都具有调节收入差距的功能，只不过所得税为流量财富，财产税属于存量财富，但是它们在调节收入、缩小贫富差距方面却是异曲同工。

消除贫富差距、实现共同富裕是我们为之奋斗的理想和目标，在奔向共同富裕的道路上，一个都不能少。这样看来，车船税这样一个小小的税种也同样肩负着重大的历史使命。

任务书

1. 请分析判断车船税的纳税人、计税依据、税率、税收优惠，计算应纳税额。
2. 请进行车船税应纳税额的计算、纳税申报和会计核算。

准备工作

微课视频
扫一扫

1. 阅读任务书。
2. 学习《中华人民共和国车船税法》《中华人民共和国车船税法实施条例》《企业会计准则应用指南》等，观看微课视频。
3. 结合任务书分析车船税计算与会计核算的难点和常见问题。

任务实施

车船税纳税实训

情境导航：

根据制造业企业实训案例B中的“二、2024年1—11月相关涉税信息”和“三、2024年12月具体业务情况”，筛选出与车船税相关的情境。

（1）辨析纳税人。

引导问题1：根据**7.1**，蔚蓝公司是否是车船税的纳税人？ □是 □否

（2）识别征税范围。

引导问题2：根据**7.2**，蔚蓝公司的车辆是否属于车船税的征税范围？ □是 □否

（3）确定纳税义务发生时间。

引导问题3：根据**7.3**，蔚蓝公司车船税的纳税义务发生时间为________。

（4）确定税率。

引导问题4：根据**7.4**，蔚蓝公司适用的车船税定额税率是________。

（5）确定计税依据。

引导问题5：根据**7.5**，蔚蓝公司车船税的计税依据是________。

（6）判断税收优惠。

引导问题6：根据**7.6**，蔚蓝公司是否享受车船税的税收优惠？ □是 □否

（7）计算应纳税额。

引导问题7：根据**7.7**，蔚蓝公司应缴纳的车船税是________。

（8）确定纳税地点。

引导问题8：根据**7.8**，蔚蓝公司车船税的纳税地点是________。

（9）会计处理。

引导问题9：根据**7.10**，请登录平台完成蔚蓝公司12月车船税的会计处理。

（10）纳税申报。

引导问题10：请登录电子税务局完成蔚蓝公司12月财产和行为税的电子申报。

任务总结

通过完成上述任务，你学到了哪些知识或技能？

学习任务 2.8 契税纳税实训

学习任务描述

根据2020年8月11日中华人民共和国第十三届全国人民代表大会常务委员会第二十一次会议通过的《中华人民共和国契税法》和2006年10月30日财政部发布的《企业会计准则应用指南》中关于契税的相关规定，进行契税应纳税额的计算、纳税申报与会计核算。

学习目标

能力目标

1. 能正确判断契税的征收范围；
2. 能进行契税税额的计算；
3. 能进行契税的纳税申报；
4. 能进行契税的会计核算。

知识目标

1. 掌握契税的计算；
2. 掌握契税的纳税申报；
3. 掌握契税的会计核算。

素养目标

培养依法纳税意识。

税海导航

小小契税，肩负调控房地产市场的重任

人们经常用“安居乐业”这个成语来表示对幸福美好生活的向往，可见住房是关系到百姓生活的一项大事。

2016年中央经济工作会议中确定了房地产市场发展的基本方向，那就是“房子是用来住的，不是用来炒的”，要求稳定房价，回归住房的居住属性。一系列的举措应运而生。而在众多的措施中，契税发挥着重要作用。

契税是土地和房屋权属转移时向其承受者征收的一种税收，属于交易环节所征收的税收。由于契税由承受方来负担，因此契税税率的高低会直接影响购买方的成本。若提高契税税率，则相当于提高了购房者的成本；反之，若降低契税税率，则能减轻购房者的负担。改革开放后，契税作为房地产市场调控的一个重要手段发挥着重要作用。

2021 年 9 月 1 日，《中华人民共和国契税法》正式实施，根据该法的规定，契税的税率为 3%～5%。《中华人民共和国契税法》基本延续了《中华人民共和国契税暂行条例》中关于税收优惠的规定，并授权省、自治区、直辖市可以对不同主体、不同地区、不同类型的住房权属转移确定差别税率。这一规定体现了健全地方税体系改革思路，赋予了地方一定税政管理权限，有利于调动地方加强税政管理的积极性，因城施策促进房地产市场健康发展。

根据以上规定，之前财政部、国家税务总局、住房城乡建设部 2016 年出台的《关于调整房地产交易环节契税 营业税优惠政策的通知》中的规定依然实行，即对个人购买家庭唯一住房（家庭成员范围包括购房人及其配偶、未成年子女），面积为 90 平方米及以下的，减按 1% 的税率征收契税；面积为 90 平方米以上的，减按 1.5% 的税率征收契税。

2024 年 11 月，财政部、税务总局、住房城乡建设部发布了《关于促进房地产市场平稳健康发展有关税收政策的公告》，对契税税率进行了调整。该政策自 2024 年 12 月 1 日起执行，主要内容包括：首套房契税税率，面积不超过 140 平方米，税率为 1%；面积超过 140 平方米，税率为 1.5%。二套房契税税率，面积不超过 140 平方米，税率为 1%；面积超过 140 平方米，税率为 2%。

与原政策相比，此次税率调整优惠力度加大并且支持刚性和改善性住房需求，享受 1% 低税率优惠的面积标准由 90 平方米提高到了 140 平方米，意味着更多购房家庭可以享受到契税优惠，对购房家庭来说，意味着购房成本的降低。特别是在当前房地产市场逐渐呈现平稳向好趋势的背景下，契税税率的调整有助于进一步提升购房者的信心，促进房地产市场的活跃。

住房问题关系到千家万户，房地产是我国的支柱产业，相信通过多措并举，各方积极采取措施，共同培养住房新生态，让更多百姓实现安居梦。

任务书

1. 请分析判断契税的纳税人、计税依据、税率、税收优惠，计算应纳税额。
2. 请进行契税应纳税额的计算、纳税申报和会计核算。

准备工作

微课视频
扫一扫

1. 阅读任务书。
2. 学习《中华人民共和国契税法》和《企业会计准则应用指南》等，观看微课视频。
3. 结合任务书分析契税计算与会计核算的难点和常见问题。

任务实施

契税纳税实训

情境导航：

根据制造业企业实训案例 B 中的“二、2024 年 1—11 月相关涉税信息”和“三、2024 年 12 月具体业务情况”，筛选出与契税相关的情境。

（1）辨析纳税人。

引导问题 1：根据 **8.1**，蔚蓝公司是否是契税的纳税人？ □是 □否

（2）识别征税范围。

引导问题 2：根据 **8.2**，蔚蓝公司购置土地是否属于契税的征税范围？

□是 □否

（3）确定纳税义务发生时间。

引导问题 3：根据 **8.3**，蔚蓝公司契税的纳税义务发生时间为________。

（4）确定税率。

引导问题 4：根据 **8.4**，蔚蓝公司适用的契税税率是________%（法定最低档）。

（5）确定计税依据。

引导问题 5：根据 **8.5**，蔚蓝公司契税的计税依据是________。

（6）判断税收优惠。

引导问题 6：根据 **8.6**，蔚蓝公司是否享受契税的税收优惠？ □是 □否

（7）计算应纳税额。

引导问题 7：根据 **8.7**，蔚蓝公司应缴纳的契税是________。

（8）确定纳税地点。

引导问题 8：根据 **8.8**，蔚蓝公司契税的纳税地点是________。

（9）会计处理。

引导问题 9：根据 **8.9**，请登录平台完成蔚蓝公司 12 月契税的会计处理。

（10）纳税申报。

引导问题 10：请登录电子税务局完成蔚蓝公司 12 月财产和行为税的电子申报。

任务总结

通过完成上述任务，你学到了哪些知识或技能？

学习任务 2.9　土地增值税纳税实训

学习任务描述

根据 1993 年 12 月 13 日国务院颁布的《中华人民共和国土地增值税暂行条例》（2011 年 1 月 8 日修订）、2009 年 5 月 12 日国家税务总局颁布的《土地增值税清算管理规程》、2010 年 5 月 25 日国家税务总局颁布的《关于加强土地增值税征管工作的通知》和 2006 年 10 月 30 日财政部发布的《企业会计准则应用指南》中关于土地增值税的规定，进行土地增值税应纳税额的计算、纳税申报与会计核算。

学习目标

能力目标

1. 能正确判断土地增值税的征收范围；
2. 能进行土地增值税税额的计算；
3. 能进行土地增值税的纳税申报；
4. 能进行土地增值税的会计核算。

知识目标

1. 掌握土地增值税的计算；
2. 掌握土地增值税的纳税申报；
3. 掌握土地增值税的会计核算。

素养目标

培养税收法治意识与社会责任感，深刻理解其对公平、资源、市场及可持续发展的积极影响。

税海导航

土地增值税：税收智慧与社会责任的融合

土地增值税不仅是国家财政体系中的重要一环，更是社会公平、资源利用、市场稳定与城市可持续发展的有效推动者。

第一，土地增值税的征收为国家公共事业建设和社会福利事业提供了坚实的资金支持。这些资金如同春雨般滋润着教育、医疗、基础设施等关乎国计民生的各个领域，让民众能够享受到更加优质、便捷的服务。这种“取之于土，用之于民”的税收理念，不仅体现了国家对于公共利益的重视，也彰显了税收在促进社会和谐与进步中的重要作用。

第二，土地增值税作为市场调节的“有形之手”，在防止土地价格过快上涨、保持市场稳定方面发挥着不可替代的作用。在土地市场供需关系紧张、价格波动较大的情况下，土地增值税通过增加交易成本，有效抑制了投机炒作行为，维护了市场的公平与秩序。这种调节机制不仅有利于保护购房者的合法权益，也为房地产市场的健康发展提供了有力保障。

第三，土地增值税还促进了土地的合理利用与高效开发。在税收政策的引导下，土地使用者和管理者更加注重土地的长期价值而非短期暴利，从而减少了土地闲置和浪费现象的发生。同时，税收激励也鼓励了更多的土地开发项目落地实施，推动了土地资源的优化配置和高效利用。这种以税收为杠杆促进土地合理利用的做法，对于实现土地资源的可持续利用具有重要意义。

第四，土地增值税还有利于国家抑制炒买炒卖土地获取暴利的行为。在房地产市场中，部分投机者通过囤积土地、哄抬房价等手段获取暴利，严重扰乱了市场秩序。土地增值税通过提高土地转让的税收成本，有效降低了投机者的利润空间，从而抑制了这种不正当行为的发生。这种以税收为手段维护市场秩序的做法，不仅有利于保护购房者的合法权益，也为房地产市场的健康发展创造了良好的环境。

综上所述，土地增值税不仅是国家税收体系中的重要组成部分，更是推动社会公平、促进资源合理利用以及实现城市可持续发展的重要力量。因此，合理征收土地增值税不仅是国家财政管理的必然选择，更是实现国家和社会可持续发展的重要途径。

任务书

1. 请分析判断土地增值税的纳税人、计税依据、税率、税收优惠，计算应纳税额。
2. 请进行土地增值税应纳税额的计算、纳税申报和会计核算。

准备工作

微课视频
扫一扫

1. 阅读任务书。
2. 学习《中华人民共和国土地增值税暂行条例》《土地增值税清算管理规程》《关于加强土地增值税征管工作的通知》《企业会计准则应用指南》等，观看微课视频。
3. 结合任务书分析土地增值税计算与会计核算的难点和常见问题。

任务实施

土地增值税纳税实训

情境导航：

根据制造业企业实训案例B中的“二、2024年1—11月相关涉税信息”和“三、2024年12月具体业务情况”，筛选出与土地增值税相关的情境。

（1）辨析纳税人。

引导问题1：根据**9.1**，蔚蓝公司是否是土地增值税的纳税人？ □是 □否

（2）识别征税范围。

引导问题2：根据**9.2**，蔚蓝公司销售购置的商品房是否属于土地增值税的征税范围？ □是 □否

（3）确定纳税义务发生时间。

引导问题3：根据**9.3**，蔚蓝公司土地增值税的纳税义务发生时间为________。

（4）确定计税依据。

引导问题4：根据**9.5**，蔚蓝公司土地增值税的计税依据是________。

小提示：根据《国家税务总局关于土地增值税清算有关问题的通知》（国税函〔2010〕220号）的规定，计算扣除项目时，“每年”按购房发票所载日期起至售房发票开具之日止，每满12个月计1年；超过1年，未满12个月但超过6个月的，可以视同为1年。

（5）确定税率。

引导问题5：根据**9.4**，蔚蓝公司适用的土地增值税税率是________%。

（6）判断税收优惠。

引导问题6：根据**9.6**，蔚蓝公司是否享受土地增值税的税收优惠？ □是 □否

（7）计算应纳税额。

引导问题7：根据**9.7**，蔚蓝公司应缴纳的土地增值税是________。

（8）确定纳税地点。

引导问题8：根据**9.9**，蔚蓝公司土地增值税的纳税地点是________。

（6）会计处理。

引导问题9：根据**9.10**，请登录平台完成蔚蓝公司12月土地增值税的会计处理。

（10）纳税申报。

引导问题10：请登录电子税务局完成蔚蓝公司12月财产和行为税的电子申报。

任务总结

通过完成上述任务，你学到了哪些知识或技能？

学习任务 2.10 车辆购置税纳税实训

学习任务描述

根据2018年12月29日中华人民共和国第十三届全国人民代表大会常务委员会第七次会议通过的《中华人民共和国车辆购置税法》和2006年10月30日财政部公布的《企业会计准则应用指南》中关于车辆购置税的规定，进行车辆购置税应纳税额的计算、纳税申报与会计核算。

学习目标

能力目标

1. 能正确判断车辆购置税的征收范围；
2. 能进行车辆购置税税额的计算；
3. 能进行车辆购置税的纳税申报；
4. 能进行车辆购置税的会计核算。

知识目标

1. 掌握车辆购置税的计算；
2. 掌握车辆购置税的纳税申报；
3. 掌握车辆购置税的会计核算。

素养目标

培养诚信纳税的品质。

税海导航

最低计税价格的取消彰显社会诚信水平的提高

2018年12月29日第十三届全国人民代表大会常务委员会第七次会议通过《中华人民共和国车辆购置税法》，自2019年7月1日起实施。

将《中华人民共和国车辆购置税暂行条例》上升为法律，基本上是按照税制平移的思路，保持现行税制框架和税负水平总体不变，相比以前的暂行条例，《中华人民共和国车辆购置税法》的最大亮点是取消了最低计税价格，也就是说，税务机关在征收车辆购置税时，依照的是机动车统一销售发票上面注明的价格，而不是之前的最低计税价格与有效凭证价格对比两者孰高来作为计税依据。

一方面，最低计税价格的取消，代表着税务机关依法行政，征管水平提高、发票管理规范、技术监管到位、交易公开透明、部门协作良好。通过税收大数据分析，实现以数治税，纳税人不容易弄虚作假。另一方面，最低计税价格的取消也彰显了整个社会诚信水平的提高，依法纳税、诚信纳税的风气正在形成。

近年来，随着我国税收法治建设的完善、征管水平的提高以及法制的宣传教育，广大纳税人提高了依法纳税的意识和涉税风险的意识。

当然，随着最低计税价格的取消，税务机关也会进一步加强监管，对不如实申报的核定税额，可以对车辆经销企业实行多税种联动评估检查，将弄虚作假者列入黑名单，追缴税款并加以处罚。

总之，国家取消了最低计税价格，减轻了纳税人的负担，那么广大纳税人也应依法纳税、诚信纳税，这样才能构建起和谐的税收征纳关系。

任务书

1. 请分析判断车辆购置税的纳税人、计税依据、税率、税收优惠，计算应纳税额。

2. 请进行车辆购置税应纳税额的计算、纳税申报和会计核算。

准备工作

微课视频
扫一扫

1. 阅读任务书。

2. 学习《中华人民共和国车辆购置税法》和《企业会计准则应用指南》等，观看微课视频。

3. 结合任务书分析车辆购置税计算与会计核算的难点和常见问题。

任务实施

车辆购置税纳税实训

情境导航：

根据制造业企业实训案例B中的“二、2024年1—11月相关涉税信息”和“三、2024年12月具体业务情况”，筛选出与车辆购置税相关的情境。

（1）辨析纳税人。

引导问题1：根据**10.1**，蔚蓝公司是否是车辆购置税的纳税人？ □是 □否

（2）识别征税范围。

引导问题2：根据**10.2**，蔚蓝公司购置的汽车是否属于车辆购置税的征税范围？ □是 □否

（3）确定纳税义务发生时间。

引导问题3：根据**10.3**，蔚蓝公司12月车辆购置税的纳税义务发生时间为________。

（4）确定税率。

引导问题4：根据**10.4**，蔚蓝公司适用的车辆购置税税率是________。

（5）确定计税依据。

引导问题5：根据**10.5**，蔚蓝公司12月车辆购置税的计税依据是________。

（6）判断税收优惠。

引导问题6：根据**10.6**，蔚蓝公司是否享受车辆购置税的税收优惠？ □是 □否

（7）计算应纳税额。

引导问题7：根据**10.7**，蔚蓝公司12月应缴纳的车辆购置税是________。

（8）确定纳税地点。

引导问题8：根据**10.8**，蔚蓝公司12月车辆购置税的纳税地点是________。

（9）会计处理。

引导问题9：根据**10.9**，请登录平台完成蔚蓝公司12月车辆购置税的会计处理。

（10）纳税申报。

引导问题10：请登录电子税务局完成蔚蓝公司12月车辆购置税的电子申报。

任务总结

通过完成上述任务，你学到了哪些知识或技能？

学习任务 2.11　个人所得税纳税实训

学习任务描述

根据2018年8月31日中华人民共和国第十三届全国人民代表大会常务委员会第五次会议修改的《中华人民共和国个人所得税法》(第七次修正)、国务院颁布的《中华人民共和国个人所得税法实施条例》(中华人民共和国国务院令第707号)和2006年10月30日财政部发布的《企业会计准则应用指南》中关于个人所得税的规定，进行个人所得税应纳税额的计算、纳税申报与会计核算。

学习目标

能力目标

1. 能正确判断个人所得税的征收范围；
2. 能进行个人所得税税额的计算；
3. 能进行个人所得税的纳税申报；
4. 能进行个人所得税的会计核算。

知识目标

1. 掌握个人所得税的计算；
2. 掌握个人所得税的纳税申报；
3. 掌握个人所得税的会计核算。

素养目标

培养制度自信。

税海导航

精准减税，利国利民

近年来，我国步入老龄化社会的进程不断加快，国家采取了一系列应对措施。2021年6月，中共中央、国务院印发《关于优化生育政策促进人口长期均衡发展的决定》，提出“研究推动将3岁以下婴幼儿照护费用纳入个人所得税专项附加扣除”。

2022年3月5日，十三届全国人大五次会议在北京开幕，时任国务院总理李克强作政府工作报告，在“加强社会保障和服务”中特别指出，“完善三孩生育政策配套措施，将3岁以下婴幼儿照护费用纳入个人所得税专项附加扣除，多渠道发展普惠托育服务，减轻家庭生育、养育、教育负担。”3月19日，中国政府网公布《国务院关于设立3岁以下婴幼儿照护个人所得税专项附加扣除的通知》(国发〔2022〕8

号），该通知指出，为贯彻落实《中共中央 国务院关于优化生育政策促进人口长期均衡发展的决定》，依据《中华人民共和国个人所得税法》有关规定，国务院决定，设立3岁以下婴幼儿照护个人所得税专项附加扣除，自2022年1月1日起施行。该项政策规定，自2022年1月1日起，纳税人照护3岁以下婴幼儿子女的相关支出，在计算缴纳个人所得税前按照每名婴幼儿每月1 000元的标准定额扣除。具体扣除方式上，可选择由夫妻一方按扣除标准的100%扣除，也可选择由夫妻双方分别按扣除标准的50%扣除。监护人不是父母的，也可以按上述政策规定扣除。将婴幼儿照护支出纳入个人所得税的专项附加扣除，这是党中央、国务院根据我国人口发展变化形势作出的重大决策，是促进人口长期均衡发展、推动高质量发展的重大举措。

2023年8月，国务院发布《关于提高个人所得税有关专项附加扣除标准的通知》（国发〔2023〕13号）。该通知规定，3岁以下婴幼儿照护专项附加扣除标准，由每个婴幼儿每月1 000元提高到2 000元。国发〔2023〕13号的出台将进一步减轻家庭的养育负担，鼓励人们生育并照顾好下一代。

3岁以下婴幼儿照护个人所得税专项附加扣除政策是优化生育政策的配套支持措施之一，这项惠及千家万户的实实在在的福利，体现了国家对人民群众生育养育的鼓励和照顾，有利于减轻人民群众抚养子女的负担，有利于促进人口长期均衡发展。同时，这也体现了国家对人民生活的关怀和重视，向实现全面建设社会主义现代化国家的目标迈出了坚实的一步。

任务书

1. 请分析判断个人所得税的纳税人、计税依据、税率、税收优惠，计算应纳税额。

2. 请进行个人所得税应纳税额的计算、纳税申报和会计核算。

准备工作

微课视频
扫一扫

1. 阅读任务书。

2. 学习《中华人民共和国个人所得税法》和《企业会计准则应用指南》等，观看微课视频。

3. 结合任务书分析个人所得税计算与会计核算的难点和常见问题。

任务实施

个人所得税纳税实训

情境导航：

根据制造业企业实训案例B中的“二、2024年1—11月相关涉税信息”和“三、2024年12月具体业务情况”，筛选出与个人所得税相关的情境。

（1）辨析纳税人。

引导问题1：根据**11.1**，蔚蓝公司的员工是否是个人所得税的纳税人？

□是 □否

（2）识别征税范围。

引导问题2：根据**11.2**，蔚蓝公司员工所得是否属于个人所得税的征税范围？

□是 □否

（3）确定纳税义务发生时间。

引导问题3：根据**11.3**，蔚蓝公司员工个人所得税的纳税义务发生时间为________。

（4）确定计税依据。

引导问题4：根据**11.5**，蔚蓝公司2024年度预扣预缴个人所得税的计税依据是________。

（5）确定税率。

引导问题5：根据**11.4**，蔚蓝公司2024年度预扣预缴员工个人所得税适用的税率是________。

（6）判断税收优惠。

引导问题6：根据**11.6**，蔚蓝公司员工是否享受个人所得税的税收优惠？ □是 □否

（7）计算年度预扣预缴个人所得税额。

引导问题7：根据**11.7**，蔚蓝公司2024年预扣预缴员工全年的个人所得税是________，12月应缴纳的个人所得税是________。

引导问题8：根据**11.7**，蔚蓝公司员工是否需要办理个人所得税汇算清缴？

□是 □否

（8）确定纳税地点。

引导问题9：根据**11.9**，蔚蓝公司代扣代缴员工个人所得税的纳税地点是________。

（9）会计处理。

引导问题10：根据**11.10**，请登录平台完成蔚蓝公司12月个人所得税的会计处理。

（10）纳税申报。

引导问题11：请登录电子税务局完成蔚蓝公司12月个人所得税的电子申报。

任务总结

通过完成上述任务，你学到了哪些知识或技能？

学习任务 2.12 企业所得税纳税实训

学习任务描述

根据2018年12月29日第十三届全国人民代表大会常务委员会第七次会议修正的《中华人民共和国企业所得税法》、2019年4月23日国务院令第714号修订的《中华人民共和国企业所得税法实施条例》、2006年2月财政部发布的《企业会计准则第18号——所得税》、2006年10月30日财政部发布的《企业会计准则应用指南》和2011年10月18日财政部颁布的《小企业会计准则》中关于企业所得税的规定，进行企业所得税应纳税额的计算、纳税申报与会计核算。

学习目标

能力目标

1. 能正确判断企业所得税的征收范围；
2. 能进行企业所得税税额的计算；
3. 能进行企业所得税的纳税申报；
4. 能进行企业所得税的会计核算。

知识目标

1. 掌握企业所得税的计算；
2. 掌握企业所得税的纳税申报；
3. 掌握企业所得税的会计核算。

素养目标

培养科技创新素养与社会责任感。

税海导航

税收优惠激发创新活力：我国科技事业蓬勃发展，成就斐然

党的二十届三中全会审议通过了《中共中央关于进一步全面深化改革 推进中国式现代化的决定》，对构建支持全面创新体制机制做出系统部署，为进一步深化科技体制改革、提升科技治理体系和治理能力提供了根本遵循，指明了前进方向。

自党的十八大以来，习近平总书记多次主持中央深改委（组）会议，深入听取科技体制改革进展，把关审议重大改革方案，引领我国完成了143项科技体制改革任务。党的二十届二中全会更是作出了历史性决策，全面强化了党对科技工作的领导，成立了中央科技委，实现了科技领导与管理体制的根本性变革。

在以习近平同志为核心的党中央的领导下，我国科技体制改革不断向纵深发展，新型举国体制优势得到充分发挥，国家创新体系效能显著提升，推动我国科技事业取得了举世瞩目的历史性成就与变革。我国在全球创新指数中的排名大幅跃升，从2012年的第34位攀升至2024年的第11位；研发经费总量稳居世界第二；研发人员数量、高质量科研成果及发明专利均持续领先全球，我国在载人航天、探月工程、北斗导航、5G技术等领域取得了重大突破，成功跻身创新型国家行列。

尤为值得一提的是，近年来我国在企业所得税政策上持续加大对研发费用的支持力度（如下表所示），这些优惠政策如同春雨般滋润着科技创新的土壤，极大地激发了企业加大研发投入的热情与活力，降低了创新成本，加速了科技成果向现实生产力的转化。企业界积极响应，纷纷增加研发投入，形成了创新投入与成果产出的良性循环，不仅促进了企业自身转型升级与高质量发展，更为我国经济的持续繁荣提供了源源不断的创新动力。

我国研发费用加计扣除比例演变过程

时间	企业（非六大特定行业）				企业（六大特定行业）
	科技型中小企业	制造业企业	电路企业和工业母机企业	其他企业	
2008年1月1日	50%	50%	50%	50%	不享受加计扣除政策
2017年1月1日	75%	50%	50%	50%	
2018年1月1日	75%	75%	75%	75%	
2021年1月1日	75%	100%	100%	75%	
2022年1月1日	100%	100%	100%	75%	
2022年10月1日	100%	100%	100%	100%	
2023年1月1日	100%	100%	120%	100%	

注：六大特定行业为烟草制造业、住宿和餐饮业、批发和零售业、房地产业、租赁和商务服务。

展望未来，我国在迈向科技强国的征途中，正以更加坚定的步伐，不断攀登世界科技巅峰，为实现中华民族伟大复兴的中国梦贡献科技力量。

任务书

1. 请分析判断企业所得税的纳税人、计税依据、税率、税收优惠，计算应纳税额。

2. 请进行企业所得税应纳税额的计算、纳税申报和会计核算。

准备工作

微课视频
扫一扫

1. 阅读任务书。

2. 学习《中华人民共和国企业所得税法》、《中华人民共和国企业所得税法实施条例》、《企业会计准则第18号——所得税》、《企业会计准则应用指南》和《小企业会计准则》，观看微课视频。

3. 结合任务书分析企业所得税计算与会计核算的难点和常见问题。

企业所得税纳税实训

情境导航：

根据制造业企业实训案例 B 中的“二、2024 年 1—11 月相关涉税信息”和“三、2024 年 12 月具体业务情况”，筛选出与企业所得税相关的情境。

（1）辨析纳税人。

引导问题 1：根据 **12.1**，蔚蓝公司是否是企业所得税的纳税义务人？ □是 □否

（2）识别征税范围。

引导问题 2：根据 **12.2**，蔚蓝公司是否属于企业所得税的征税范围？ □是 □否

（3）确定纳税义务发生时间。

引导问题 3：根据 **12.3**，蔚蓝公司企业所得税的纳税义务发生时间为________。

（4）编制科目余额表。

引导问题 4：参照 1—11 月科目余额表，请列出与企业所得税相关业务的会计处理，并填列《蔚蓝公司 12 月科目余额表》（见附录）。

引导问题 5：请填列《蔚蓝公司 2024 年度科目余额表》（见附录）。

（5）确定第 4 季度预缴企业所得税计税依据。

引导问题 6：根据 **12.5**，蔚蓝公司 12 月的会计利润总额是________。请填列《蔚蓝公司 12 月会计利润总额计算表》（见附录）。

引导问题 7：根据 **12.5**，蔚蓝公司第 4 季度预缴企业所得税的计税依据是________。请填列《蔚蓝公司第 4 季度预缴所得税计算表》（见附录）。

（6）判断税收优惠。

引导问题 8：根据 **12.7**，蔚蓝公司是否享受企业所得税的税收优惠？ □是 □否

（7）确定第 4 季度预缴企业所得税税率。

引导问题 9：根据 **12.4**，蔚蓝公司第 4 季度预缴企业所得税适用的税率是________。

（8）计算第 4 季度预缴企业所得税额。

引导问题 10：蔚蓝公司第 4 季度应预缴的企业所得税是________。

（9）确定 2023 年度企业所得税的计税依据。

引导问题 11：蔚蓝公司 2024 年度纳税调整额是________。请填列《蔚蓝公司企业所得税纳税调整额计算表》（见附录）。

引导问题 12：根据 **12.5**，蔚蓝公司 2024 年度企业所得税的计税依据是________。

（10）计算 2024 年度应纳企业所得税额。

引导问题 13：蔚蓝公司 2024 年度应纳企业所得税额是________。

（11）计算 2024 年度应补（退）所得税额。

引导问题 14：蔚蓝公司 2024 年度应补（退）所得税额是________。

（12）确定纳税地点。

引导问题 15：根据 **12.9**，蔚蓝公司企业所得税的纳税地点是________。

（13）会计处理。

引导问题 16：根据 **12.11**，请登录平台完成蔚蓝公司 12 月企业所得税的会计处理。

（14）纳税申报。

引导问题 17：请登录电子税务局完成蔚蓝公司 12 月企业所得税的电子申报。

任务总结

通过完成上述任务，你学到了哪些知识或技能？

财税法规篇

1 项目任务1

增值税

增值税是对销售商品或者劳务过程中实现的增值额征收的一种税。

《中华人民共和国增值税法》自 2026 年 1 月 1 日起施行，具体内容请扫描“增值税政策深入解读”二维码查看。

增值税政策深入解读

1.1 纳税人和扣缴义务人

1.1.1 纳税人

在中华人民共和国境内销售货物或者加工、修理修配劳务，销售服务、无形资产、不动产以及进口货物的单位和个人，为增值税的纳税人。

依纳税人“经营规模”以及“会计核算健全与否”等标准，增值税的纳税人可分小规模纳税人和一般纳税人。

若纳税人会计核算健全、能提供准确的税务资料，且年应征增值税销售额超过 500 万元，则为一般纳税人；反之，若会计核算不健全且年应征增值税销售额不超过 500 万元，则为小规模纳税人。纳税人具体划分标准请扫描“增值税政策深入解读”二维码查看。

1.1.2 扣缴义务人

中华人民共和国境外单位或者个人在境内销售劳务，在境内未设有经营机构的，以其境内代理人为扣缴义务人；在境内没有代理人的，以购买方为增值税扣缴义务人。

1.2 征税范围

1.2.1 增值税征税范围的一般规定

按照税法的规定，现行增值税的征税范围包括销售或者进口货物、提供加工修理修配劳务、销售服务、销售无形资产和销售不动产。增值税的具体征税范围请扫描“增值税政策深入解读”二维码查看。

1.2.2 非经营活动

销售服务、无形资产或者不动产，是指有偿提供服务、有偿转让无形资产或者不动产，但属于下列非经营活动的情形除外：

（1）行政单位收取的同时满足以下条件的政府性基金或者行政事业性收费：

1）由国务院或者财政部批准设立的政府性基金，由国务院或者省级人民政府及其财政、价格主管部门批准设立的行政事业性收费；

2）收取时开具省级以上（含省级）财政部门监（印）制的财政票据；

3）所收款项全额上缴财政。

（2）单位或者个体工商户聘用的员工为本单位或者雇主提供取得工资的服务。

（3）单位或者个体工商户为聘用的员工提供服务。

（4）财政部和国家税务总局规定的其他情形。

1.2.3 增值税征税范围的特殊规定

1.2.3.1 视同销售行为

（1）根据我国《增值税暂行条例实施细则》的规定，单位或者个体工商户的下列行为，视同销售货物，应当征收增值税：

1）将货物交付其他单位或者个人代销；

2）销售代销货物；

3）设有两个以上机构并实行统一核算的纳税人，将货物从一个机构移送至其他机构用于销售，但相关机构设在同一县（市）的除外；

4）将自产、委托加工的货物用于集体福利或者个人消费；

5）将自产、委托加工或者购进的货物用于对外投资、分配给股东或者投资者、无偿赠送给其他单位或者个人。

（2）根据《营业税改征增值税试点实施办法》的规定，单位或者个体工商户的下列情形，视同销售服务、无形资产或者不动产，征收增值税：

1）单位或者个体工商户向其他单位或者个人无偿提供服务，但用于公益事业或者以社会公众为对象的除外；

2）单位或者个人向其他单位或者个人无偿转让无形资产或者不动产，但用于公益事业或者以社会公众为对象的除外；

3）财政部和国家税务总局规定的其他情形。

1.2.3.2 混合销售和兼营

混合销售是指一项销售行为既涉及货物又涉及服务。兼营是指纳税人的经营中包括销售货物、劳务以及销售服务、无形资产和不动产的行为。混合销售和兼营的税务处理请扫描“增值税政策深入解读”二维码查看。

1.2.4 不征收增值税项目

不征收增值税项目的具体规定请扫描“增值税政策深入解读”二维码查看。

1.3 纳税义务发生时间

纳税人发生应税销售行为，为收讫销售款项或者取得索取销售款项凭据的当天；先开具发票的，为开具发票的当天。增值税纳税义务发生时间的具体规定请扫描“增值税政策深入解读”二维码查看。

1.4 税率和征收率

1.4.1 税率

一般纳税人的增值税税率分别为 13%、9%、6% 和 0%。

（1）纳税人销售货物、劳务、有形动产租赁服务或者进口货物，除以下第（2）项、第（4）项、第（5）项另有规定外，税率为 13%。

（2）纳税人销售交通运输、邮政、基础电信、建筑、不动产租赁服务，销售不动产，转让土地使用权，销售或者进口下列货物，税率为 9%：

1）粮食等农产品、食用植物油、食用盐；

2）自来水、暖气、冷气、热水、煤气、石油液化气、天然气、二甲醚、沼气、居民用煤炭制品；

3）图书、报纸、杂志、音像制品、电子出版物；

4）饲料、化肥、农药、农机、农膜；

5）国务院规定的其他货物。

（3）纳税人销售服务、无形资产，除第（1）项、第（2）项、第（5）项另有规定外，税率为 6%。

（4）纳税人出口货物，税率为零；但是，国务院另有规定的除外。

（5）境内单位和个人跨境销售国务院规定范围内的服务、无形资产，税率为零。

增值税税率具体规定请扫描“增值税政策深入解读”二维码查看。

1.4.2 征收率

1.4.2.1 征收率为 3% 的规定

小规模纳税人以及一般纳税人选择简易办法计税的，征收率为 3%。征收率为 3% 的具体情形请扫描“增值税政策深入解读”二维码查看。

1.4.2.2 征收率为 3% 减按 2% 征收的规定

征收率为 3% 减按 2% 征收的具体情形请扫描“增值税政策深入解读”二维码查看。

1.4.2.3 征收率为 5% 的规定

征收率为 5% 的具体情形请扫描“增值税政策深入解读”二维码查看。

1.5 税收优惠

1.5.1 免税项目

（1）农业生产者销售的自产农产品。

（2）避孕药品和用具。

（3）古旧图书。

（4）直接用于科学研究、科学试验和教学的进口仪器、设备。

（5）外国政府、国际组织无偿援助的进口物资和设备。

（6）由残疾人的组织直接进口供残疾人专用的物品。

（7）残疾人个人提供的加工、修理修配劳务。

（8）销售的自己使用过的物品。自己使用过的物品，是指其他个人自己使用过的物品。

（9）托儿所、幼儿园提供的保育和教育服务。

（10）养老机构提供的养老服务。

（11）殡葬服务。

（12）婚姻介绍服务。

（13）医疗机构提供的医疗服务。

（14）从事学历教育的学校提供的教育服务。

（15）学生勤工俭学提供的服务。

（16）纪念馆、博物馆、文化馆、文物保护单位管理机构、美术馆、展览馆、书画院、图书馆在自己的场所提供文化体育服务取得的第一道门票收入。

（17）个人转让著作权。

（18）个人销售自建自用住房。

（19）纳税人提供技术转让、技术开发和与之相关的技术咨询、技术服务。

（20）福利彩票、体育彩票的发行收入。

（21）家政服务企业由员工制家政服务员提供家政服务取得的收入。

（22）残疾人福利机构提供的育养服务。

（23）残疾人员本人为社会提供的服务。

（24）提供社区养老、托育、家政等服务的机构提供以上服务取得的收入。

（25）农业机耕、排灌、病虫害防治、植物保护、农牧保险以及相关技术培训业务，家禽、牲畜、水生动物的配种和疾病防治。

（26）自然人对外销售购买的住房税收规定请扫描“增值税政策深入解读”二维码查看。

（27）国债、地方政府债券利息收入免征增值税。

1.5.2 起征点

起征点是指对纳税人免予征税的起点数额。起征点幅度为：

（1）按期纳税的起征点。销售货物的起征点为月销售额在 5 000～20 000 元（含本数）；销售应税劳务的起征点为月销售额在 5 000～20 000 元（含本数）。

（2）按次纳税的起征点为每次（日）销售额在 300～500 元（含本数）。

增值税起征点具体规定请扫描“增值税政策深入解读”二维码查看。

1.5.3 小规模纳税人减免税规定

自 2023 年 1 月 1 日至 2027 年 12 月 31 日，小规模纳税人享受如下免税规定：

（1）对月销售额 10 万元以下（含本数）的增值税小规模纳税人，免征增值税。

（2）增值税小规模纳税人适用 3% 征收率的应税销售收入，减按 1% 征收率征收增值税；适用 3% 预征率的预缴增值税项目，减按 1% 预征率预缴增值税。

1.6 应纳税额的计算

1.6.1 一般计税方法应纳税额的计算

一般纳税人销售货物、劳务、服务、无形资产、不动产（以下简称应税销售行为），采取一般计税方法计算增值税应纳税额。其计算公式为：

应纳税额＝当期销项税额－当期进项税额

当期销项税额小于当期进项税额不足抵扣时，其不足部分可以结转下期继续抵扣。

销项税额是指纳税人发生应税销售行为，按照销售额和适用税率计算并向购买方收取的增值税税款。其计算公式为：

销项税额＝销售额×适用税率

可见，采用一般计税方法计算增值税应纳税额时，主要涉及两个因素：一是销售额；二是进项税额。

1.6.1.1 销售额的确定

（1）销售额的概念。

销售额是指纳税人因发生应税销售行为而向购买方收取的全部价款和价外费用，但是不包括收取的销项税额。价外费用的具体内容请扫描“增值税政策深入解读”二维码查看。

（2）含税销售额的换算。

增值税实行价外税，计算销项税额时，销售额中不应含有增值税税款。如果销售额中包含了增值税税款即销项税额，则应将含税销售额换算成不含税销售额。其计算公式为：

不含税销售额＝含税销售额÷（1+增值税税率）

（3）特殊销售方式下销售额的确定。

特殊销售方式下销售额的确定请扫描“增值税政策深入解读”二维码查看。

（4）包装物租金和押金。

包装物是指纳税人包装本单位货物的各种物品。包装物租金和押金的税务处理请扫描“增值税政策深入解读”二维码查看。

（5）视同发生应税销售行为的销售额。《增值税暂行条例实施细则》规定的视同销售货物行为一般不以资金的形式反映出来，因而会出现无销售额的情况。在此情况下，税务机关有权按照下列顺序核定其销售额：按照纳税人最近时期同类应税货物、应税行为的平均销售价格确定；按照其他纳税人最近时期同类应税货物、应税行为的平均销售价格确定；按照组成计税价格确定。组成计税价格的计算公式有二：

组成计税价格＝成本×（1+成本利润率）

组成计税价格＝成本×（1+成本利润率）+消费税税额

公式中的成本分为两种情况：一是销售自产货物的，为实际生产成本；二是销售外购货物的，为实际采购成本。公式中的成本利润率为 10%。但属于应从价定率征收消费税的货物，其组成计税价格公式中的成本利润率，为《消费税若干具体问题的规定》中规定的成本利润率。

纳税人销售货物或者劳务的价格明显偏低并无正当理由的，由税务机关按照上述方法核定其销售额。

根据《营业税改征增值税试点实施办法》的规定，纳税人销售服务、无形资产或者不动产价格明显偏低或者偏高且不具有合理商业目的的，或者无销售额的，税务机关有权按照下列顺序确定销售额：

第一，按照纳税人最近时期销售同类服务、无形资产或者不动产的平均价格确定。

第二，按照其他纳税人最近时期销售同类服务、无形资产或者不动产的平均价格确定。

第三，按照组成计税价格确定。成本利润率由国家税务总局确定。

不具有合理商业目的，是指以谋取税收利益为主要目的，通过人为安排，减少免除、推迟缴纳增值税税款，或者增加退还增值税税款。

（6）“营改增”行业销售额确定的特殊规定，请扫描“增值税政策深入解读”二维码查看。

（7）纳税人兼营免税、减税项目的，应当分别核算免税、减税项目的销售额；未分别核算的，不得免税、减税。

1.6.1.2 销项税额的计算

销项税额是指纳税人发生应税销售行为时，按照销售额与规定税率计算并向购买方收取的增值税税额。纳税人因销货退回或折让而退还给购货方的增值税税额，应从发生销售退回或折让当期的销项税额中冲减。

1.6.1.3 准予从销项税额中抵扣的进项税额

进项税额，是指纳税人购进货物、劳务、服务、无形资产或者不动产，支付或者负担的增值税额。

（1）从销售方取得的增值税专用发票（含税控机动车销售统一发票）上注明的增值税额。

（2）从海关取得的海关进口增值税专用缴款书上注明的增值税额。

（3）纳税人购进的用于生产销售或委托加工的 9% 税率的货物或农产品，准予按照买价依 9% 的扣除率计算进项税额；纳税人购进用于生产销售或委托加工 13% 税率的货物或农产品，按照买价依 10% 的扣除率计算进项税额。其计算公式为：

进项税额 = 买价 × 扣除率（9%、10%）

具体规定请扫描“增值税政策深入解读”二维码查看。

（4）纳税人购进国内旅客运输服务未取得增值税专用发票的，准予从销项税额中抵扣进项税额。具体规定请扫描“增值税政策深入解读”二维码查看。

（5）从境外单位或者个人购进劳务、服务、无形资产或者境内的不动产，从税务机关或者扣缴义务人取得的代扣代缴税款的完税凭证上注明的增值税额。

纳税人凭完税凭证抵扣进项税额的，应当具备书面合同、付款证明和境外单位的对账单或者发票。资料不全的，其进项税额不得从销项税额中抵扣。

（6）原增值税一般纳税人自用的应征消费税的摩托车、汽车、游艇，其进项税额准予从销项税额中抵扣。

1.6.1.4 先进制造业企业加计抵扣进项税额

自 2023 年 1 月 1 日至 2027 年 12 月 31 日，允许先进制造业企业按照当期可抵扣进项税额加计 5% 抵减应纳增值税税额。

（1）享受主体。

加计抵减政策享受主体是先进制造业企业。先进制造业企业是指高新技术企业（含所属的非法人分支机构）中的制造业一般纳税人。

（2）加计抵减的计算。计算公式如下：

当期计提加计抵减额 = 当期可抵扣进项税额 ×5%

加计抵减的计算方法请扫描“增值税政策深入解读”二维码查看。

1.6.1.5 增值税期末留抵退税

自 2019 年 4 月 1 日起，试行增值税期末留抵税额退税制度。增量留抵税额，是指与 2019 年 3 月底相比新增加的期末留抵税额。

（1）同时符合以下条件的纳税人，可以向主管税务机关申请退还增量留抵税额：

1）自 2019 年 4 月税款所属期起，连续 6 个月（按季纳税的，连续两个季度）增量留抵税额均大于零，且第 6 个月增量留抵税额不低于 50 万元；

2）纳税信用等级为 A 级或者 B 级；

3）申请退税前 36 个月未发生骗取留抵退税、出口退税或虚开增值税专用发票情形；

4）申请退税前 36 个月未因偷税被税务机关处罚两次及以上的；

5）自 2019 年 4 月 1 日起未享受即征即退、先征后返（退）政策的。

（2）纳税人当期允许退还的增量留抵税额，按照以下公式计算：

允许退还的增量留抵税额 = 增量留抵税额 × 进项构成比例 ×60%

进项构成比例 = 当期专用发票注明的（进项）税额 ÷ 当期抵扣的全部（进项）税额 ×100%

1.6.1.6 不得从销项税额中抵扣的进项税额

下列项目的进项税额不得从销项税额中抵扣：

（1）纳税人取得的增值税扣税凭证不符合法律、行政法规或者国家税务总局有关规定。

（2）用于简易计税方法计税项目、免征增值税项目、集体福利或个人消费的购进货物、劳务、服务、无形资产和不动产。

（3）非正常损失的购进货物及其相关劳务和交通运输服务。

（4）非正常损失的在产品和产成品所耗用的购进货物（不包括固定资产）、劳务和交通运输服务。

（5）购进的贷款服务、餐饮服务、居民日常服务和娱乐服务。

不得从销项税额中抵扣的进项税额的具体规定，请扫描二维码“增值税政策深入解读”查看。

1.6.2 简易计税方法应纳税额的计算

小规模纳税人发生应税销售行为采用简易计税方法计税；一般纳税人发生财政部和国家税务总局规定的特定应税行为，可以选择适用简易计税方法计税。采用简易计税方法计税的纳税人，不得抵扣进项税额。其应纳税额的计算公式为：

应纳税额 = 不含税销售额 × 征收率

简易计税方法的具体规定，请扫描“增值税政策深入解读”二维码查看。

1.6.3 进口货物应纳税额的计算

纳税人进口货物，无论是一般纳税人还是小规模纳税人，均应按照组成计税价格和规定的税率计算应纳税额，不允许抵扣发生在境外的任何税金。应纳税额的计算公式为：

应纳税额 = 组成计税价格 × 税率

进口货物组成计税价格的具体计算方法，请扫描“增值税政策深入解读”二维码查看。

1.6.4 扣缴计税方法

境外单位或者个人在境内发生应税销售行为，在境内未设有经营机构的，扣缴义务人按照下列公式计算应扣缴税额：

应扣缴税额 = 购买方支付的价款 ÷（1+ 税率）× 税率

1.7 纳税地点

（1）固定业户应当向其机构所在地的税务机关申报纳税。总机构和分支机构不在同一县（市）的，应当分别向各自所在地的税务机关申报纳税；经国务院财政、税务部门或者其授权的财政、税务机关批准，可以由总机构汇总向总机构所在地的税务机关申报纳税。

（2）固定业户到外县（市）销售货物或者劳务，应当向其机构所在地的税务机关报告外出经营事项，并向其机构所在地的税务机关申报纳税；未报告的，应当向销售地或者劳务发生地的税务机关申报纳税；未向销售地或者劳务发生地的税务机关申报纳税的，由其机构所在地的税务机关补征税款。

（3）非固定业户销售货物或者劳务，应当向销售地或者劳务发生地的税务机关申报纳税；未向销售地或者劳务发生地的税务机关申报纳税的，由其机构所在地或者居住地的税务机关补征税款。

（4）进口货物，应当向报关地海关申报纳税。

（5）其他个人提供建筑服务，销售或者租赁不动产，转让自然资源使用权，应向建筑服务发生地、不动产所在地、自然资源所在地税务机关申报纳税。

（6）扣缴义务人应当向其机构所在地或者居住地的税务机关申报缴纳其扣缴的税款。

增值税纳税地点的详细规定请扫描“增值税政策深入解读”二维码查看。

1.8 纳税期限

增值税的纳税期限分别为1日、3日、5日、10日、15日、1个月或者1个季度。对于增值税纳税期限的全面解析，请扫描“增值税政策深入解读”二维码查看。

1.9 会计核算

1.9.1 一般纳税人的会计核算

一般纳税人在“应交税费”下设置11个二级科目，分别为：应交增值税、预交增值税、未交增值税、简易计税、待认证进项税额、待转销项税额、代扣代交增值税、转让金融商品应交增值税、增值税检查调整、增值税留抵税额及待抵扣进项税额。

1.9.1.1 会计科目及专栏设置

关于“应交税费”科目下各明细科目的全面解析，请扫描“增值税政策深入解读”二维码查看。

1.9.1.2 账务处理

（1）采购业务的账务处理。

借：原材料/库存商品/无形资产/固定资产/管理费用等
　　应交税费——应交增值税（进项税额）
　贷：银行存款/应付账款/应付票据等

关于采购业务的账务处理的全面解析，请扫描“增值税政策深入解读”二维码查看。

（2）销售业务的账务处理。

借：银行存款/应收账款/应收票据等
　贷：主营业务收入/其他业务收入
　　　应交税费——应交增值税（销项税额）(按计税价计算销项税额)

同时结转成本：

借：主营业务成本/其他业务成本
　贷：库存商品/原材料等（按账面成本结转）

关于销售业务的账务处理的全面解析，请扫描“增值税政策深入解读”二维码查看。

（3）视同销售的账务处理。

1）将自产的、委托加工的物资和购买的物资用于分配股东的账务处理：

借：应付股利
　贷：主营业务收入/其他业务收入
　　　应交税费——应交增值税（销项税额）(按计税价计算销项税额)

同时结转成本：

借：主营业务成本 / 其他业务成本
  贷：库存商品 / 原材料等（按账面成本结转）
2）将自产的、委托加工的物资和购买的物资用于对外投资的账务处理：
借：长期股权投资
  贷：主营业务收入 / 其他业务收入
    应交税费——应交增值税（销项税额）（按计税价计算销项税额）
同时结转成本：
借：主营业务成本 / 其他业务成本
  贷：库存商品 / 原材料等（按账面成本结转）
3）将自产的、委托加工的物资用于集体福利或个人消费的账务处理：
借：应付职工薪酬
  贷：主营业务收入 / 其他业务收入 [不含税的销售额 = 含税的销售额 ÷（1+ 税率）]
    应交税费——应交增值税（销项税额）（按计税价计算销项税额）
同时结转成本：
借：主营业务成本 / 其他业务成本
  贷：库存商品 / 原材料等（按账面成本结转）
4）将自产的、委托加工的物资和购买的物资用于捐赠的账务处理：
借：营业外支出
  贷：原材料 / 库存商品 / 无形资产 / 固定资产等（按账面成本结转）
    应交税费——应交增值税（销项税额）（按计税价计算销项税额）
5）自产的、委托加工的物资用于集体福利设施视同销售的账务处理：
借：在建工程
  贷：库存商品（按账面成本结转）
    应交税费——应交增值税（销项税额）（按计税价计算销项税额）

（4）进项税额不予抵扣的账务处理。

已经确认进项税额，但事后用途发生改变，或发生非正常损失，企业应将进项税额转出。进项税额转出的账务处理为：
借：应付职工薪酬 / 待处理财产损溢 / 在建工程
  贷：库存商品 / 原材料等（按账面成本结转）
    应交税费——应交增值税（进项税额转出）

关于进项税额的账务处理的全面解析，请扫描“增值税政策深入解读”二维码查看。

（5）差额征税的账务处理。

1）金融商品转让的账务处理。对于金融商品转让业务，税法允许采用差额征税。

①金融商品实际转让月末如产生转让收益：
借：投资收益
  贷：应交税费——转让金融商品应交增值税
②金融商品实际转让产生转让损失，则可结转下月抵扣税额，但不能跨年结转：
借：应交税费——转让金融商品应交增值税

贷：投资收益

③缴纳增值税：

借：应交税费——转让金融商品应交增值税

贷：银行存款

④年末，“应交税费——转让金融商品应交增值税”科目如有借方余额：

借：投资收益

贷：应交税费——转让金融商品应交增值税

2）除金融商品转让业务外差额征税的账务处理。除金融商品转让业务外，税法允许差额征税的业务包括经纪代理服务和旅游服务。账务处理如下：

借：银行存款

贷：主营业务收入

应交税费——应交增值税（销项税额）

借：主营业务成本

应交税费——应交增值税（销项税额抵减）

贷：银行存款/应付账款等

（6）转出应交未交增值税的账务处理：

借：应交税费——应交增值税（转出未交增值税）

贷：应交税费——未交增值税

（7）转出多交增值税的账务处理：

借：应交税费——未交增值税

贷：应交税费——应交增值税（转出多交增值税）

（8）缴纳当月增值税的账务处理：

借：应交税费——应交增值税（已交税金）

贷：银行存款

（9）缴纳以前期间增值税的账务处理：

借：应交税费——未交增值税

贷：银行存款

（10）预缴增值税的账务处理：

1）预缴增值税时：

借：应交税费——预交增值税

贷：银行存款

2）月末时：

借：应交税费——未交增值税

贷：应交税费——预交增值税（“预交增值税”明细科目余额）

（11）增值税税控系统专用设备和技术维护费用抵减增值税额的账务处理。增值税法规定，企业初次购买防伪税控系统和维护的费用可以全额抵扣增值税的应纳税额。

1）企业购入增值税税控系统专用设备：

借：固定资产（实际支付的金额）

贷：银行存款/应付账款

借：应交税费——应交增值税（减免税款）
　　贷：其他收益（或直接冲减管理费用）
2）企业发生税控系统的技术维护费：
借：管理费用
　　贷：银行存款
借：应交税费——应交增值税（减免税款）
　　贷：其他收益（或直接冲减管理费用）
（12）减免增值税的账务处理。
1）当期直接减免的增值税：
借：应交税费——应交增值税（减免税款）
　　贷：其他收益
2）当期按规定即征即退的增值税：
借：银行存款等
　　贷：其他收益
（13）加计抵减政策下的账务处理：
借：应交税费——未交增值税
　　贷：银行存款
　　　　其他收益（按加计抵减的金额）

（14）增值税期末留抵退税的账务处理。增值税一般纳税人应当根据《增值税会计处理规定》的相关规定对上述增值税期末留抵退税业务进行账务处理，经税务机关核准的允许退还的增值税期末留抵税额和缴回的已退还的留抵退税款项，应当通过“应交税费——增值税留抵税额”明细科目进行核算。

1）纳税人在税务机关准予留抵退税时：
借：应交税费——增值税留抵税额（按税务机关核准允许退还的留抵税额）
　　贷：应交税费——应交增值税（进项税额转出）
2）纳税人在实际收到留抵退税款项时：
借：银行存款（按收到留抵退税款项的金额）
　　贷：应交税费——增值税留抵税额
3）纳税人将已退还的留抵退税款项缴回并继续按规定抵扣进项税额时：
借：应交税费——应交增值税（进项税额）(按缴回留抵退税款项的金额)
　　贷：应交税费——增值税留抵税额
同时：
借：应交税费——增值税留抵税额
　　贷：银行存款
（15）用进项留抵税额抵减增值税欠税的账务处理。
1）增值税欠税税额大于期末留抵税额：
借：应交税费——应交增值税（进项税额）[按期末留抵税额（红字）]
　　贷：应交税费——未交增值税［按期末留抵税额（红字）]
2）若增值税欠税税额小于期末留抵税额：
借：应交税费——应交增值税（进项税额）[按增值税欠税税额（红字）]

贷：应交税费——未交增值税［按增值税欠税税额（红字）］

（16）简易计税的账务处理。

1）增值税计提的账务处理：

借：银行存款 / 应收账款等

　贷：主营业务收入

　　　应交税费——简易计税

同时，确认成本：

借：主营业务成本

　贷：应付职工薪酬等

2）取得合规增值税扣税凭证且纳税义务发生时的账务处理：

借：应交税费——简易计税

　贷：主营业务成本

3）预缴增值税的账务处理：

借：应交税费——简易计税

　贷：银行存款

4）缴纳增值税的账务处理：

借：应交税费——简易计税

　贷：银行存款

1.9.2　小规模纳税人的会计核算

1.9.2.1　会计科目设置

小规模纳税人只需在“应交税费”科目下设置“应交增值税”、“转让金融商品应交增值税”和“代扣代交增值税”明细科目。

1.9.2.2　账务处理

（1）采购业务的账务处理。小规模纳税人采购业务不能抵扣进项税额。

1）境内采购业务的账务处理：

借：原材料 / 库存商品 / 无形资产 / 固定资产 / 管理费用等（包含支付的增值税额）

　贷：银行存款 / 应付账款 / 应付票据等

2）购买方为扣缴义务人的账务处理：

①采购时：

借：原材料 / 库存商品 / 无形资产 / 固定资产 / 管理费用等

　贷：银行存款 / 应付账款 / 应付票据等

　　　应交税费——代扣代交增值税

②实际缴纳代扣代缴增值税时：

借：应交税费——代扣代交增值税

　贷：银行存款

（2）销售业务的账务处理：

借：银行存款

　贷：主营业务收入

　　　应交税费——应交增值税（不含税的销售额）

不含税的销售额的计算公式为：

不含税的销售额 = 含税的销售额 ÷（1+ 征收率）

（3）缴纳增值税的账务处理：

借：应交税费——应交增值税

　贷：银行存款

（4）减免增值税的账务处理：

借：应交税费——应交增值税

　贷：其他收益

1.10 纳税申报

1.10.1 增值税一般纳税人纳税申报表

自 2021 年 8 月 1 日起，增值税与城市维护建设税、教育费附加、地方教育附加申报表整合，一般纳税人启用《增值税及附加税费申报表（一般纳税人适用）》。

1.10.2 增值税小规模纳税人纳税申报表

自 2021 年 8 月 1 日起，增值税与城市维护建设税、教育费附加、地方教育附加申报表整合，小规模纳税人启用《增值税及附加税费申报表（小规模纳税人适用）》。

即测即评

扫一扫 做一做

2 项目任务 2

消费税

消费税是指对特定消费品和消费行为征收的一种间接税。

消费税政策深入解读

2.1 纳税人

在中华人民共和国境内生产、委托加工和进口《中华人民共和国消费税暂行条例》(以下简称《消费税暂行条例》)规定的应税消费品的单位和个人，以及国务院确定的销售《消费税暂行条例》规定的应税消费品的其他单位和个人，为消费税的纳税人。

2.2 征税范围

2.2.1 消费税的征税范围及征税环节

(1)生产应税消费品。

(2)委托加工应税消费品。

(3)进口应税消费品。

(4)零售应税消费品

1)商业零售金银首饰、钻石及钻石饰品、铂金首饰，在零售环节征收消费税。

2)零售超豪华小汽车。

(5)批发销售卷烟和电子烟。

关于消费税征税范围及征税环节的全面解析，请扫描“消费税政策深入解读”二维码查看。

2.2.2 消费税的税目

根据《消费税暂行条例》的规定，消费税的税目包括烟、酒、高档化妆品、贵重首饰及珠宝玉石、鞭炮焰火、成品油、摩托车、小汽车、高尔夫球及球具、高档手表、游艇、木制一次性筷子、实木地板、电池和涂料 15 大类。关于消费税税目的全面解析，请扫描“消费税政策深入解读”二维码查看。

2.3 纳税义务发生时间

（1）纳税人销售应税消费品的，按不同的销售结算方式确定，分别为：

1）采取赊销和分期收款结算方式的，为书面合同约定的收款日期的当天，书面合同没有约定收款日期或者无书面合同的，为发出应税消费品的当天。

2）采取预收货款结算方式的，为发出应税消费品的当天。

3）采取托收承付和委托银行收款方式的，为发出应税消费品并办妥托收手续的当天。

4）采取其他结算方式的，为收讫销售款或者取得索取销售款凭据的当天。

（2）纳税人自产自用应税消费品的，为移送使用的当天。

（3）纳税人委托加工应税消费品的，为纳税人提货的当天。

（4）纳税人进口应税消费品的，为报关进口的当天。

关于消费税纳税义务发生时间的总结，请扫描“消费税政策深入解读”二维码查看。

2.4 税率

消费税的税率分为比例税率和定额税率，另外，对卷烟和白酒实行复合计征。关于消费税税率的全面解析，请扫描“消费税政策深入解读”二维码查看。

2.5 计税依据

消费税的计税依据为纳税人销售应税消费品的销售额或者销售数量。

2.5.1 从价计征销售额的确定

销售额，是指纳税人销售应税消费品向购买方收取的全部价款和价外费用，但不包括向购买方收取的增值税。关于销售额的全面解析，请扫描“消费税政策深入解读”二维码查看。

2.5.2 从量计征销售数量的确定

销售数量，是指纳税人生产、加工和进口应税消费品的数量。关于销售数量的全面解析，请扫描“消费税政策深入解读”二维码查看。

2.5.3 特殊情形下销售额和销售数量的确定

（1）纳税人销售应税消费品的计税价格明显偏低又无正当理由的，由税务机关核定计税价格。其中卷烟、白酒和小汽车的销售额由国家税务总局核定，并报财政部备案。其他消费品的销售额由省、自治区和直辖市税务局核定。进口的应税消费品的计税价格由海关核定。

（2）纳税人通过自设非独立核算门市部销售的自产应税消费品，应按照门市部对外销售额或销售数量征收消费税。

（3）纳税人用于换取生产资料和消费资料、投资入股和抵偿债务等方面的应税消费品，应以纳税人同类应税消费品的最高销售价格作为计税依据计算消费税。

（4）纳税人采用以旧换新（含翻新改制）方式销售的金银首饰，应将实际收取的不含增值税的全部价款作为计税依据计算消费税。

2.6 应纳税额的计算

2.6.1 生产销售应税消费品应纳税额的计算

生产销售应税消费品应纳税额的计算公式为：

从价计征消费税：应纳税额＝销售额 × 比例税率

从量计征消费税：应纳税额＝销售数量 × 定额税率

复合计征消费税：应纳税额＝销售额 × 比例税率＋销售数量 × 定额税率

关于消费税应纳税额计算的全面解析，请扫描“消费税政策深入解读”二维码查看。

2.6.2 自产自用应税消费品应纳消费税的计算

纳税人自产自用的应税消费品，用于连续生产应税消费品的，不纳税；凡用于其他方面的，于移送使用时纳税。

用于其他方面是指纳税人用于生产非应税消费品、在建工程、管理部门、非生产机构、提供劳务，以及用于馈赠、赞助、集资、广告、样品、职工福利、奖励等方面。

纳税人自产自用的应税消费品，凡用于其他方面的，应当缴纳消费税。按照纳税人生产的同类消费品的销售价格计算纳税，无同类消费品销售价格的，按照组成计税价格计算纳税。

（1）实行从价定率办法计征消费税的，其计算公式为：

应纳税额＝组成计税价格 × 比例税率

组成计税价格＝（成本＋利润）÷（1－比例税率）

（2）实行复合计税办法计征消费税的，其计算公式为：

应纳税额＝组成计税价格 × 比例税率＋自产自用数量 × 定额税率

组成计税价格＝(成本＋利润＋自产自用数量 × 定额税率)÷(1－比例税率)

组成计税价格公式中的“成本”为纳税人的生产成本，“利润”是根据应税消费品的全国平均成本利润率计算的利润。全国平均成本利润率由国家税务总局确定。

委托加工应税消费品是指由委托方提供原料和主要材料，受托方收取加工费、代垫辅助材料进行应税消费品加工，加工好的应税消费品由委托方收回。

委托加工的应税消费品，由受托方在向委托方交货时代收代缴消费税。按照受托方同类消费品的销售价格计算纳税；受托方没有同类消费品销售价格的，按照组成计税价格计算纳税。组成计税价格的计算公式为：

（1）实行从价定率办法计征消费税的，其计算公式为：

组成计税价格 =（材料成本 + 加工费）÷（1− 比例税率）

（2）实行复合计税办法计征消费税的，其计算公式为：

组成计税价格 =（材料成本 + 加工费 + 委托加工数量 × 定额税率）÷（1− 比例税率）

其中：材料成本是指委托方提供的材料成本；加工费是指受托方加工应税消费品向委托方收取的全部费用，包括代垫辅助材料的实际成本，不包括增值税税款。

2.6.3 进口应税消费品应纳税额计算

进口的应税消费品，按照组成计税价格和规定税率计算应纳税额，于报关进口时由海关代征消费税。

（1）从价定率计征消费税的，其计算公式为：

组成计税价格＝（关税完税价格 + 关税）÷（1− 消费税比例税率）

应纳税额＝组成计税价格 × 消费税比例税率

（2）从量定额计征消费税的，其计算公式为：

应纳税额＝应税消费品数量 × 消费税定额税率

（3）实行复合计税办法计征消费税的，其计算公式为：

组成计税价格＝（关税完税价格 + 关税 + 进口数量 × 定额税率）÷（1− 消费税比例税率）

应纳税额＝组成计税价格 × 消费税比例税率 + 进口数量 × 定额税率

2.6.4 已纳消费税的扣除

为了避免重复征税，将外购和委托加工收回应税消费品，连续生产应税消费品销售的，在计征消费税时，可以将外购应税消费品和委托加工收回应税消费品缴纳的消费税予以扣除。

批发企业在计算应纳税额时不得扣除已含的生产环节的消费税税款。

（1）准予抵扣的情形。

1）外购（或者委托加工收回的）已税烟丝生产的卷烟；

2）外购（或者委托加工收回的）已税高档化妆品为原料生产的高档化妆品；

3）外购（或者委托加工收回的）已税珠宝、玉石为原料生产的贵重首饰及珠宝、玉石；

4）外购（或者委托加工收回的）已税鞭炮、焰火为原料生产的鞭炮、焰火；

5）外购（或者委托加工收回的）已税杆头、杆身和握把为原料生产的高尔夫球杆；

6）外购（或者委托加工收回的）已税木制一次性筷子为原料生产的木制一次性筷子；

7）外购（或者委托加工收回的）已税实木地板为原料生产的实木地板；

8）外购（或者委托加工收回的）已税石脑油、润滑油、燃料油为原料生产的成品油；

9）外购（或者委托加工收回的）已税汽油、柴油为原料生产的汽油、柴油。

（2）准予抵扣税额的计算。

当期准予扣除的外购或委托加工收回的应税消费品的已纳消费税税款，应按当期生产领用的数量计算。相关计算公式为：

$$\text{当期准予扣除的应税消费品已纳税款}=\text{当期准予扣除的应税消费品的买价}\times\text{应税消费品的适用税率}$$

$$\text{当期准予扣除的外购应税消费品买价}=\text{期初库存的外购应税消费品的买价}+\text{当期购进的应税消费品的买价}-\text{期末库存的外购应税消费品的买价}$$

2.7 纳税地点

（1）纳税人销售的应税消费品，以及自产自用的应税消费品，除国务院财政、税务主管部门另有规定外，应当向纳税人机构所在地或者居住地的税务机关申报纳税。

（2）委托加工的应税消费品，除受托方为个人外，由受托方向机构所在地或者居住地的税务机关解缴消费税税款。受托方为个人的，由委托方向机构所在地的税务机关申报纳税。

（3）进口的应税消费品，由进口人或者其代理人向报关地海关申报纳税。

（4）纳税人到外县（市）销售或者委托外县（市）代销自产应税消费品的，于应税消费品销售后，向机构所在地或者居住地税务机关申报纳税。

（5）纳税人的总机构与分支机构不在同一县（市）的，应当分别向各自机构所在地的税务机关申报纳税。

关于消费税纳税地点的全面解析，请扫描“消费税政策深入解读”二维码查看。

2.8 会计核算

（1）计提时的账务处理。

1）销售应税消费品：

借：税金及附加

　　贷：应交税费——应交消费税

2）自产自用应税消费品：

借：在建工程 / 管理费用等

　　贷：应交税费——应交消费税

3）委托加工应税消费品。委托加工应税消费品，一般应由受托方代收代缴消费税。

①委托加工物资收回后，直接用于销售：

借：委托加工物资

　　贷：银行存款 / 应付账款等

②委托加工物资收回后，用于连续生产应税消费品：

借：应交税费——应交消费税

　　贷：银行存款 / 应付账款等

4）进口应税消费品。企业进口应税物资缴纳的消费税由海关代征。

借：在途物资 / 材料采购等

　　贷：银行存款

（2）上缴时的账务处理：

借：应交税费——应交消费税

　　贷：银行存款

2.9 纳税申报

消费税的纳税人应按有关规定及时办理纳税申报，并如实填写《消费税及附加税费纳税申报表》。

即测即评

扫一扫 做一做

3 项目任务 3

城市维护建设税及附加

城市维护建设税，又称城建税，是以纳税人实际缴纳的增值税、消费税税额为计税依据征收的一种税。

城市维护建设税及附加政策深入解读

3.1 纳税（费）人

城市维护建设税、教育费附加和地方教育附加（以下简称城市维护建设税及附加）的纳税人是在征税范围内从事工商经营，缴纳增值税和消费税的单位和个人。

3.2 征税（费）范围

城市维护建设税及附加的征税（费）范围是城市、县城、建制镇以及税法规定征税的其他地区。

3.3 纳税（费）义务发生时间

城市维护建设税及附加的纳税（费）义务发生时间与增值税、消费税的纳税义务发生时间一致，分别与增值税、消费税同时缴纳。

3.4 税（费）率

（1）城市维护建设税实行差别比例税率。按照纳税人所在地区的不同，设置了3档比例税率：纳税人所在地在市区的，税率为7%；纳税人所在地在县城、镇的，税率为5%；纳税人所在地不在市区、县城或者镇的，税率为1%。

（2）教育费附加征收比率为3%。

（3）地方教育附加征收比率为2%。

关于税（费）率的全面解析，请扫描“城市维护建设税及附加政策深入解读”二维码查看。

3.5 计税（费）依据

城市维护建设税及附加计税（费）依据是纳税人实际缴纳的增值税和消费税

税额。

3.6 税（费）优惠

（1）对出口产品退还增值税和消费税的，不退还已缴纳的城市维护建设税及附加。

（2）海关对进口产品代征的增值税和消费税，不征收城市维护建设税及附加。

（3）对增值税和消费税实行先征后返、先征后退、即征即退办法的，除另有规定外，对随增值税和消费税附征的城市维护建设税及附加，一律不予退（返）还。

（4）自 2023 年 1 月 1 日至 2027 年 12 月 31 日，对增值税小规模纳税人、小型微利企业和个体工商户减半征收城市维护建设税及附加。

3.7 应纳税（费）额的计算

应纳税（费）额的计算公式为：

应纳税（费）额 =（实际缴纳增值税 + 实际缴纳消费税）× 适用税（费）率

3.8 纳税（费）地点

城市维护建设税及附加的纳税（费）地点为实际缴纳增值税和消费税的地点。扣缴义务人应当向其机构所在地或者居住地的主管税务机关申报缴纳其扣缴的税款。有特殊情况的，按下列原则和办法确定纳税地点：

（1）代扣代缴、代收代缴增值税、消费税的单位和个人，同时也是城市维护建设税及附加的代扣代缴、代收代缴义务人，其纳税地点为代扣代缴地。

（2）对流动经营等无固定纳税地点的单位和个人，应随同增值税、消费税在经营地纳税。

3.9 会计核算

3.9.1 会计科目设置

企业缴纳的城市维护建设税及附加，通过“应交税费——应交城市维护建设税”“应交税费——应交教育费附加”“应交税费——应交地方教育附加”科目核算。

3.9.2 账务处理

（1）计提时的账务处理：

借：税金及附加

　贷：应交税费——应交城市维护建设税

　　　　　　——应交教育费附加

　　　　　　——应交地方教育附加

（2）上缴时的账务处理：

借：应交税费——应交城市维护建设税

——应交教育费附加

——应交地方教育附加

贷：银行存款

3.10 纳税申报

企业应当于月度终了后进行增值税和消费税申报的同时，进行城市维护建设税及附加的纳税申报。

即测即评

扫一扫 做一做

4 项目任务4

房产税

房产税，是以房产为征税对象，按照房产的计税余值或房产租金收入向产权所有人征收的一种税。

房产税政策深入解读

4.1 纳税人

房产税的纳税人，是指在我国城市、县城、建制镇和工矿区内拥有房屋产权的单位和个人。关于房产税纳税人的全面解析，请扫描“房产税政策深入解读”二维码查看。

4.2 征税范围

房产税的征税范围是房屋。关于房产税征税范围的全面解析，请扫描“房产税政策深入解读”二维码查看。

4.3 纳税义务发生时间

（1）纳税人将原有房产用于生产经营，从生产经营之月起，缴纳房产税。

（2）纳税人自行新建房屋用于生产经营，从建成之次月起，缴纳房产税。

（3）纳税人委托施工企业建设的房屋，从办理验收手续之次月起，缴纳房产税。

（4）纳税人购置新建商品房，自房屋交付使用之次月起，缴纳房产税。

（5）纳税人购置存量房，自办理房屋权属转移、变更登记手续，房地产权属登记机关签发房屋权属证书之次月起，缴纳房产税。

（6）纳税人出租、出借房产，自交付出租、出借本企业房产之次月起，缴纳房产税。

（7）房地产开发企业自用、出租、出借本企业建造的商品房，自房屋使用或交付之次月起，缴纳房产税。

（8）纳税人因房产的实物或权利状态发生变化而依法终止房产税纳税义务的，其应纳税款的计算截至房产的实物或权利状态发生变化的当月月末。

关于房产税纳税义务发生时间的总结，请扫描“房产税政策深入解读”二维码查看。

4.4 税率

从价计征房产税的税率为 1.2%。从租计征房产税的税率为 12% 或 4%。关于房产税税率的全面解析，请扫描“房产税政策深入解读”二维码查看。

4.5 计税依据和应纳税额的计算

（1）从价计征。房产税计税依据是房产原值，计算公式为：

全年应纳税额 = 应税房产原值 ×（1− 扣除比例）×1.2%

（2）从租计征。房产税计税依据是不含增值税的租金收入，计算公式为：

应纳税额 =（不含增值税）租金收入 ×12%（或 4%）

关于房产税计税依据和应纳税额计算的全面解析，请扫描“房产税政策深入解读”二维码查看。

4.6 税收优惠

（1）国家机关、人民团体、军队自用的房产免征房产税。但上述免税单位的出租房产不属于免税范围。

（2）由国家财政部门拨付事业经费的单位自用的房产免征房产税。其所属的附属工厂、商店、招待所等不属于单位公务、业务的用房，应照章纳税。

（3）宗教寺庙、公园、名胜古迹自用的房产免征房产税。但宗教寺庙、公园、名胜古迹中附设的营业单位（如影剧院、饮食部、茶社、照相馆等）所使用的房产及出租的房产，不属于免税范围。

（4）个人所有非营业用的房产免征房产税。个人拥有的营业用房或出租的房产，不属于免税范围。

（5）经财政部批准免税的其他房产。

1）经有关部门鉴定，对毁损不堪居住的房屋和危险房屋，在停止使用后，可免征房产税。

2）纳税人因房屋大修导致连续停用半年以上的，在房屋大修期间免征房产税。

3）企业办的各类学校、医院、托儿所、幼儿园自用的房产免税。

4）对为高校学生提供住宿服务，按照国家规定的收费标准收取住宿费的高校学生公寓免征房产税。

5）老年服务机构自用的房产暂免征收房产税。

6）军队空余房产租赁收入暂免征收房产税。

7）纳税单位与免税单位共同使用的房屋，按照各自使用的部分划分，分别征收或者免征房产税。

8）按政府规定价格出租的公有住房和廉租住房，暂免征收房产税。

9）自 2023 年 1 月 1 日至 2027 年 12 月 31 日，对增值税小规模纳税人、小型微利企业和个体工商户减半征收房产税。

4.7 纳税地点

在房产所在地缴纳房产税。

4.8 纳税期限

房产税实行按年计算、分期缴纳的征收方法。

4.9 会计核算

4.9.1 会计科目设置

企业缴纳的房产税，通过“应交税费——应交房产税”科目核算。

4.9.2 账务处理

（1）计提时的账务处理：

借：税金及附加

  贷：应交税费——应交房产税

（2）上缴时的账务处理：

借：应交税费——应交房产税

  贷：银行存款

4.10 纳税申报

房产税的纳税人应按照规定，及时办理纳税申报，如实填写《财产和行为税纳税申报表》及相应的税源明细表。

即测即评

扫一扫 做一做

5 项目任务5

城镇土地使用税

城镇土地使用税是以国有土地为征税对象，对拥有土地使用权的单位和个人征收的一种税。

城镇土地使用税政策深入解读

5.1 纳税人

城镇土地使用税的纳税人，是指在城市、县城、建制镇、工矿区范围内使用土地的单位和个人。关于城镇土地使用税纳税人的全面解析，请扫描“城镇土地使用税政策深入解读”二维码查看。

5.2 征税范围

城镇土地使用税的征税范围是税法规定的纳税区域内的土地。关于城镇土地使用税征税范围的全面解析，请扫描“城镇土地使用税政策深入解读”二维码查看。

5.3 纳税义务发生时间

（1）纳税人购置新建商品房，自房屋交付使用之次月起，缴纳城镇土地使用税。

（2）纳税人购置存量房，自办理房屋权属转移、变更登记手续，房地产权属登记机关签发房屋权属证书之次月起，缴纳城镇土地使用税。

（3）纳税人出租、出借房产，自交付出租、出借房产之次月起，缴纳城镇土地使用税。

（4）以出让或转让方式有偿取得土地使用权的，应由受让方从合同约定交付土地时间之次月起缴纳城镇土地使用税；合同未约定交付土地时间的，由受让方从合同签订之次月起缴纳城镇土地使用税。

（5）纳税人新征用的耕地，自批准征用之日起满1年时开始缴纳城镇土地使用税。

（6）纳税人新征用的非耕地，自批准征用次月起缴纳城镇土地使用税。

关于城镇土地使用税纳税义务发生时间的总结，请扫描“城镇土地使用税政策深入解读”二维码查看。

5.4 税率

城镇土地使用税采用定额税率，即采用有幅度的差别税额，按大、中、小城市和县城、建制镇、工矿区分别规定每平方米城镇土地使用税年应纳税额。关于城镇土地使用税税率的具体内容，请扫描“城镇土地使用税政策深入解读”二维码查看。

5.5 计税依据

城镇土地使用税以纳税人实际占用的土地面积为计税依据，土地面积计量标准为每平方米。纳税人实际占用的土地面积按下列办法确定：

（1）由省、自治区、直辖市人民政府确定的单位组织测定土地面积的，以测定的面积为准。

（2）尚未组织测定，但纳税人持有政府部门核发的土地使用证书的，以证书确认的土地面积为准。

（3）尚未核发土地使用证书的，应由纳税人申报土地面积，并据以纳税，待核发土地使用证书以后再作调整。

（4）对在城镇土地使用税征税范围内单独建造的地下建筑用地，按规定征收城镇土地使用税。其中，已取得地下土地使用权证的，按土地使用权证确认的土地面积计算应征税款；未取得地下土地使用权证或地下土地使用权证上未标明土地面积的，按地下建筑垂直投影面积计算应征税款。

对上述地下建筑用地暂按应征税款的 50% 征收城镇土地使用税。

5.6 税收优惠

5.6.1 法定免征城镇土地使用税的优惠

（1）国家机关、人民团体、军队自用的土地。

（2）由国家财政部门拨付事业经费的单位自用的土地。

（3）宗教寺庙、公园、名胜古迹自用的土地。

（4）市政街道、广场、绿化地带等公共用地。

（5）直接用于农、林、牧、渔业的生产用地。

（6）经批准开山填海整治的土地和改造的废弃土地，从使用的月份起免缴土地使用税 5 年至 10 年。

5.6.2 省、自治区、直辖市税务局确定的城镇土地使用税减免优惠

（1）个人所有的居住房屋及院落用地。

（2）房产管理部门在房租调整改革前经租的居民住房用地。

（3）免税单位职工家属的宿舍用地。

（4）集体和个人办的各类学校、医院、托儿所、幼儿园用地。

5.6.3 税收优惠的特殊规定

（1）自2023年1月1日至2027年12月31日，对增值税小规模纳税人、小型微利企业和个体工商户减半征收城镇土地使用税。

（2）自2019年1月1日至2027年供暖期结束，对向居民供热收取采暖费的供热企业，为居民供热所使用的土地免征城镇土地使用税；对供热企业其他土地，应当按照规定征收城镇土地使用税。

（3）自2019年1月1日至2027年12月31日，对农产品批发市场、农贸市场（包括自有和承租）专门用于经营农产品的土地，暂免征收城镇土地使用税。对同时经营其他产品的农产品批发市场和农贸市场使用的土地，按其他产品与农产品交易场地面积的比例确定征免城镇土地使用税。

（4）自2020年1月1日至2027年12月31日，对物流企业自有（包括自用和出租）或承租的大宗商品仓储设施用地，减按所属土地等级适用税额标准的50%计征城镇土地使用税。

5.7 应纳税额的计算

城镇土地使用税的应纳税额按纳税人实际占用的土地面积和规定的税额标准计算。其计算公式为：

全年应纳税额＝实际占用应税土地面积（平方米）×适用税额

5.8 纳税地点

在土地所在地缴纳城镇土地使用税。

5.9 纳税期限

城镇土地使用税实行按年计算、分期缴纳的征收方法。

5.10 会计核算

5.10.1 会计科目设置

企业缴纳的城镇土地使用税，通过“应交税费——应交城镇土地使用税”科目核算。

5.10.2 账务处理

（1）计提时的账务处理：

借：税金及附加

　　贷：应交税费——应交城镇土地使用税

（2）上缴时的账务处理：

借：应交税费——应交城镇土地使用税

　　贷：银行存款

5.11 纳税申报

城镇土地使用税的纳税人应按照规定，及时办理纳税申报，如实填写《财产和行为税纳税申报表》及相应的税源明细表。

即测即评

扫一扫 做一做

6 项目任务6

印花税

印花税是对经济活动和经济交往中书立、领受、使用的应税凭证征收的一种税。

印花税政策深入解读

6.1 纳税人

印花税的纳税人是指在中华人民共和国境内书立应税凭证、进行证券交易的单位和个人。

在中华人民共和国境外书立在境内使用的应税凭证的单位和个人，也是印花税的纳税人。关于印花税纳税人的全面解析，请扫描“印花税政策深入解读”二维码查看。

6.2 征税范围

印花税的征税范围包括四类凭证，即合同（指书面合同）类、产权转移书据类、营业账簿类和证券交易类。关于印花税征税范围的全面解析，请扫描“印花税政策深入解读”二维码查看。

6.3 纳税义务发生时间

印花税纳税义务发生时间为纳税人书立应税凭证或者完成证券交易的当日。证券交易印花税扣缴义务发生时间为证券交易完成的当日。

6.4 税率

印花税实行比例税率。3‱适用于买卖合同、承揽合同、建筑工程合同、运输合同、技术合同、商标专用权、著作权、专利权、专有技术使用权转让书据，5‱适用于土地使用权出让和转让书据、房屋等建筑物和构筑物所有权转让书据、股权转让书据，0.5‱适用于借款合同、融资租赁合同，1‱适用于租赁合同、保管合同、仓储合同、财产保险合同和证券交易，2.5‱适用于记载实收资本（股本）和资本公积的营业账簿。关于印花税税率的全面解析，请扫描“印花税政策深入解读”二维码查看。

6.5 计税依据

（1）应税合同的计税依据，为合同所列的金额，不包括列明的增值税税款；合同中的价款或者报酬与增值税税款未分开列明的，按照合计金额确定。

（2）应税产权转移书据的计税依据，为产权转移书据所列的金额，不包括列明的增值税税款；产权转移书据中的价款与增值税税款未分开列明的，按照合计金额确定。

（3）应税营业账簿的计税依据，为账簿记载的实收资本（股本）、资本公积合计金额。

（4）证券交易的计税依据，为成交金额。

关于印花税计税依据的全面解析，请扫描“印花税政策深入解读”二维码查看。

6.6 税收优惠

下列凭证免征印花税：

（1）应税凭证的副本或抄本免税。

（2）农民、家庭农场、农民专业合作社、农村集体经济组织、村民委员会购买农业生产资料或者销售自产农产品书立的买卖合同和农业保险合同，免征印花税。

（3）对无息和贴息借款合同、国际金融组织向我国提供优惠贷款书立的借款合同免税。

（4）财产所有人将财产赠予政府、社会福利机构、学校、慈善组织书立的产权转移书据，免征印花税。

（5）中国人民解放军、中国人民警察部队书立的应税凭证，免征印花税。

（6）依照法律规定应当予以免税的外国驻华使馆、领事馆和国际组织驻华代表机构为获得馆舍书立的应税凭证，免征印花税。

（7）非营利性医疗卫生机构采购药品或者卫生材料书立的买卖合同，免征印花税。

（8）个人与电子商务经营者订立的电子订单，免征印花税。

（9）自2023年1月1日至2027年12月31日，由省、自治区、直辖市人民政府根据本地区实际情况，以及宏观调控需要确定，对增值税小规模纳税人可以在50%的税额幅度内减征资源税、城市维护建设税、房产税、城镇土地使用税、印花税（不含证券交易印花税）、耕地占用税和教育费附加、地方教育附加。

（10）根据国民经济和社会发展的需要，国务院对居民住房需求保障、企业改制重组、破产、支持小型微型企业发展等情形可以规定减征或者免征印花税，报全国人民代表大会常务委员会备案。

6.7 应纳税额的计算

印花税的应纳税额按照计税依据乘以适用税率计算，具体计算公式如下：

应税合同的应纳税额计算公式为：

应纳税额 = 价款或者报酬 × 适用税率

应税产权转移书据的应纳税额计算公式为：

应纳税额 = 价款 × 适用税率

应税营业账簿的应纳税额计算公式为：

应纳税额 = 实收资本（股本）、资本公积合计金额 × 适用税率

证券交易的应纳税额计算公式为：

应纳税额 = 成交金额或者依法确定的计税依据 × 适用税率

关于印花税计算的全面解析，请扫描“印花税政策深入解读”二维码查看。

6.8 纳税地点

（1）单位纳税人应当向其机构所在地的主管税务机关申报缴纳印花税。

（2）个人纳税人应当向应税凭证书立地或者居住地的主管税务机关申报缴纳印花税。

（3）纳税人出让或者转让不动产产权的，应当向不动产所在地的主管税务机关申报缴纳印花税。

（4）证券交易印花税的扣缴义务人应当向其机构所在地的主管税务机关申报解缴税款以及银行结算的利息。

（5）纳税人为境外单位或者个人，在境内有代理人的，以其境内代理人为扣缴义务人；在境内没有代理人的，由纳税人自行申报缴纳印花税，具体办法由国务院税务主管部门规定。

6.9 纳税期限

（1）印花税按季、按年或者按次计征。实行按季、按年计征的，纳税人应当自季度、年度终了之日起十五日内申报缴纳税款；实行按次计征的，纳税人应当自纳税义务发生之日起十五日内申报缴纳税款。

（2）证券交易印花税按周解缴。证券交易印花税扣缴义务人应当自每周终了之日起五日内申报解缴税款以及银行结算的利息。

6.10 会计核算

6.10.1 会计科目设置

企业缴纳的印花税通过“应交税费——应交印花税”科目进行核算，但是如果通过购买印花税票加以完税，则通过“银行存款”科目进行核算。

6.10.2 账务处理

（1）计提时的账务处理：

借：税金及附加

　贷：应交税费——应交印花税

（2）上缴时的账务处理：

借：应交税费——应交印花税

　贷：银行存款

6.11 纳税申报

印花税的纳税人应按照规定，及时办理纳税申报，如实填写《财产和行为税纳税申报表》及相应的税源明细表。

即测即评

扫一扫 做一做

7 项目任务 7

车船税

车船税是以车船为征税对象，向拥有车船的单位和个人征收的一种税。

车船税政策深入解读

7.1 纳税人

在中华人民共和国境内，车船的所有人或者管理人，为车船税的纳税人。

管理人是指对车船具有管理使用权，不具有所有权的单位。

从事机动车第三者责任强制保险业务的保险机构为机动车车船税的扣缴义务人。

7.2 征税范围

车船税的征税范围是指在中华人民共和国境内属于我国《车船税法》所附《车船税税目税额表》规定的车辆、船舶。具体包括：

（1）依法应当在车船管理部门登记的机动车辆和船舶。

（2）依法不需要在车船管理部门登记、在单位内部场所行驶或者作业的机动车辆和船舶。

7.3 纳税义务发生时间

车船税纳税义务发生时间为取得车船所有权或者管理权的当月。以购买车船的发票或其他证明文件所载日期的当月为准。

7.4 税率

车船税实行定额税率，即对征税的车船规定单位固定税额。

车船税的适用税额，依照我国《车船税法》所附的《车船税税目税额表》执行。关于车船税税率的具体规定，请扫描“车船税政策深入解读”二维码查看。

7.5 计税依据

车船税以车船的计税单位数量为计税依据。我国《车船税法》按照车船的种类和性能，分别确定每辆、整备质量每吨、净吨位每吨和艇身长度每米为计税单位。关于车船税计税依据的具体规定，请扫描“车船税政策深入解读”二维码查看。

7.6 税收优惠

7.6.1 法定减免

（1）捕捞、养殖渔船免征车船税。

（2）军队、武装警察部队专用的车船免征车船税。

（3）警用车船免征车船税。

（4）悬挂应急救援专用号牌的国家综合性消防救援车辆和国家综合性消防救援专用船舶免征车船税。

（5）依照法律规定应当予以免税的外国驻华使领馆、国际组织驻华代表机构及其有关人员的车船免征车船税。

（6）节能汽车，减半征收车船税。

（7）新能源车船，免征车船税。

（8）省、自治区、直辖市人民政府根据当地实际情况，可以对公共交通车船、农村居民拥有并主要在农村地区使用的摩托车、三轮汽车和低速载货汽车定期减征或免征车船税。

7.6.2 特定减免

（1）经批准临时入境的外国车船和香港特别行政区、澳门特别行政区、台湾地区的车船，不征收车船税。

（2）按照规定缴纳船舶吨税的机动船舶，自我国《车船税法》实施之日起 5 年内免征车船税。

（3）依法不需要在车船登记管理部门登记的机场、港口、铁路站场内部行驶或者作业的车船，自我国《车船税法》实施之日起 5 年内免征车船税。

7.7 应纳税额的计算

车船税应纳税额的计算公式为：

车船税年应纳税额＝计税依据 × 年基准税额

购置的新车船，购置当年的应纳税额自纳税义务发生的当月起按月计算。应纳税额为年应纳税额除以 12 再乘以应纳税月份数。

应纳税额＝(年应纳税额 ÷12）× 应纳税月份数

7.8 纳税地点

车船税的纳税地点为车船的登记地或者车船税扣缴义务人所在地。

7.9 纳税期限

车船税按年申报，分月计算，一次性缴纳。纳税年度为公历1月1日至12月31日。具体申报纳税期限由省、自治区、直辖市人民政府规定。

7.10 会计核算

7.10.1 会计科目设置

企业缴纳的车船税，通过“应交税费——应交车船税”科目核算。

7.10.2 账务处理

（1）计提时的账务处理：

借：税金及附加

　贷：应交税费——应交车船税

（2）上缴时的账务处理：

借：应交税费——应交车船税

　贷：银行存款

7.11 纳税申报

车船税的纳税人应按照规定，及时办理纳税申报，如实填写《财产和行为税纳税申报表》及相应的税源明细表。

即测即评

扫一扫 做一做

项目任务 8

8 契税

契税是指以中国境内土地、房屋权属转移为征税对象，向权属承受人征收的一种财产税。

契税政策深入解读

8.1 纳税人

在中华人民共和国境内转移土地、房屋权属，承受的单位和个人为契税的纳税人。

8.2 征税范围

在中华人民共和国境内转移土地、房屋权属属于契税征税范围，具体包括土地使用权出让、土地使用权的转让、房屋买卖、房屋赠予和房屋互换。关于契税征税范围的具体规定，请扫描“契税政策深入解读”二维码查看。

8.3 纳税义务发生时间

契税的纳税义务发生时间是纳税人签订土地、房屋权属转移合同的当日，或纳税人取得其他具有土地、房屋权属转移合同性质凭证的当日。关于契税纳税义务发生时间的具体规定，请扫描“契税政策深入解读”二维码查看。

8.4 税率

契税实行 3%～5% 的幅度税率。具体执行标准由各省、自治区、直辖市人民政府在 3%～5% 的幅度内提出，报同级人民代表大会常务委员会决定，并报全国人民代表大会常务委员会和国务院备案。

8.5 计税依据

如果实际取得增值税发票，契税的计税依据是成交价格，以发票上注明的不含税价格确定。如果是税务机关核定的，契税计税价格为不含增值税价格。契税计税依据的具体规定，请扫描“契税政策深入解读”二维码查看。

8.6 税收优惠

8.6.1 免征契税情形

（1）国家机关、事业单位、社会团体、军事单位承受土地、房屋用于办公、教学、医疗、科研和军事设施的。

（2）非营利性的学校、医疗机构、社会福利机构承受土地、房屋权属用于办公、教学、医疗、科研、养老、救助。

（3）承受荒山、荒地、荒滩土地使用权，并用于农、林、牧、渔业生产。

（4）婚姻关系存续期间夫妻之间变更土地、房屋权属。

（5）夫妻因离婚分割共同财产发生土地、房屋权属变更。

（6）法定继承人通过继承承受土地、房屋权属。

（7）依照法律规定应当予以免税的外国驻华使馆、领事馆和国际组织驻华代表机构承受土地、房屋权属。

（8）城镇职工按规定第一次购买公有住房。

（9）外国银行分行按规定改制为外商独资银行（或其分行），改制后的外商独资银行（或其分行）承受原外国银行分行的房屋权属。

（10）军队离退休干部住房由国家投资建设，军队和地方共同承担建房任务，其中军队承建部分完工后应逐步移交给地方政府管理，免征军建离退休干部住房及附属用房移交地方政府管理所涉及的契税。

（11）廉租住房经营管理单位购买住房作为廉租住房、经济适用住房经营管理单位回购经济适用住房继续作为经济适用住房房源。

（12）金融租赁公司开展售后回租业务，承受承租人房屋、土地权属的，照章征税。对售后回租合同期满，承租人回购原房屋、土地权属的，免征契税。

（13）棚户区改造中，经营管理单位回购已分配的改造安置住房继续作为改造安置房源。

（14）进行股份合作制改革后的农村集体经济组织承受集体经济组织的土地、房屋权属。

（15）易地扶贫搬迁贫困人口按规定取得的安置住房。

8.6.2 省、自治区、直辖市可以决定的免征或者减征契税情形

（1）因土地、房屋被县级以上人民政府征收、征用，重新承受土地、房屋权属。

（2）因不可抗力灭失住房，重新承受住房权属。

免征或者减征契税的具体办法，由省、自治区、直辖市人民政府提出，报同级人民代表大会常务委员会决定，并报全国人民代表大会常务委员会和国务院备案。

8.7 应纳税额的计算

应纳税额的计算公式如下：

应纳税额＝计税依据 × 税率

8.8 纳税地点

纳税人向土地、房屋所在地主管税务机关纳税申报。

8.9 会计核算

由于契税是一次性按实际取得的房屋、土地权属的价格计税，不存在与税务机关结算或清算的问题，因此一般不需要通过“应交税费”科目核算。

（1）企业取得房屋时的账务处理：

借：固定资产

　贷：银行存款

（2）企业取得土地权属时的账务处理：

借：无形资产

　贷：银行存款

8.10 纳税申报

契税的纳税人应按照规定，及时办理纳税申报，如实填写《财产和行为税纳税申报表》及相应的税源明细表。

即测即评

扫一扫 做一做

9

项目任务 9

土地增值税

土地增值税是对转让国有土地使用权、地上建筑物及其附着物并取得收入的单位和个人，就其转让房地产所取得的增值额征收的一种税。

土地增值税政策深入解读

9.1 纳税人

在中华人民共和国境内转移房地产并取得收入的单位和个人，为土地增值税的纳税人。

9.2 征税范围

（1）土地增值税只对转让国有土地使用权的行为征税，对出让国有土地的行为不征税。

（2）土地增值税既对转让国有土地使用权的行为征税，也对转让地上建筑物及其他附着物产权的行为征税。

（3）土地增值税只对有偿转让的房地产征税，对以继承、赠予等方式无偿转让的房地产不征税。

关于土地增值税征税范围的全面解析，请扫描“土地增值税政策深入解读”二维码查看。

9.3 纳税义务发生时间

土地增值税纳税义务发生时间为房地产转移合同签订的当日。

9.4 税率

土地增值税实行四级超率累进税率。关于土地增值税税率的具体规定，请扫描“土地增值税政策深入解读”二维码查看。

9.5 计税依据

土地增值税的计税依据为纳税人转移房地产所取得的收入减除税法规定扣除项

目金额后的余额，即增值额。

9.5.1 应税收入

企业转让房地产取得的应税收入，应包括转让房地产的全部价款及有关的经济收益。从收入的形式来看，包括货币收入、实物收入和其他收入。纳税人转让房地产取得的收入为不含增值税收入。

关于土地增值税应税收入的全面解析，请扫描“土地增值税政策深入解读”二维码查看。

9.5.2 扣除项目及金额

9.5.2.1 新建房地产项目扣除项目及金额

新建房地产项目扣除项目包括取得土地使用权所支付的金额、房地产开发成本、房地产开发费用、与转让房地产有关的税金和房地产开发企业加计扣除。关于土地增值税新建房地产项目扣除项目及金额的全面解析，请扫描“土地增值税政策深入解读”二维码查看。

9.5.2.2 旧房及建筑物扣除项目及金额

旧房及建筑物扣除项目包括房屋建筑物的评估价格、转让环节的税金和取得土地使用权所支付的地价款和国家统一规定缴纳的有关费用。关于土地增值税旧房及建筑物扣除项目及金额的全面解析，请扫描“土地增值税政策深入解读”二维码查看。

9.6 税收优惠

（1）下列情形，可减征或免征土地增值税：

1）纳税人建造保障性住房出售，增值额未超过扣除项目金额 20% 的，免征土地增值税；

2）因国家建设需要依法征收、收回的房地产，免征土地增值税；

3）自 2008 年 11 月 1 日起，对个人销售住房暂免征收土地增值税；

4）国务院可以根据国民经济和社会发展的需要规定其他减征或免征土地增值税情形，并报全国人民代表大会常务委员会备案。

（2）省、自治区、直辖市人民政府可以决定对下列情形减征或者免征土地增值税，并报同级人民代表大会常务委员会备案：

1）纳税人建造普通标准住宅出售，增值额未超过扣除项目金额 20% 的；

2）房地产市场较不发达、地价水平较低地区的纳税人出让集体土地使用权、地上的建筑物及其附着物，或以集体土地使用权、地上的建筑物及其附着物作价出资、入股的。

（3）对企事业单位、社会团体以及其他组织转让旧房作为公租房房源，且增值额未超过扣除项目金额 20%的，免征土地增值税。

9.7 应纳税额的计算

第一步，计算转让房地产取得的应税收入金额。

第二步，计算扣除项目金额。

第三步，计算增值额：

增值额＝应税收入－扣除项目

第四步，计算增值额占扣除项目金额的比例，确定适用税率和速算扣除系数。

第五步，计算应纳税额：

应纳税额＝增值额×适用税率－扣除项目×速算扣除系数

9.8 土地增值税清算

关于土地增值税清算的全面解析，请扫描“土地增值税政策深入解读”二维码查看。

9.9 纳税地点

土地增值税纳税人发生应税行为，应向房地产所在地主管税务机关缴纳税款。这里所称的房地产所在地，是指房地产的坐落地。纳税人转让的房地产坐落在两个或两个以上地区的，应按房地产所在地分别申报纳税。

9.10 会计核算

9.10.1 会计科目设置

企业缴纳的土地增值税，通过“应交税费——应交土地增值税”科目核算。

9.10.2 账务处理

9.10.2.1 房地产开发企业转让其开发的房地产

（1）计提时的账务处理：

借：税金及附加

　贷：应交税费——应交土地增值税

（2）上缴时的账务处理：

借：应交税费——应交土地增值税

　贷：银行存款

9.10.2.2 非房地产开发企业转让“固定资产”“在建工程”科目核算的房地产

（1）计提时的账务处理：

借：固定资产清理

　贷：应交税费——应交土地增值税

（2）上缴时的账务处理：

借：应交税费——应交土地增值税

　贷：银行存款

9.11 纳税申报

土地增值税的纳税人应在转让房地产合同签订后的 7 日内，到房地产所在地主管税务机关办理纳税申报，如实填写《财产和行为税纳税申报表》及相应的税源明细表。

即测即评

扫一扫 做一做

10

项目任务 10

车辆购置税

车辆购置税是对在中国境内购置应税车辆的单位和个人征收的一种税。征收车辆购置税，有利于规范政府行为，调节收入差距。

车辆购置税政策深入解读

10.1 纳税人

在中华人民共和国境内购置汽车、有轨电车、汽车挂车、排气量超过 150 毫升的摩托车（以下统称应税车辆）的单位和个人，为车辆购置税的纳税人。

购置，是指以购买、进口、自产、受赠、获奖或者其他方式取得并自用应税车辆的行为。

10.2 征税范围

车辆购置税的征税范围包括汽车、有轨电车、汽车挂车、排气量超过 150 毫升的摩托车。

10.3 纳税义务发生时间

车辆购置税的纳税义务发生时间为纳税人购置应税车辆的当日。

10.4 税率

车辆购置税采用 10% 的比例税率。

10.5 计税依据

车辆购置税的计税依据为应税车辆的计税价格。关于车辆购置税计税依据的全面解析，请扫描“车辆购置税政策深入解读”二维码查看。

10.6 税收优惠

下列情形免征车辆购置税：

（1）依照法律规定应当予以免税的外国驻华使馆、领事馆和国际组织驻华机构及其有关人员自用的车辆。

（2）中国人民解放军和中国人民警察部队列入装备订货计划的车辆。

（3）悬挂应急救援专用号牌的国家综合性消防救援车辆。

（4）设有固定装置的非运输专用作业车辆。

（5）城市公交企业购置的公共汽电车辆。

10.7 应纳税额的计算

车辆购置税应纳税额按照下列公式计算：

应纳税额 = 计税依据 × 税率

进口应税车辆应纳税额 =（关税完税价格 + 关税 + 消费税）× 税率

10.8 纳税地点

纳税人购置应税车辆，应当向车辆登记地的主管税务机关申报缴纳车辆购置税。

纳税人购置不需要办理车辆登记的应税车辆的，应当向纳税人所在地的主管税务机关申报缴纳车辆购置税。

10.9 会计核算

由于车辆购置税是在购买环节一次性征收，计入车辆的固定资产原值，因此一般不需要通过“应交税费”科目核算。

企业在购置应税车辆，按规定计算缴纳车辆购置税时的账务处理为：

借：固定资产

　贷：银行存款

10.10 纳税申报

车辆购置税的纳税义务发生时间为纳税人购置应税车辆的当日，纳税人应当自纳税义务发生之日起 60 日内申报缴纳车辆购置税，如实填写《车辆购置税纳税申报表》，同时提供车辆合格证明及相关凭证。

即测即评

扫一扫 做一做

11 项目任务11

个人所得税

个人所得税是对个人（即自然人）取得的各项应税所得征收的一种所得税。

个人所得税政策深入解读

11.1 纳税人

个人所得税纳税人，包括中国公民、个体工商户、个人独资企业投资人、合伙企业的个人合伙人以及在中国有所得的外籍人员（包括无国籍人员，下同）和香港、澳门、台湾同胞。

11.1.1　居民个人和非居民个人

按照住所标准和居住时间标准，个人所得税纳税人分为居民个人和非居民个人。关于居民个人和非居民个人判定的具体标准，请扫描“个人所得税政策深入解读”二维码查看。

11.1.2　所得来源地的确定

除国务院财政、税务主管部门另有规定外，下列所得，不论支付地点是否在中国境内，均为来源于中国境内的所得：

（1）因任职、受雇、履约等而在中国境内提供劳务取得的所得；

（2）将财产出租给承租人在中国境内使用而取得的所得；

（3）转让中国境内的不动产等财产或者在中国境内转让其他财产取得的所得；

（4）许可各种特许权在中国境内使用而取得的所得；

（5）从中国境内企业、事业单位、其他组织以及居民个人取得的利息、股息、红利所得。

11.2 征税范围

个人所得税的征税范围包括工资薪金所得，劳务报酬所得，稿酬所得，特许权使用费所得，经营所得，利息、股息、红利所得，财产租赁所得，财产转让所得和偶然所得九个项目。其中，工资薪金所得、劳务报酬所得、稿酬所得和特许权使用费所得统称综合所得。

11.3 纳税义务发生时间

由于个人所得税的应税项目比较多，因此个人所得税的纳税义务发生时间也比较复杂，根据应税项目的不同，个人所得税纳税义务的发生时间分为三类：以按次计征、按月计征和按年计征三种方式确定纳税义务发生时间。

（1）按次计征个人所得税。

当实行按次计征时，每次取得所得的时间为纳税义务发生时间；实行按次计征的所得有：劳务报酬所得，稿酬所得，特许权使用费所得，利息、股息、红利所得，偶然所得。

（2）按月计征个人所得税。

当实行分月预缴时，每一月份的最后一日为纳税义务发生时间；按月计征个人所得税的有：工资薪金所得，财产租赁所得，属于同一项目连续性收入的，以一个月内取得的收入为一次的劳务报酬所得。

（3）按年计征个人所得税。

当实行按年计征时，纳税年度的最后一日为纳税义务发生时间。实行按年计征个人所得税的项目是经营所得。

11.4 税率

个人所得税的税率有两种形式：比例税率和超额累进税率。

11.4.1 比例税率

利息、股息、红利所得，财产租赁所得，财产转让所得和偶然所得适用比例税率，为 20%。

11.4.2 超额累进税率

适用超额累进税率的个人所得税应税项目包含综合所得与经营所得两类。

关于个人所得税具体税率信息，请扫描“个人所得税政策深入解读”二维码查看。

11.5 计税依据

个人所得税的计税依据是纳税人取得的应纳税所得额。应纳税所得额为个人取得的各项收入减去税法规定的费用扣除金额和减免税收入后的余额。不同类别的所得，扣除的标准不同。

11.5.1 综合所得应纳税所得额

11.5.1.1 居民个人综合所得应纳税所得额的确定

居民个人综合所得以每一纳税年度的收入额减除费用 6 万元以及专项扣除、专项附加扣除和依法确定的其他扣除后的余额，为应纳税所得额。

注意：综合所得中的劳务报酬所得、稿酬所得、特许权使用费所得以收入减除20%的费用后的余额为收入额。稿酬所得的收入额减按70%计算。

综合所得扣除项目包括费用、专项扣除、专项附加扣除和其他扣除。

（1）费用。综合所得减除的费用为每月5 000元，全年共计60 000元。

（2）专项扣除。专项扣除包括居民个人按照国家规定的范围和标准缴纳的基本养老保险、基本医疗保险、失业保险等社会保险费和住房公积金等。

（3）专项附加扣除。专项附加扣除包括子女教育、继续教育、大病医疗、住房贷款利息或者住房租金、赡养老人、3岁以下婴幼儿照护等支出。

关于专项附加扣除的具体规定，请扫描“个人所得税政策深入解读”二维码查看。

（4）其他扣除。其他扣除，包括个人缴付符合国家规定的企业年金、职业年金，个人购买符合国家规定的商业健康保险、税收递延型商业养老保险的支出，以及国务院规定可以扣除的其他项目。

11.5.1.2 非居民个人综合所得应纳税所得额的确定

非居民个人的工资、薪金所得，以每月收入额减除费用5 000元后的余额为应纳税所得额；劳务报酬所得、稿酬所得、特许权使用费所得，以每次收入额为应纳税所得额。

11.5.2 经营所得应纳税所得额

经营所得，以每一纳税年度的收入总额减除成本、费用以及损失后的余额，为应纳税所得额。

成本、费用，是指生产、经营活动中发生的各项直接支出和分配计入成本的间接费用以及销售费用、管理费用、财务费用；损失，是指生产、经营活动中发生的固定资产和存货的盘亏、毁损、报废损失，转让财产损失，坏账损失，自然灾害等不可抗力因素造成的损失以及其他损失。

取得经营所得的个人，没有综合所得的，计算其每一纳税年度的应纳税所得额时，应当减除费用6万元、专项扣除、专项附加扣除以及依法确定的其他扣除。专项附加扣除在办理汇算清缴时减除。

从事生产、经营活动，未提供完整、准确的纳税资料，不能正确计算应纳税所得额的，由主管税务机关核定应纳税所得额或者应纳税额。

11.5.3 财产租赁所得应纳税所得额

财产租赁所得实行定额扣除和定率扣除相结合的扣除方式。

财产租赁所得每次收入不超过4 000元的，减除费用800元；4 000元以上的，减除20%的费用，其余额为应纳税所得额。

11.5.4 财产转让所得应纳税所得额

财产转让所得，以转让财产的收入额减除财产原值和合理费用后的余额，为应纳税所得额。

11.5.5 利息、股息、红利所得应纳税所得额

利息、股息、红利所得以每次收入额为应纳税所得额。

11.5.6 偶然所得应纳税所得额

偶然所得，以每次收入额为应纳税所得额。

11.6 税收优惠

11.6.1 税法规定的免税项目

（1）省级人民政府、国务院部委和中国人民解放军军以上单位，以及外国组织、国际组织颁发的科学、教育、技术、文化、卫生、体育、环境保护等方面的奖金。

（2）国债和国家发行的金融债券利息。

（3）按照国家统一规定发给的补贴、津贴。这是指按照国务院规定发给的政府特殊津贴、院士津贴，以及国务院规定免纳个人所得税的其他补贴、津贴。

（4）福利费、抚恤金、救济金。

（5）保险赔款。

（6）军人的转业费、复员费、退役金。

（7）按照国家统一规定发给干部、职工的安家费、退职费、基本养老金或者退休费、离休费、离休生活补助费。

（8）依照有关法律规定应予以免税的各国驻华使馆、领事馆的外交代表、领事官员和其他人员的所得。

（9）中国政府参加的国际公约、签订的协议中规定免税的所得。

（10）国务院规定的其他免税所得。该项免税规定，由国务院报全国人民代表大会常务委员会备案。

11.6.2 税法规定的减税项目

（1）残疾、孤老人员和烈属的所得。

（2）因自然灾害造成重大损失的。

11.6.3 其他免税和暂免征税项目

（1）下列所得，暂免征收个人所得税：

1）外籍个人以非现金形式或实报实销形式取得的住房补贴、伙食补贴、搬迁费、洗衣费。

2）外籍个人按合理标准取得的境内、境外出差补贴。

3）外籍个人取得的探亲费、语言训练费、子女教育费等，经当地税务机关审核批准为合理的部分。

4）外籍个人从外商投资企业取得的股息、红利所得。

（2）个人在上海、深圳证券交易所转让从上市公司公开发行和转让市场取得的股票转让所得。

（3）个人举报、协查各种违法、犯罪行为而获得的奖金。

（4）个人办理代扣代缴手续，按规定取得的扣缴手续费。

（5）个人转让自用达 5 年以上，并且是唯一的家庭生活用房取得的所得。

（6）对个人购买福利彩票、体育彩票，一次中奖收入在 1 万元以下（含 1 万元）的，暂免征收个人所得税；超过 1 万元的，全额征收个人所得税。

（7）个人取得单张有奖发票奖金所得不超过 800 元（含 800 元）的。

（8）个人领取原提存的住房公积金、基本医疗保险金、基本养老保险金，以及失业保险金。

（9）企业依照国家有关法律规定宣告破产，企业职工从该破产企业取得的一次性安置费收入。

（10）个人持有挂牌公司的股票，持股期限在 1 个月以内（含 1 个月）的，其股息、红利所得全额计入应纳税所得额，适用 20% 的税率计征个人所得税；个人持有挂牌公司的股票，持股期限在 1 个月以上至 1 年（含 1 年）的，其股息、红利所得暂减按 50% 计入应纳税所得额，适用 20% 的税率计征个人所得税；个人持有挂牌公司的股票，持股期限超过 1 年的，对股息、红利所得暂免征收个人所得税。

11.7 应纳税额的计算

11.7.1 综合所得应纳税额的计算

综合所得应纳税额的计算公式为：

应纳税额 = 应纳税所得额 × 适用税率 − 速算扣除数
=（每一纳税年度的收入额 − 费用 6 万元 − 专项扣除 − 专项附加扣除 − 依法确定的其他扣除）× 适用税率 − 速算扣除数

11.7.1.1 居民个人综合所得预扣预缴

（1）工资、薪金所得预扣预缴税额的计算。

扣缴义务人向居民个人支付工资、薪金所得时，应当按照累计预扣法计算预扣税款，并按月办理全员全额扣缴申报。

累计预扣法的具体计算公式如下：

本期应预扣预缴税额 =（累计预扣预缴应纳税所得额 × 预扣率 − 速算扣除数）− 累计减免税额 − 累计已预扣预缴税额

累计预扣预缴应纳税所得额 = 累计收入 − 累计免税收入 − 累计减除费用 − 累计专项扣除 − 累计专项附加扣除 − 累计依法确定的其他扣除

其中：累计减除费用，按照 5 000 元 / 月乘以纳税人当年截至本月在本单位的任职受雇月份数计算。

（2）其他综合所得项目预缴税额的计算。

扣缴义务人向居民个人支付劳务报酬所得、稿酬所得、特许权使用费所得，按次或者按月预扣预缴个人所得税。

劳务报酬所得、稿酬所得、特许权使用费所得，属于一次性收入的，以取得该项收入为一次；属于同一项目连续性收入的，以一个月内取得的收入为一次。具体预扣预缴方法如下：

劳务报酬所得、稿酬所得、特许权使用费所得以收入减除费用后的余额为收入额。其中，稿酬所得的收入额减按 70% 计算。

减除费用：劳务报酬所得、稿酬所得、特许权使用费所得每次收入不超过 4 000 元的，减除费用按 800 元计算；每次收入在 4 000 元以上的，减除费用按 20% 计算。

预扣预缴税额的计算公式如下：

劳务报酬所得应预扣预缴税额 = 预扣预缴应纳税所得额 × 预扣率 − 速算扣除数

稿酬所得、特许权使用费所得应预扣预缴税额 = 预扣预缴应纳税所得额 ×20%

11.7.1.2 居民个人综合所得汇算清缴

居民个人工资、薪金所得，劳务报酬所得，稿酬所得，特许权使用费所得年度预扣预缴税额与年度应纳税额不一致的，由居民个人于次年 3 月 1 日至 6 月 30 日向主管税务机关办理综合所得年度汇算清缴，税款多退少补。

11.7.1.3 全年一次性奖金的征税规定

居民个人取得全年一次性奖金，符合相关规定的，在 2027 年 12 月 31 日前，可以选择不并入当年综合所得，以全年一次性奖金收入除以 12 个月得到的数额，按照按月换算后的综合所得税率表，确定适用税率和速算扣除数，单独计算纳税。计算公式为：

全年一次性奖金应纳税额 = 全年一次性奖金收入 × 适用税率 − 速算扣除数

居民个人取得全年一次性奖金，也可以选择并入当年综合所得计算纳税。

自 2028 年 1 月 1 日起，居民个人取得全年一次性奖金，应并入当年综合所得计算缴纳个人所得税。

11.7.2 经营所得应纳税额的计算

经营所得应纳税额的计算公式如下：

经营所得应纳税额 = 应纳税所得额 × 适用税率 − 速算扣除数
= (全年收入总额 − 成本、费用、税金、损失、其他支出及以前年度亏损) × 适用税率 − 速算扣除数

11.7.3 利息、股息、红利所得应纳税额的计算

利息、股息、红利所得应纳税额的计算公式如下：

利息、股息、红利所得应纳税额 = 应纳税所得额 × 适用税率
= 每次收入额 × 适用税率

11.7.4 财产租赁所得应纳税额的计算

（1）每次（月）收入不足 4 000 元的，计算公式如下：

财产租赁所得应纳税额 =[每次（月）收入额 − 财产租赁过程中缴纳的税费 − 由纳税人负担的租赁财产实际开支的修缮费用

（800 元为限）−800］×20%

（2）每次（月）收入在 4 000 元以上的，计算公式如下：

财产租赁所得应纳税额 =［每次（月）收入额 − 财产租赁过程中缴纳的税费 − 由纳税人负担的租赁财产实际开支的修缮费用（800 元为限）］×（1−20%）×20%

11.7.5 财产转让所得应纳税额的计算

财产转让所得应按照一次转让财产的收入额减除财产原值和合理费用后的余额计算纳税。计算公式为：

财产转让所得应纳税额 = 应纳税所得额 × 适用税率

= (收入总额 − 财产原值 − 合理费用）×20%

11.7.6 偶然所得应纳税额的计算

偶然所得应纳税额的计算公式如下：

应纳税额 = 应纳税所得额 × 适用税率 = 每次收入额 ×20%

11.8 纳税期限

关于个人所得税的纳税期限的具体规定，请扫描“个人所得税政策深入解读”二维码查看。

11.9 纳税地点

（1）需要办理汇算清缴的纳税人，向任职、受雇单位所在地主管税务机关办理纳税申报。

（2）纳税人有两处以上任职、受雇单位的，选择向其中一处任职、受雇单位所在地主管税务机关纳税申报。

（3）纳税人没有任职、受雇单位的，向户籍所在地或经常居住地主管税务机关办理纳税申报。

（4）纳税人取得经营所得，向经营管理所在地主管税务机关办理预缴纳税申报和汇算清缴；从两处以上取得经营所得的，选择向其中一处经营管理所在地主管税务机关办理年度汇总申报。

11.10 会计核算

个人所得税通过“应交税费——应交个人所得税”科目核算。

11.10.1 代扣代缴个人所得税的账务处理

（1）工资、薪金所得个人所得税的账务处理。

1）企业在向职工支付工资、薪金并按规定代扣、预扣职工的个人所得税时：

借：应付职工薪酬——短期薪酬——职工工资

　贷：银行存款 / 库存现金

　　　应交税费——应交个人所得税

2）实际缴纳代扣、预扣的个人所得税时：

借：应交税费——应交个人所得税

　贷：银行存款

（2）劳务报酬所得、稿酬所得、特许权使用费所得个人所得税的账务处理。

1）企业在支付劳务报酬所得、稿酬所得、特许权使用费所得并代扣代缴个人所得税时：

借：生产成本 / 管理费用 / 销售费用等

　贷：银行存款 / 库存现金

　　　应交税费——应交个人所得税

2）实际缴纳代扣的个人所得税时：

借：应交税费——应交个人所得税

　贷：银行存款

（3）利息、股息、红利所得，财产租赁所得和偶然所得等个人所得税的账务处理。

1）企业向个人支付利息。

企业向个人支付利息并代扣个人所得税时：

借：财务费用

　贷：银行存款 / 库存现金

　　　应交税费——应交个人所得税

企业实际缴纳代扣的个人所得税时：

借：应交税费——应交个人所得税

　贷：银行存款

2）企业向个人支付股息、红利。

股份公司向个人支付股利并代扣个人所得税时：

借：应付股利

　贷：银行存款 / 库存现金

　　　应交税费——应交个人所得税

企业实际缴纳代扣的个人所得税时：

借：应交税费——应交个人所得税

　贷：银行存款

3）企业支付财产租赁所得、偶然所得。

企业支付财产租赁所得、偶然所得并代扣个人所得税时：

借：生产成本 / 管理费用 / 销售费用 / 营业外支出等

贷：银行存款 / 库存现金

应交税费——应交个人所得税

企业实际缴纳代扣的个人所得税时：

借：应交税费——应交个人所得税

贷：银行存款

（4）财产转让所得个人所得税的账务处理。

1）企业向个人购买财产并代扣个人所得税时：

借：固定资产 / 无形资产 / 原材料等

贷：银行存款 / 库存现金

应交税费——应交个人所得税

2）企业实际缴纳代扣的个人所得税时：

借：应交税费——应交个人所得税

贷：银行存款

11.10.2 自行申报个人所得税的账务处理

纳税人取得经营所得，按年计算个人所得税，由纳税人在月度或者季度终了后15日内向税务机关报送个人所得税纳税申报表，并预缴税款；在取得所得的次年的3月31日前办理汇算清缴。

（1）纳税人每月（季度）预缴所得税的账务处理。

1）计提预缴的个人所得税时：

借：留存利润

贷：应交税费——应交个人所得税

2）实际缴纳预缴的个人所得税时：

借：应交税费——应交个人所得税

贷：银行存款

（2）年度终了，汇算清缴个人所得税的账务处理。

1）计算出需要补缴的个人所得税时：

借：以前年度损益调整

贷：应交税费——应交个人所得税

2）实际缴纳应补缴的个人所得税时：

借：应交税费——应交个人所得税

贷：银行存款

如果计算出的全年实际应缴纳的个人所得税超过了全年预缴的个人所得税，则需要税务机关退回多缴的个人所得税，会计分录与补缴税款的分录相反，此处不再赘述。

11.11 纳税申报

11.11.1 自行申报纳税

有下列情形之一的，纳税人应当依法办理纳税申报：

（1）取得综合所得需要办理汇算清缴；

（2）取得应税所得没有扣缴义务人；

（3）取得应税所得，扣缴义务人未扣缴税款；

（4）取得境外所得；

（5）因移居境外注销中国户籍；

（6）非居民个人在中国境内从两处以上取得工资、薪金所得。

11.11.2 代扣代缴

纳税人取得综合所得，扣缴义务人应为纳税人预扣预缴税款，年度终了，纳税人再进行汇算清缴，纳税人取得综合所得之外的其他所得，扣缴义务人应按规定进行代扣代缴税款。

即测即评

扫一扫 做一做

12 项目任务 12

企业所得税

企业所得税是对企业和其他取得收入的组织生产经营所得和其他所得征收的一种所得税。

企业所得税政策深入解读

12.1 纳税人与征税对象

在中华人民共和国境内，企业和其他取得收入的组织（以下统称企业）为企业所得税的纳税人，依照我国《企业所得税法》的规定缴纳企业所得税。依照中国法律、行政法规成立的个人独资企业、合伙企业，不属于企业所得税纳税人，不缴纳企业所得税。

企业所得税采取收入来源地管辖权和居民管辖权相结合的双重管辖权，把企业分为居民企业和非居民企业。关于居民企业和非居民企业的判定标准与征税对象的具体规定，请扫描“企业所得税政策深入解读”二维码查看。

12.2 所得来源地

关于所得来源地的确定原则，请扫描“企业所得税政策深入解读”二维码查看。

12.3 纳税义务发生时间

企业所得税按月或按季预缴，年度汇算清缴。企业所得税需要从收入确认时间和扣除项目原则两个方面确定纳税义务发生时间。

12.3.1 收入确认时间

关于收入确认时间的具体规定，请扫描“企业所得税政策深入解读”二维码查看。

12.3.2 扣除项目原则

企业申报的扣除项目和金额要真实、合法。真实，是指能提供有关支出确属已经实际发生的证明；合法，是指符合国家税法的规定，若其他法规规定与税收法规规定不一致，应以税收法规的规定为标准。除税收法规另有规定外，税前扣除一般应遵循以下原则：权责发生制原则、配比原则、相关性原则、确定性原则和合理性原则。

12.4 税率

企业所得税实行比例税率，基本税率为25%，优惠税率为15%和20%，预提所得税税率为20%。关于企业所得税税率的全面解析，请扫描“企业所得税政策深入解读”二维码查看。

12.5 计税依据

企业所得税的计税依据是应纳税所得额。在实际工作中，应纳税所得额的计算有两种方法。

（1）直接法计算法：

应纳税所得额＝收入总额－不征税收入－免税收入－各项扣除－允许弥补的以前年度亏损

（2）间接法计算法：

应纳税所得额＝会计利润总额＋纳税调整增加额－纳税调整减少额

12.5.1 收入总额

企业收入总额是指以货币形式和非货币形式从各种来源取得的收入。企业收入总额包括：销售货物收入，提供劳务收入，转让财产收入，股息、红利等权益性投资收益，利息收入，租金收入，特许权使用费收入，接受捐赠收入和其他收入。

12.5.2 不征税收入

（1）财政拨款。

（2）依法收取并纳入财政管理的行政事业性收费、政府性基金。

（3）国务院规定的其他不征税收入。国务院规定的其他不征税收入是指企业取得的，由国务院财政、税务主管部门规定专项用途并经国务院批准的财政性资金。县级以上人民政府将国有资产无偿划入企业，凡指定专门用途并按规定进行管理的，企业可作为不征税收入进行企业所得税处理。其中，该项资产若属于非货币性资产，则应按政府确定的接收价值计算不征税收入。

12.5.3 税前扣除的项目

企业所得税前扣除的项目包括成本、费用、税金、损失和其他支出。关于税前扣除方法的介绍，请扫描“企业所得税政策深入解读”二维码查看 。

12.5.4 扣除标准

12.5.4.1 工资薪金

企业发生的合理的工资、薪金支出，准予扣除。

12.5.4.2 三项经费

（1）企业发生的职工福利费支出，不超过工资薪金总额14%的部分，准予扣除。

（2）企业拨缴的工会经费，不超过工资薪金总额2%的部分，准予扣除。

（3）企业发生的职工教育经费支出，不超过工资薪金总额8%的部分，准予在计算企业所得税应纳税所得额时扣除；超过部分，准予在以后纳税年度结转扣除。

关于工资薪金及三项经费税前扣除标准的规定，请扫描“企业所得税政策深入解读”二维码查看。

12.5.4.3 保险费

（1）企业依照国务院有关主管部门或者省级人民政府规定的范围和标准为职工缴纳的基本养老保险费、基本医疗保险费、失业保险费、工伤保险费等基本社会保险费和住房公积金，准予扣除。

（2）企业根据国家有关政策规定，为在本企业任职或者受雇的全体员工支付的补充养老保险费、补充医疗保险费，分别在不超过职工工资总额5%标准内的部分，在计算应纳税所得额时准予扣除；超过的部分，不予扣除。

关于保险费税前扣除标准的规定，请扫描“企业所得税政策深入解读”二维码查看。

12.5.4.4 借款费用

（1）企业在生产经营活动中发生的合理的不需要资本化的借款费用，准予扣除。

（2）企业为购置、建造固定资产、无形资产和经过12个月以上的建造才能达到预定可销售状态的存货发生借款的，在有关资产购置、建造期间发生的合理的借款费用，应当作为资本性支出计入有关资产的成本，并依照《企业所得税法实施条例》的有关规定扣除。

关于借款费用税前扣除的规定，请扫描“企业所得税政策深入解读”二维码查看。

12.5.4.5 利息费用

企业在生产经营活动中发生的下列利息支出，准予扣除：

（1）非金融企业向金融企业借款的利息支出、金融企业的各项存款利息支出和同业拆借利息支出、企业经批准发行债券的利息支出可据实扣除。

（2）非金融企业向非金融企业借款的利息支出，不超过按照金融企业同期同类贷款利率计算的数额的部分可据实扣除，超过部分不许扣除。

（3）企业向除股东或其他与企业有关联关系的自然人以外的内部职工或其他人员借款的利息支出，其借款情况同时符合以下条件的，其利息支出在不超过按照金融企业同期同类贷款利率计算的数额的部分，准予扣除。

1）企业与个人之间的借贷是真实、合法、有效的，并且不具有非法集资目的或其他违反法律、法规的行为；

2）企业与个人之间签订了借款合同。

关于利息费用税前扣除的规定，请扫描“企业所得税政策深入解读”二维码查看。

12.5.4.6 汇兑损失

企业在货币交易中，以及纳税年度终了时将人民币以外的货币性资产、负债按照期末即期人民币汇率中间价折算为人民币时产生的汇兑损失，除已经计入有关资产成本以及与向所有者进行利润分配相关的部分外，准予扣除。

12.5.4.7 公益性捐赠

公益性捐赠，是指企业通过公益性社会组织或者县级以上人民政府及其部门，用于符合法律规定的慈善活动、公益事业的捐赠。

企业当年发生以及以前年度结转的公益性捐赠支出，不超过年度利润总额 12% 的部分，在计算应纳税所得额时准予扣除；超过年度利润总额 12% 的部分，准予结转以后 3 年内在计算应纳税所得额时扣除。企业在对公益性捐赠支出计算扣除时，应先扣除以前年度结转的捐赠支出，再扣除当年发生的捐赠支出。年度利润总额，是指企业依照国家统一会计制度的规定计算的年度会计利润。公益性捐赠具体范围包括：

（1）救助灾害、救济贫困、扶助残疾人等困难的社会群体和个人的活动；

（2）教育、科学、文化、卫生、体育事业；

（3）环境保护、社会公共设施建设；

（4）促进社会发展和进步的其他社会公共和福利事业。

关于捐赠支出税前扣除的规定，请扫描“企业所得税政策深入解读’二维码查看。

12.5.4.8 业务招待费

企业发生的与生产经营活动有关的业务招待费支出，按照发生额的 60% 扣除，但最高不得超过当年销售（营业）收入的 5‰。

企业在筹建期间，发生的与筹办活动有关的业务招待费支出，可按实际发生额的 60% 计入企业筹办费，并按有关规定在税前扣除。

对从事股权投资业务的企业（包括集团公司总部、创业投资企业等），其从被投资企业所分配的股息、红利以及股权转让收入，可以按规定的比例计算业务招待费扣除限额。

关于业务招待费税前扣除的规定，请扫描“企业所得税政策深入解读”二维码查看。

12.5.4.9 广告费和业务宣传费

企业发生的符合条件的广告费和业务宣传费支出，除国务院财政、税务主管部门另有规定外，不超过当年销售（营业）收入 15% 的部分，准予扣除；超过部分，准予在以后纳税年度结转扣除。企业在筹建期间，发生的广告费和业务宣传费，可按实际发生额计入企业筹办费，并按有关规定在税前扣除。

自 2021 年 1 月 1 日至 2025 年 12 月 31 日，对化妆品制造或销售、医药制造和饮料制造（不含酒类制造）企业发生的广告费和业务宣传费支出，不超过当年销售（营业）收入 30% 的部分，准予扣除；超过部分，准予在以后纳税年度结转扣除。

烟草企业的烟草广告费和业务宣传费支出，一律不得在计算应纳税所得额时扣除。

关于广告费和业务宣传费税前扣除的规定，请扫描“企业所得税政策深入解读”二维码查看。

12.5.4.10 环境保护专项资金

企业依照法律、行政法规有关规定提取的用于环境保护、生态恢复等方面的专项资金，准予扣除。上述专项资金提取后改变用途的，不得扣除。

12.5.4.11 租赁费

企业根据生产经营活动的需要租入固定资产支付的租赁费，按照以下方法扣除：

（1）以经营租赁方式租入固定资产发生的租赁费支出，按照租赁期限均匀扣除。经营租赁是指所有权不转移的租赁。

（2）以融资租赁方式租入固定资产发生的租赁费支出，按照规定构成融资租入固定资产价值的部分，应当提取折旧费用分期扣除。融资租赁是指在实质上转移与一项资产所有权有关的全部风险和报酬的一种租赁。

关于租赁费税前扣除的规定，请扫描“企业所得税政策深入解读”二维码查看。

12.5.4.12 劳动保护费

企业发生的合理的劳动保护支出，准予扣除。

12.5.4.13 有关资产的费用

企业转让各类固定资产发生的费用，准予扣除。企业按规定计算的固定资产折旧费、无形资产和递延资产的摊销费，准予扣除。

12.5.4.14 总机构分摊的费用

非居民企业在中国境内设立的机构、场所，就其中国境外总机构发生的与该机构、场所生产经营有关的费用，能够提供总机构出具的费用汇集范围、定额、分配依据和方法等证明文件，并合理分摊的，准予扣除。

12.5.4.15 其他项目

依照有关法律、行政法规和国家有关税法规定准予扣除的其他项目。如会员费、合理的会议费、差旅费、违约金、诉讼费用等。

12.5.5 不得扣除项目

在计算应纳税所得额时，下列支出不得扣除：

（1）向投资者支付的股息、红利等权益性投资收益款项。

（2）企业所得税税款。

（3）税收滞纳金，具体是指纳税人违反税收法规，被税务机关处以的滞纳金。

（4）罚金、罚款和被没收财物的损失，是指纳税人违反国家有关法律、法规规定，被有关部门处以的罚款，以及被司法机关处以的罚金和被没收的财物。

（5）超过规定标准的捐赠支出。

（6）赞助支出，具体是指企业发生的与生产经营活动无关的各种非广告性质支出。

（7）未经核定的准备金支出，具体是指不符合国务院财政、税务主管部门规定的各项资产减值准备、风险准备等准备金支出。

（8）企业之间支付的管理费、企业内营业机构之间支付的租金和特许权使用费，以及非银行企业内营业机构之间支付的利息。

（9）与取得收入无关的其他支出。

12.5.6 亏损弥补

亏损，是指企业将每一纳税年度的收入总额减除不征税收入、免税收入和各项扣除后小于零的数额。

企业某一纳税年度发生的亏损可以用下一年度的所得弥补，下一年度的所得不足以弥补的，可以逐年延续弥补，但最长不得超过5年。企业在汇总计算缴纳企业所得税时，其境外营业机构的亏损不得抵减境内营业机构的盈利。

自 2018 年 1 月 1 日起，当年具备高新技术企业或科技型中小企业资格的企业，其具备资格年度之前 5 个年度发生的尚未弥补完的亏损，准予结转以后年度弥补，最长结转年限由 5 年延长至 10 年。

关于企业亏损的弥补方法介绍，请扫描“企业所得税政策深入解读”二维码查看。

12.5.7 非居民企业的应纳税所得额

在中国境内未设立机构、场所的，或者虽设立机构、场所但取得的所得与其所设机构、场所没有实际联系的非居民企业，其取得的来源于中国境内的所得，按照下列方法计算其应纳税所得额：

（1）股息、红利等权益性投资收益和利息、租金、特许权使用费所得，以收入全额为应纳税所得额。

（2）转让财产所得，以收入全额减除财产净值后的余额为应纳税所得额。财产净值，是指有关资产、财产的计税基础减除已经按照规定扣除的折旧、折耗、摊销、准备金等后的余额。

（3）其他所得，参照前两项规定的方法计算应纳税所得额。

12.6 资产的税务处理

12.6.1 固定资产

12.6.1.1 固定资产的定义

固定资产，是指企业为生产产品、提供劳务、出租或者经营管理而持有的、使用时间超过 12 个月的非货币性资产，包括房屋、建筑物、机器、机械、运输工具以及其他与生产经营活动有关的设备、器具、工具等。

12.6.1.2 不得计算折旧扣除的固定资产

在计算应纳税所得额时，企业按照规定计算的固定资产折旧，准予扣除。下列固定资产不得计算折旧扣除：

（1）房屋、建筑物以外未投入使用的固定资产；

（2）以经营租赁方式租入的固定资产；

（3）以融资租赁方式租出的固定资产；

（4）已足额提取折旧仍继续使用的固定资产；

（5）与经营活动无关的固定资产；

（6）单独估价作为固定资产入账的土地；

（7）其他不得计算折旧扣除的固定资产。

12.6.1.3 固定资产计税基础的确定

固定资产按照以下方法确定计税基础：

（1）外购的固定资产，以购买价款和支付的相关税费以及直接归属于使该资产达到预定用途发生的其他支出为计税基础；

（2）自行建造的固定资产，以竣工结算前发生的支出为计税基础；

（3）融资租入的固定资产，以租赁合同约定的付款总额和承租人在签订租赁合同过程中发生的相关费用为计税基础，租赁合同未约定付款总额的，以该资产的公允价值和承租人在签订租赁合同过程中发生的相关费用为计税基础；

（4）盘盈的固定资产，以同类固定资产的重置完全价值为计税基础；

（5）通过捐赠、投资、非货币性资产交换、债务重组等方式取得的固定资产，以该资产的公允价值和支付的相关税费为计税基础；

（6）改建的固定资产，除法定的支出外，以改建过程中发生的改建支出增加计税基础。

12.6.1.4 固定资产折旧的计算方法

固定资产按照直线法计算的折旧，准予扣除。企业应当自固定资产投入使用月份的次月起计算折旧；停止使用的固定资产，应当自停止使用月份的次月起停止计算折旧，企业应当根据固定资产的性质和使用情况，合理确定固定资产的预计净残值。固定资产的预计净残值一经确定，不得变更。

12.6.1.5 固定资产计算折旧的最低年限

除国务院财政、税务主管部门另有规定外，固定资产计算折旧的最低年限如下：

（1）房屋、建筑物，为20年；

（2）飞机、火车、轮船、机器、机械和其他生产设备，为10年；

（3）与生产经营活动有关的器具、工具、家具等，为5年；

（4）飞机、火车、轮船以外的运输工具，为4年；

（5）电子设备，为3年。

关于固定资产税务处理的规定，请扫描“企业所得税政策深入解读”二维码查看。

12.6.2 生产性生物资产

12.6.2.1 生产性生物资产的定义

生产性生物资产，是指企业为生产农产品、提供劳务或者出租等而持有的生物资产，包括经济林、薪炭林、产畜和役畜等。

12.6.2.2 生产性生物资产计税基础的确定

生产性生物资产按照以下方法确定计税基础：

（1）外购的生产性生物资产，以购买价款和支付的相关税费为计税基础；

（2）通过捐赠、投资、非货币性资产交换、债务重组等方式取得的生产性生物资产，以该资产的公允价值和支付的相关税费为计税基础。

12.6.2.3 生产性生物资产折旧的计算方法

生产性生物资产按照直线法计算的折旧，准予扣除。企业应当自生产性生物资产投入使用月份的次月起计算折旧；停止使用的生产性生物资产，应当自停止使用月份的次月起停止计算折旧。企业应当根据生产性生物资产的性质和使用情况，合理确定生产性生物资产的预计净残值。生产性生物资产的预计净残值一经确定，不得变更。

12.6.2.4 生产性生物资产计算折旧的最低年限

生产性生物资产计算折旧的最低年限如下：

（1）林木类生产性生物资产，为10年；

（2）畜类生产性生物资产，为3年。

关于生产性生物资产税务处理的规定，请扫描“企业所得税政策深入解读”二维码查看。

12.6.3 无形资产

12.6.3.1 无形资产的定义

无形资产，是指企业为生产产品、提供劳务、出租或者经营管理而持有的、没有实物形态的非货币性长期资产，包括专利权、商标权、著作权、土地使用权、非专利技术、商誉等。

12.6.3.2 不得计算摊销费用扣除的无形资产

在计算应纳税所得额时，企业按照规定计算的无形资产摊销费用，准予扣除。下列无形资产不得计算摊销费用扣除：

（1）自行开发的支出已在计算应纳税所得额时扣除的无形资产；

（2）自创商誉；

（3）与经营活动无关的无形资产；

（4）其他不得计算摊销费用扣除的无形资产。

关于无形资产税务处理的规定，请扫描“企业所得税政策深入解读”二维码查看。

12.6.4 长期待摊费用

12.6.4.1 长期待摊费用的定义

长期待摊费用，是指企业发生的应在1个年度以上进行摊销的费用。

12.6.4.2 长期待摊费用的扣除

在计算应纳税所得额时，企业发生的下列支出作为长期待摊费用，按照规定摊销的，准予扣除：

（1）已足额提取折旧的固定资产的改建支出，按照固定资产预计尚可使用年限分期摊销。

（2）租入固定资产的改建支出，按照合同约定的剩余租赁期限分期摊销。固定资产的改建支出，是指改变房屋或者建筑物结构、延长使用年限等发生的支出。改建的固定资产延长使用年限的，除前述规定外，应当适当延长折旧年限。

（3）固定资产的大修理支出，按照固定资产尚可使用年限分期摊销。固定资产的大修理支出，是指同时符合下列条件的支出：修理支出达到取得固定资产时的计税基础50%以上；修理后固定资产的使用年限延长2年以上。

（4）其他应当作为长期待摊费用的支出，自支出发生月份的次月起，分期摊销，摊销年限不得低于3年。

关于长期待摊费用税务处理的规定，请扫描“企业所得税政策深入解读”二维码查看。

12.6.5 投资资产

12.6.5.1 投资资产的定义

投资资产，是指企业对外进行权益性投资和债权性投资形成的资产。

12.6.5.2 投资资产成本的扣除

企业对外投资期间，投资资产的成本在计算应纳税所得额时不得扣除。企业在转让或者处置投资资产时，投资资产的成本准予扣除。

12.6.5.3 投资资产成本的确定

（1）通过支付现金方式取得的投资资产，以购买价款为成本；

（2）通过支付现金以外的方式取得的投资资产，以该资产的公允价值和支付的相关税费为成本。

关于投资资产税务处理的规定，请扫描“企业所得税政策深入解读”二维码查看。

12.6.6 存货

12.6.6.1 存货的定义

存货，是指企业持有以备出售的产品或者商品、处在生产过程中的在产品、在生产或者提供劳务过程中耗用的材料和物料等。

12.6.6.2 存货成本的确定

存货按照以下方法确定成本：

（1）通过支付现金方式取得的存货，以购买价款和支付的相关税费为成本；

（2）通过支付现金以外的方式取得的存货，以该存货的公允价值和支付的相关税费为成本；

（3）生产性生物资产收获的农产品，以产出或者采收过程中发生的材料费、人工费和分摊的间接费用等必要支出为成本。

12.6.6.3 存货成本的扣除及计算方法

企业使用或者销售存货，按照规定计算的存货成本，准予在计算应纳税所得额时扣除。企业使用或者销售的存货的成本计算方法，可以在先进先出法、加权平均法、个别计价法中选用一种。计价方法一经选用，不得随意变更。

关于存货税务处理的规定，请扫描“企业所得税政策深入解读”二维码查看。

12.7 税收优惠

12.7.1 免税收入

（1）国债利息收入。国债利息收入，是指企业持有国务院财政部门发行的国债取得的利息收入。

（2）符合条件的居民企业之间的股息、红利等权益性投资收益。符合条件的居民企业之间的股息、红利等权益性投资收益，是指居民企业直接投资于其他居民企业取得的投资收益。

（3）在中国境内设立机构、场所的非居民企业从居民企业取得与该机构、场所有实际联系的股息、红利等权益性投资收益。股息、红利等权益性投资收益，不包括连续持有居民企业公开发行并上市流通的股票不足 12 个月取得的投资收益。

（4）符合条件的非营利组织的收入。符合条件的非营利组织的收入，不包括非营利组织从事营利性活动取得的收入，但国务院财政、税务主管部门另有规定的除外。对非营利组织从事非营利性活动取得的收入给予免税，但对从事营利性活动取得的收入则要征税。

12.7.2 减、免税所得

（1）企业从事下列项目的所得，免征企业所得税：

1）蔬菜、谷物、薯类、油料、豆类、棉花、麻类、糖料、水果、坚果的种植；

2）农作物新品种的选育；

3）中药材的种植；

4）林木的培育和种植；

5）牲畜、家禽的饲养；

6）林产品的采集；

7）灌溉、农产品初加工、兽医、农技推广、农机作业和维修等农、林、牧、渔服务业项目；

8）远洋捕捞。

（2）企业从事下列项目的所得，减半征收企业所得税：

1）花卉、茶以及其他饮料作物和香料作物的种植；

2）海水养殖、内陆养殖。

（3）从事国家重点扶持的公共基础设施项目投资经营的所得。国家重点扶持的公共基础设施项目，是指《公共基础设施项目企业所得税优惠目录》规定的港口码头、机场、铁路、公路、城市公共交通、电力、水利等项目。企业从事上述国家重点扶持的公共基础设施项目的投资经营所得，自项目取得第 1 笔生产经营收入所属纳税年度起，第 1 年至第 3 年免征企业所得税，第 4 年至第 6 年减半征收企业所得税。

（4）从事符合条件的环境保护、节能节水项目的所得。符合条件的环境保护、节能节水项目，包括公共污水处理、公共垃圾处理、沼气综合开发利用、节能减排技术改造、海水淡化等。项目的具体条件和范围由国务院财政、税务主管部门会商国务院有关部门制定，报国务院批准后公布施行。企业从事上述规定的符合条件的环境保护、节能节水项目的所得，自项目取得第 1 笔生产经营收入所属纳税年度起，第 1 年至第 3 年免征企业所得税，第 4 年至第 6 年减半征收企业所得税。

（5）符合条件的技术转让所得。符合条件的技术转让所得免征、减征企业所得税，是指一个纳税年度内，居民企业技术转让所得不超过 500 万元的部分，免征企业所得税；超过 500 万元的部分，减半征收企业所得税。其计算公式为：

$$技术转让所得=技术转让收入-技术转让成本和相关税费$$

（6）非居民企业所得。非居民企业的下列所得可以免征企业所得税：

1）外国政府向中国政府提供贷款取得的利息所得。

2）国际金融组织向中国政府和居民企业提供优惠贷款取得的利息所得。

3）经国务院批准的其他所得。

12.7.3 不同类型企业税收优惠

（1）2027 年 12 月 31 日前，符合条件的小型微利企业，减按 25% 计入应纳税所得额，按 20% 税率缴纳企业所得税。

小型微利企业是指从事国家非限制和禁止行业，且同时符合年度应纳税所得额不超过 300 万元、从业人数不超过 300 人、资产总额不超过 5 000 万元 3 个条件的企业。

（2）国家需要重点扶持的高新技术企业，减按 15% 的税率征收企业所得税。

（3）自 2018 年 1 月 1 日起，对经认定的技术先进型服务企业（服务贸易类），减按 15% 的税率征收企业所得税。

（4）依法成立且符合条件的集成电路设计企业和软件企业，在 2019 年 12 月 31 日前自获利年度起计算优惠期，第一年至第二年免征企业所得税，第三年至第五年按照 25% 的法定税率减半征收企业所得税，并享受至期满为止。

12.7.4 加计扣除

企业的下列支出，可以在计算应纳税所得额时加计扣除：

（1）研究开发费用。研究开发费用的加计扣除，是指企业为开发新技术、新产品、新工艺发生的研究开发费用，未形成无形资产计入当期损益的，在按照规定据实扣除的基础上，按照研究开发费用的 100% 加计扣除；形成无形资产的，按照无形资产成本的 200% 摊销。

集成电路企业和工业母机企业开展研发活动中实际发生的研发费用，未形成无形资产计入当期损益的，在按规定据实扣除的基础上，在 2023 年 1 月 1 日至 2027 年 12 月 31 日期间，再按照实际发生额的 120% 在税前扣除；形成无形资产的，在上述期间按照无形资产成本的 220% 在税前摊销。

下列行业不适用税前加计扣除政策：烟草制造业；住宿和餐饮业；批发和零售业；房地产业；租赁和商务服务业；娱乐业；财政部和国家税务总局规定的其他行业。

（2）安置残疾人员及国家鼓励安置的其他就业人员所支付的工资。企业安置残疾人员所支付的工资的加计扣除，是指企业安置残疾人员的，在按照支付给残疾职工工资据实扣除的基础上，按照支付给残疾职工工资的 100% 加计扣除。企业安置国家鼓励安置的其他就业人员所支付的工资的加计扣除办法，由国务院另行规定。

12.7.5 应纳税所得额抵扣

创业投资企业采取股权投资方式投资于未上市的中小高新技术企业 2 年以上的，可以按照其投资额的 70% 在股权持有满 2 年的当年抵扣该创业投资企业的应纳税所得额；当年不足抵扣的，可以在以后纳税年度结转抵扣。

12.7.6 加速折旧

（1）企业的固定资产由于技术进步等原因，确需加速折旧的，可以缩短折旧年限或者采取加速折旧的方法。可以采取缩短折旧年限或者采取加速折旧的方法的固定资产，包括：由于技术进步，产品更新换代较快的固定资产；常年处于强震动、高腐蚀状态的固定资产。

（2）企业在 2018 年 1 月 1 日至 2027 年 12 月 31 日期间新购进（含自行建造）设备、器具，单位价值不超过 500 万元的固定资产，允许一次性扣除，不再分年度计算折旧。

12.7.7 减计收入

（1）企业以《资源综合利用企业所得税优惠目录》规定的资源作为主要原材料，生产国家非限制和禁止并符合国家和行业相关标准的产品取得的收入，减按 90% 计入收入总额。原材料占生产产品材料的比例不得低于优惠目录规定的标准。

（2）自 2019 年 6 月 1 日起至 2025 年 12 月 31 日，社区提供养老、托育、家政等服务的机构，提供社区养老、托育、家政服务取得的收入，在计算应纳税所得额时，减按 90% 计入收入总额。社区包括城市社区和农村社区。

12.7.8 应纳税额抵免

企业购置并实际使用《环境保护专用设备企业所得税优惠目录》《节能节水专用设备企业所得税优惠目录》《安全生产专用设备企业所得税优惠目录》规定的环境保护、节能节水、安全生产等专用设备的，该专用设备的投资额的 10% 可以从企业当年的应纳税额中抵免；当年不足抵免的，可以在以后 5 个纳税年度结转抵免。享受上述规定的企业所得税优惠的企业，应当实际购置并自身实际投入使用上述规定的专用设备；企业购置上述专用设备在 5 年内转让、出租的，应当停止享受企业所得税优惠，并补缴已经抵免的企业所得税税款。

12.7.9 西部地区的减免税

对设在西部地区、以《西部地区鼓励类产业目录》中新增鼓励类产业项目为主营业务，且其当年度主营业务收入占企业收入总额 70% 以上的企业，自 2014 年 10 月 1 日起，可减按 15% 税率缴纳企业所得税。

12.7.10 债券利息减免税

（1）对企业取得的 2012 年及以后年度发行的地方政府债券利息收入，免征企业所得税。

（2）对企业投资者持有 2024—2027 年发行的铁路债券取得的利息收入，减半征收企业所得税。

12.8 应纳税额的计算

企业所得税应纳税额的计算公式为：

应纳税额 = 应纳税所得额 × 适用税率 − 减免税额 − 抵免税额

12.9 纳税地点

12.9.1 居民企业的纳税地点

除税收法律、行政法规另有规定外，居民企业以企业登记注册地为纳税地点；但登记注册地在境外的，以实际管理机构所在地为纳税地点。

居民企业在中国境内设立不具有法人资格的营业机构的，应当汇总计算并缴纳企业所得税。除国务院另有规定外，企业之间不得合并缴纳企业所得税。

12.9.2 非居民企业的纳税地点

非居民企业在中国境内设立机构、场所的，以机构、场所所在地为纳税地点。非居民企业在中国境内设立2个或者2个以上机构、场所的，符合国务院税务主管部门规定条件的，可以选择由其主要机构、场所汇总缴纳企业所得税。

在中国境内未设立机构、场所的，或者虽设立机构、场所但取得的所得与其所设机构、场所没有实际联系的非居民企业，以扣缴义务人所在地为纳税地点。

12.10 纳税期限

（1）企业所得税按年计征，分月或者分季预缴，年终汇算清缴，多退少补。

（2）纳税年度。

1）纳税年度自公历1月1日起至12月31日止。

2）企业在一个纳税年度中间开业，或者终止经营活动，使该纳税年度的实际经营期不足12个月的，应当以其实际经营期为1个纳税年度。

3）企业依法清算时，应当以清算期间作为1个纳税年度。

（3）企业应当自月份或者季度终了之日起15日内，向税务机关报送预缴企业所得税纳税申报表，预缴税款。

（4）企业应当自年度终了之日起5个月内，向税务机关报送年度企业所得税纳税申报表，并汇算清缴，结清应缴应退税款。

（5）企业在纳税年度内无论是盈利还是亏损，都应当依照规定期限，向税务机关报送预缴企业所得税纳税申报表、年度企业所得税纳税申报表、财务会计报告和税务机关规定应当报送的其他有关资料。

（6）企业在年度中间终止经营活动的，应当自实际经营终止之日起60日内，向税务机关办理当期企业所得税汇算清缴。

12.11 会计核算

企业所得税会计的核算方法包括应付税款法和纳税影响会计法。其中，纳税影响会计法包括递延法和债务法，债务法又包括利润表债务法和资产负债表债务法。

12.11.1 应付税款法

采用应付税款法，将本期税前会计利润与纳税所得之间的差异造成的影响纳税的金额直接计入当期损益，而不递延到以后各期。在应付税款法下，企业应按照税法规定对税前会计利润进行调整，得出应纳税所得额，再按税法规定的税率计算出当期应缴的所得税，作为所得税费用直接计入当期损益。

12.11.1.1 会计科目

在采用应付税款法进行企业所得税会计核算时，需要设置“所得税费用”和“应交税费——应交企业所得税”科目。

12.11.1.2 账务处理

（1）企业每月或者每个季度预缴企业所得税时：

借：所得税费用

贷：应交税费——应交所得税

（2）实际预缴企业所得税时：

借：应交税费——应交所得税

贷：银行存款

（3）期末，将“所得税费用”科目借方余额作为费用转入“本年利润”科目：

借：本年利润

贷：所得税费用

（4）年末汇算清缴企业所得税时：

$$\text{全年应缴纳企业所得税税额}=\text{应纳税所得额}\times\text{适用税率}$$

$$\begin{matrix}\text{汇算清缴多退少补}\\\text{企业所得税税额}\end{matrix}=\begin{matrix}\text{全年应缴纳企业}\\\text{所得税税额}\end{matrix}-\begin{matrix}\text{全年按月（季）累计已预缴的}\\\text{企业所得税税额}\end{matrix}$$

借：所得税费用

贷：应交税费——应交所得税

实际上缴企业所得税时：

借：应交税费——应交所得税

贷：银行存款

12.11.2 资产负债表债务法

资产负债表债务法是指将资产负债表上列示的资产、负债按照《企业会计准则》规定确定的账面价值与按照税法规定确定的计税基础，对于两者之间的差额分别应纳税暂时性差异与可抵扣暂时性差异，确认相关的递延所得税负债和递延所得税资产，并在此基础上确定每一期间利润表中的所得税费用的方法。

12.11.2.1 会计科目

在采用资产负债表债务法进行所得税会计核算时，需要设置“所得税费用”“应交税费——应交企业所得税”“递延所得税资产”“递延所得税负债”科目。

递延所得税资产是指以未来期间很可能取得用来抵扣可抵扣暂时性差异的应纳税所得额为限确认的一项资产。递延所得税负债是指根据应纳税暂时性差异计算的未来期间应付所得税的金额。

递延所得税资产和递延所得税负债是和暂时性差异相对应的，可抵扣暂时性差异是将来可用来抵税的部分，是应该收回的资产，所以对应递延所得税资产；递延所得税负债是由应纳税暂时性差异产生的，是影响利润的暂时性差异，确认的递延所得税负债应该调整“所得税费用”科目。

12.11.2.2 账务处理

根据《企业会计准则》的规定，企业应设置“所得税费用”科目，核算企业所得税费用的确认及结转情况。企业计算确定的当期所得税和递延所得税之和，即从当期利润表中扣除的所得税费用。

所得税费用 = 当期所得税 + 递延所得税

（1）确认当期所得税的会计分录为：

借：所得税费用

贷：应交税费——应交所得税

（2）确认递延所得税的会计分录。

1）递延所得税资产增加的会计分录为：

借：递延所得税资产

贷：所得税费用

2）递延所得税资产减少的会计分录为：

借：所得税费用

贷：递延所得税资产

3）递延所得税负债增加的会计分录为：

借：所得税费用

贷：递延所得税负债

4）递延所得税负债减少的会计分录为：

借：递延所得税负债

贷：所得税费用

5）期末，将“所得税费用”科目的余额转入“本年利润”科目的会计分录为：

借：本年利润

贷：所得税费用

12.12 纳税申报

12.12.1 企业所得税年度纳税申报

进行企业所得税年度纳税申报，纳税人需要填写《中华人民共和国企业所得税年度纳税申报表（A类）》。

12.12.2 企业所得税月（季）度预缴纳税申报

进行企业所得税月（季）度预缴纳税申报，纳税人需要填写《中华人民共和国企业所得税月（季）度预缴纳税申报表（A类）》。

即测即评

扫一扫 做一做

参考文献

［1］财政部会计资格评价中心．经济法基础．北京：经济科学出版社，2024.

［2］财政部会计资格评价中心．初级会计实务．北京：经济科学出版社，2024.

［3］财政部会计资格评价中心．经济法基础历年真题精讲机考押题试卷．北京：经济科学出版社，2024.

［4］财政部会计资格评价中心．初级会计实务历年真题精讲机考押题试卷．北京：经济科学出版社，2024.

［5］中国注册会计师协会．税法．北京：中国财政经济出版社，2024.

［6］全国税务师职业资格考试教材编写组．税法：Ⅰ．北京：中国税务出版社，2024.

［7］全国税务师职业资格考试教材编写组．税法：Ⅱ．北京：中国税务出版社，2024.

［8］全国税务师职业资格考试教材编写组．涉税服务实务．北京：中国税务出版社，2024.

［9］1990年至2024年12月中华人民共和国相关财经、会计、税收等法律法规文件．

附　录

请登录财税实训平台（http：//cssx.rdlearning.cn）完成综合案例的会计处理和纳税申报，扫描以下二维码可获取相关表格和平台操作视频。

资源扫一扫

2024年北京经济管理职业学院优质教材遴选培育与建设

高等职业教育本科精品教材
新编21世纪高等职业教育精品教材·智慧财经系列

《企业纳税实训》综合案例答案

王玉娟　田春红　杜俊涛　周　丽　编著

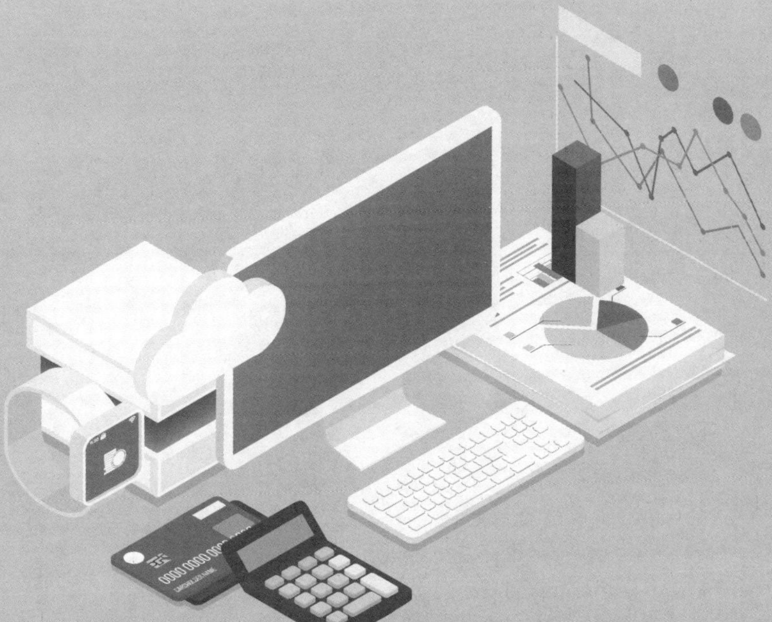

中国人民大学出版社
·北京·

目 录

服务业企业纳税实训案例 A 答案

服务业企业工作任务：增值税纳税实训

情境导航答案：与增值税相关的情境涉及“三、2024 年 12 月具体业务情况”中的业务 A－1、业务 A－2、业务 A－4～ 业务 A－6、业务 A－8。

引导问题 1 答案：根据 **1.1.1**，腾飞公司销售服务，因此腾飞公司是增值税的纳税人。

引导问题 2 答案：根据 **1.1.1**，腾飞公司年应税销售额为 1 459 223.30 元（其中 2024 年 1—11 月销售额 1 359 223.30 元，12 月销售额 100 000 元），小于 5 000 000 元，因此是增值税小规模纳税人。

引导问题 3 答案：根据 **1.2**，腾飞公司销售货物属于增值税的征税范围。

引导问题 4 答案：根据 **1.3**，腾飞公司采取直接收款方式进行销售，因此腾飞公司增值税的纳税义务发生时间为收到销售款的当天。

引导问题 5 答案：根据 **1.4.2.1**，腾飞公司为小规模纳税人，其销售服务属于一般应税行为，征收率为 3%。

引导问题 6 答案：根据 **1.6.2**，腾飞公司 12 月销售货物的增值税计税依据为不含税销售额 10 万元。（详见业务 A－1）

引导问题 7 答案：根据 **1.5.3**，腾飞公司 12 月享受增值税的税收优惠政策。即：自 2023 年 1 月 1 日至 2027 年 12 月 31 日，对月销售额 10 万元以下（含本数）的增值税小规模纳税人，免征增值税。腾飞公司 12 月免征增值税。

引导问题 8 答案：根据 **1.6**，腾飞公司 12 月免征增值税。（详见业务 A－1）

引导问题 9 答案：根据 **1.7**，腾飞公司应当向汉东市经济技术开发区主管税务机关申报缴纳增值税。

引导问题 10 答案：根据 **1.9.2**，腾飞公司 12 月增值税的会计处理如下：

1. 业务 A－1：

借：银行存款——工商银行汉东经开支行	101 000.00	
贷：主营业务收入		100 000.00
应交税费——应交增值税		1 000.00
借：应交税费——应交增值税	1 000.00	
贷：其他收益		1 000.00

2. 业务 A－2：

借：主营业务成本	50 000.00	
贷：银行存款——工商银行汉东经开支行		50 000.00

3. 业务 A－4：

借：管理费用——业务招待费	12 000.00	
贷：银行存款——工商银行汉东经开支行		12 000.00

4. 业务 A－5：

借：财务费用——手续费	150.00	
贷：银行存款——工商银行汉东经开支行		150.00

5. 业务 A－6：

借：销售费用——广告宣传费	30 000.00	

贷：银行存款——工商银行汉东经开支行 30 000.00

6. 业务 A－8：

借：应交税费——应交增值税 8 346.56

贷：银行存款——工商银行汉东经开支行 8 346.56

引导问题 11 答案：如表 A－22 所示。

服务业企业工作任务：城市维护建设税及附加纳税实训

情境导航答案：与城市维护建设税、教育费附加和地方教育附加相关的情境涉及“三、2024 年 12 月具体业务情况”中的业务 A－1、业务 A－2、业务 A－4～ 业务 A－6、业务 A－8。

引导问题 1 答案：根据 **3.1**，腾飞公司为在征税范围内从事工商经营，缴纳增值税的单位，是城市维护建设税的纳税人。

引导问题 2 答案：根据 **3.1**，腾飞公司为在征税范围内从事工商经营，缴纳增值税的单位，是教育费附加和地方教育附加的纳费人。

引导问题 3 答案：根据 **3.2**，腾飞公司在汉东市，属于城市维护建设税的征税范围。

引导问题 4 答案：根据 **3.2**，腾飞公司在汉东市，属于教育费附加和地方教育附加的征费范围。

引导问题 5 答案：根据 **3.3**，腾飞公司的城市维护建设税、教育费附加和地方教育附加纳税（费）发生时间与增值税的纳税义务发生时间一致。

引导问题 6 答案：根据 **3.4**，腾飞公司适用的城市维护建设税税率是 7%。

引导问题 7 答案：根据 **3.4**，腾飞公司适用的教育费附加的费率是 3%，腾飞公司适用的地方教育附加的费率是 2%。

引导问题 8 答案：根据 **3.5**，腾飞公司 12 月份城市维护建设税的计税依据是纳税人实际缴纳的增值税税额，即 0 元。

引导问题 9 答案：根据 **3.5**，腾飞公司 12 月份教育费附加和地方教育附加的计费依据是纳税人实际缴纳的增值税税额，即 0 元。

引导问题 10 答案：根据 **3.6**，腾飞公司为小规模纳税人，可以按 50% 减征城市维护建设税、教育费附加和地方教育附加。

引导问题 11 答案：根据 **3.7**，腾飞公司 12 月应缴纳的城市维护建设税为 0 元，因为第 4 季度缴纳的增值税为 0 元。

引导问题 12 答案：根据 **3.7**，腾飞公司 12 月应缴纳的教育费附加为 0 元，因为第 4 季度缴纳的增值税为 0 元。

引导问题 13 答案：根据 **3.7**，腾飞公司 12 月应缴纳的地方教育附加为 0 元，因为第 4 季度缴纳的增值税为 0 元。

引导问题 14 答案：根据 **3.8**，腾飞公司城市维护建设税、教育费附加和地方教育附加的纳税（费）地点为缴纳增值税的地点，即汉东市经济技术开发区主管税务机关。

引导问题 15 答案：根据 **3.9**，腾飞公司 12 月应缴纳的城市维护建设税、教育费附加和地方教育附加为 0 元，无须进行会计处理。

引导问题 16 答案：如表 A－23 所示。

服务业企业工作任务：印花税纳税实训

情境导航答案：与印花税相关的情境涉及“三、2024 年 12 月具体业务情况”中的业务 A－1、业务 A－2、业务 A－6 和业务 A－8。

引导问题 1 答案：根据 **6.1**，腾飞公司订立了具有法律效力的应税凭证，因此腾飞公司是印花税的纳税人。

引导问题 2 答案：根据 **6.2**，腾飞公司订立的货物购销合同属于买卖合同类印花税的征税范围，订立的电梯广告发布合同属于承揽合同类印花税的征税范围。

引导问题 3 答案：根据 **6.3**，腾飞公司印花税的纳税义务发生时间为订立应税凭证的当日。

引导问题 4 答案：根据 **6.4**，腾飞公司订立的货物购销合同和承揽合同适用的印花税税率均为 0.03%。

引导问题 5 答案：根据 **6.5**，腾飞公司印花税的计税依据为购销合同的购销金额（不含增值税）和电梯广告发布合同的金额（含增值税，因为合同未注明不含税金额），即 100 000+49 504.95+30 000=179 504.95（元）(详见业务 A－1、业务 A－2 和业务 A－6)。

引导问题 6 答案：根据 **6.6**，腾飞公司为小规模纳税人，可以按 50% 减征印花税。

引导问题 7 答案：根据 **6.7**，腾飞公司 12 月应缴纳的印花税为：计税依据 × 适用税率 × 减征比例 = 179 504.95 × 0.03% × 50%=26.93（元）。

引导问题 8 答案：根据 **6.8**，腾飞公司应当向汉东市经开区的主管税务机关申报缴纳印花税。

引导问题 9 答案：根据 **6.10**，腾飞公司 12 月印花税的会计处理如下：

1. 业务 A－1、业务 A－2、业务 A－6：

借：税金及附加　　26.93

　贷：应交税费——应交印花税　　26.93

2. 业务 A－8：

借：应交税费——应交印花税　　42.33

　贷：银行存款——工商银行汉东经开支行　　42.33

引导问题 10 答案：如表 A－24～ 表 A－26 所示。

服务业企业工作任务：个人所得税纳税实训

情境导航答案：与个人所得税相关的情境涉及“三、2024 年 12 月具体业务情况”中的业务 A－3、业务 A－8 和“二、2024 年 1—11 月相关涉税信息”中的表 A－9。

引导问题 1 答案：根据 **11.1**，腾飞公司的员工为居民个人，居民个人从中国境内和境外取得的所得，依照法律规定缴纳个人所得税，因此腾飞公司的员工是个人所得税的纳税人。

引导问题 2 答案：根据 **11.2**，腾飞公司员工所得有工资、薪金所得和劳务报酬所得，属于个人所得税的征税范围。

引导问题 3 答案：根据 **11.3**，腾飞公司员工个人所得税的纳税义务发生时间为：实行按次计征的所得有劳务报酬所得，按月计征个人所得税的有工资、薪金所得。

引导问题 4 答案：根据 **11.5**，腾飞公司 2024 年度预扣预缴个人所得税的计税依据为每一个纳税人在腾飞公司取得的应纳税所得额，其计算公式为：纳税年度的收入额 – 基本费用（60 000）– 专项扣除 – 专项附加扣除。腾飞公司预扣预缴个人所得税的计税依据的计算过程如表 A－14 所示。

表 A－14　全年预扣预缴个人所得税应纳税所得额计算表

金额单位：元

姓名	纳税年度的收入额 ①=1—11 月工资 +12 月工资	基本费用 ②	专项扣除③=1—11 月专项扣除 +12 月专项扣除	专项附加扣除 ④=1—11 月专项附加扣除 +12 月专项附加扣除	应纳税所得额 ⑤=①－②－③－④（小于 0，填 0）
张腾飞	224 400+18 000=242 400	60 000	40 205+3 655=43 860	（4 000+1 500+1 000）× 12=78 000	242 400–60 000–43 860–78 000=60 540
王晓	57 750+5 300=63 050	60 000	11 825+1 075=12 900	0	63 050–60 000–12 900–0 ＜ 0

续表

姓名	纳税年度的收入额①=1—11月工资+12月工资	基本费用②	专项扣除③=1—11月专项扣除+12月专项扣除	专项附加扣除④=1—11月专项附加扣除+12月专项附加扣除	应纳税所得额⑤=①-②-③-④（小于0，填0）
胡美丽	55 000+5 000=60 000	60 000	11 825+1 075=12 900	0	60 000–60 000–12 900–0＜0
张波	57 750+5 300=63 050	60 000	11 825+1 075=12 900	0	63 050–60 000–12 900–0＜0
李志强	60 500+5 500=66 000	60 000	11 825+1 075=12 900	0	66 000–60 000–12 900–0＜0

注：纳税年度的收入额、专项扣除和专项附加扣除的数据来源于表 A－9～ 表 A－11。

引导问题 5 答案：根据 **11.4**，员工张腾飞在腾飞公司全年应纳税所得额为 60 540 元，税率为 10%，速算扣除数为 2 520 元。其他员工全年应纳税所得额减去基本费用后小于 0，不需要预扣预缴个人所得税。

引导问题 6 答案：根据 **11.6**，腾飞公司员工不享受个人所得税的税收优惠政策。

引导问题 7 答案：根据 **11.7**，腾飞公司预扣预缴员工全年个人所得税以及 12 月员工应缴纳个人所得税的计算过程如表 A－15 所示。

表 A－15　全年预扣预缴员工个人所得税计算表

金额单位：元

姓名	全年工资、薪金应纳税所得额①	税率②	速算扣除数③	全年工资、薪金应纳税额④=①×②-③	1—11月累计已预扣预缴个人所得税（详见表A-10）⑤	12月应预扣预缴员工个人所得税⑥=④-⑤
张腾飞	60 540	10%	2 520	60 540×10%–2 520=3 534	3 249.50	3 534–3 249.50=284.50
王晓						
胡美丽						
张波						
李志强						

引导问题 8 答案：根据 **11.7**，腾飞公司员工个人所得税汇算清缴时需考虑个人综合所得，即工资、薪金所得和劳务报酬所得。除张腾飞外，其他员工不需要办理个人所得税汇算清缴。张腾飞的综合所得汇算清缴计算过程如表 A－16 所示。

表 A－16　个人所得税汇算清缴计算表

金额单位：元

姓名	全年个人综合所得应纳税所得额①=全年工资、薪金应纳税所得额+全年劳务报酬应纳税所得额	税率②	速算扣除数③	全年个人综合所得应纳税额④=①×②-③	1—12月累计已缴个人所得税⑤	2023年度应补/退税额⑥=④-⑤
张腾飞	60 540+6 000×（1–20%）=65 340	10%	2 520	65 340×10%–2 520=4 014	3 534	4 014–3 534=480

引导问题 9 答案：根据 **11.9**，腾飞公司代扣代缴员工个人所得税的纳税地点为汉东市经济技术开发区主管税务机关。

引导问题 10 答案：根据 **11.10**，腾飞公司 12 月个人所得税相关会计处理如下：

1. 业务 A－3：（当月发放工资）

借：管理费用——工资薪金　5 000.00

　主营业务成本　34 100.00

　贷：应付职工薪酬——短期薪酬——职工工资　39 100.00

借：应付职工薪酬——短期薪酬——职工工资　39 100.00

　贷：银行存款——工商银行汉东经开支行　30 860.50

　　其他应付款　7 955.00

　　应交税费——应交个人所得税　284.50

2. 业务 A－8：（缴纳上月个人所得税）

借：应交税费——应交个人所得税　234.06

　贷：银行存款——工商银行汉东经开支行　234.06

引导问题 11 答案：如表 A－27～ 表 A－28 所示。

服务业企业工作任务：企业所得税纳税实训

情境导航答案：与企业所得税相关的情境涉及“二、2024 年 1—11 月相关涉税信息”中的表 A－1～ 表 A－7 及“三、2024 年 12 月具体业务情况”中的业务 A－1～ 业务 A－9。

引导问题 1 答案：根据 **12.1**，腾飞公司为取得收入的企业，为企业所得税的纳税人。

引导问题 2 答案：根据 **12.2**，腾飞公司为居民企业，应当就其来源于中国境内、境外的所得缴纳企业所得税，属于企业所得税的征税范围。

引导问题 3 答案：根据 **12.3**，腾飞公司企业所得税的纳税义务发生时间需要从收入实现日期和扣除原则两个方面确定。

引导问题 4 答案：腾飞公司 12 月与企业所得税相关业务的会计处理具体如下，科目余额表如表 A－17 所示：

1. 业务 A－3：

借：管理费用——社会保险费　1 350.00

　主营业务成本　8 640.00

　贷：应付职工薪酬——短期薪酬——社会保险费——医疗保险　3 700.00

　　——短期薪酬——社会保险费——工伤保险　185.00

　　——离职后福利——设定提存计划——基本养老保险　5 920.00

　　——离职后福利——设定提存计划——失业保险　185.00

借：管理费用——住房公积金　550.00

　主营业务成本　3 520.00

　贷：应付职工薪酬——短期薪酬——住房公积金　4 070.00

借：应付职工薪酬——短期薪酬——社会保险费——医疗保险　3 700.00

　——短期薪酬——社会保险费——工伤保险　185.00

　——离职后福利——设定提存计划——基本养老保险　5 920.00

　——离职后福利——设定提存计划——失业保险　185.00

　——短期薪酬——住房公积金　4 070.00

　其他应付款　7 955.00

　贷：银行存款——工商银行汉东经开支行　22 015.00

借：管理费用——工会经费　100.00

　主营业务成本　682.00

　贷：应付职工薪酬——短期薪酬——工会经费　782.00

借：应付职工薪酬——短期薪酬——工会经费　　782.00

　贷：银行存款——工商银行汉东经开支行　　782.00

2. 业务 A－5：

借：银行存款——工商银行汉东经开支行　　200.00

　贷：财务费用——利息收入　　200.00

3. 业务 A－7：

借：营业外支出　　10 000.00

　贷：银行存款——工商银行汉东经开支行　　10 000.00

4. 业务 A－9：

借：管理费用——折旧费　　210.18

　　主营业务成本　　38 214.51

　贷：累计折旧——机器设备　　12 333.37

　　　　　　——办公设备　　26 091.32

表 A－17　腾飞公司科目余额表

会计期间：2024.12.1—2024.12.31　　金额单位：元

科目编号	会计科目	期初余额	本期借方发生额	本期贷方发生额	期末余额	数据来源
1002	银行存款	775 964.75	101 200.00	164 931.25	712 233.50	
100201	工商银行汉东经开支行	775 964.75	101 200.00	164 931.25	712 233.50	
1405	库存商品					
1601	固定资产	3 205 772.29			3 205 772.29	
160101	机器设备	1 557 899.61			1 557 899.61	
160102	办公设备	1 647 872.68			1 647 872.68	
1602	累计折旧	851 622.21		38 424.69	890 046.90	
160201	机器设备	235 813.06		12 333.37	248 146.43	业务 A－9
160202	办公设备	615 809.15		26 091.32	641 900.47	业务 A－9
2202	应付账款					
2211	应付职工薪酬		53 942.00	53 942.00		业务 A－3
221101	短期薪酬		47 837.00	47 837.00		
22110101	职工工资		39 100.00	39 100.00		业务 A－3
22110102	社会保险费		3 885.00	3 885.00		
2211010201	医疗保险		3 700.00	3 700.00		业务 A－3
2211010202	工伤保险		185.00	185.00		业务 A－3
22110103	住房公积金		4 070.00	4 070.00		业务 A－3
22110104	职工福利费					
22110105	职工教育经费					
22110106	工会经费		782.00	782.00		业务 A－3
221102	离职后福利		6 105.00	6 105.00		
22110201	设定提存计划		6 105.00	6 105.00		
2211020101	基本养老保险		5 920.00	5 920.00		业务 A－3
2211020102	失业保险		185.00	185.00		业务 A－3
2221	应交税费	9 123.75	10 123.75	1 311.43	311.43	

续表

科目编号	会计科目	期初余额	本期借方发生额	本期贷方发生额	期末余额	数据来源
222101	应交增值税	8 346.56	9 346.56	1 000.00		业务 A－1 业务 A－8
222102	应交城市维护建设税	292.14	292.14			业务 A－8
222103	应交教育费附加	125.19	125.19			业务 A－8
222104	应交地方教育附加	83.47	83.47			业务 A－8
222105	应交个人所得税	234.06	234.06	284.50	284.50	业务 A－3 业务 A－8
222106	应交房产税					
222107	应交城镇土地使用税					
222108	应交印花税	42.33	42.33	26.93	26.93	业务 A－1 业务 A－2 业务 A－6 业务 A－8
222109	应交所得税					
2241	其他应付款		7 955.00	7 955.00		业务 A－3
4001	实收资本	3 000 000.00			3 000 000.00	
4101	盈余公积					
4104	未分配利润	120 991.08		–93 343.62	27 647.46	
6001	主营业务收入		100 000.00	100 000.00		业务 A－1
6117	其他收益		1 000.00	1 000.00		业务 A－1
6401	主营业务成本		135 156.51	135 156.51		业务 A－2
6403	税金及附加		26.93	26.93		
6601	销售费用		30 000.00	30 000.00		
660101	广告宣传费		30 000.00	30 000.00		业务 A－6
6602	管理费用		19 210.18	19 210.18		
660201	办公费					
660202	折旧费		210.18	210.18		业务 A－9
660203	业务招待费		12 000.00	12 000.00		业务 A－4
660204	工资薪金		5 000.00	5 000.00		业务 A－3
660205	社会保险费		1 350.00	1 350.00		业务 A－3
660206	住房公积金		550.00	550.00		业务 A－3
660207	职工福利费					
660208	职工教育经费					
660209	工会经费		100.00	100.00		业务 A－3
6603	财务费用		–50.00	–50.00		
660301	手续费		150.00	150.00		业务 A－5
660302	利息收入		–200.00	–200.00		业务 A－5
6711	营业外支出		10 000.00	10 000.00		业务 A－7
6801	所得税费用					

引导问题 5 答案：腾飞公司 2024 年度科目余额表如表 A－18 所示。

表 A－18　腾飞公司科目余额表

会计期间：2024.1.1—2024.12.31　　金额单位：元

科目编号	会计科目	期初余额	本期借方发生额	本期贷方发生额	期末余额
1002	银行存款	312 567.23	1 963 708.66	1 564 042.39	712 233.50
100201	工商银行汉东经开支行	312 567.23	1 963 708.66	1 564 042.39	712 233.50
1405	库存商品				
1601	固定资产	2 575 106.05	630 666.24		3 205 772.29
160101	机器设备	1 202 324.46	355 575.15		1 557 899.61
160102	办公设备	1 372 781.59	275 091.09		1 647 872.68
1602	累计折旧	457 157.54		432 889.36	890 046.90
160201	机器设备	114 220.82		133 925.61	248 146.43
160202	办公设备	342 936.72		298 963.75	641 900.47
2202	应付账款				
2211	应付职工薪酬		723 110.00	723 110.00	
221101	短期薪酬		649 850.00	649 850.00	
22110101	职工工资		494 500.00	494 500.00	
22110102	社会保险费		46 620.00	46 620.00	
2211010201	医疗保险		44 400.00	44 400.00	
2211010202	工伤保险		2 220.00	2 220.00	
22110103	住房公积金		48 840.00	48 840.00	
22110104	职工福利费		30 000.00	30 000.00	
22110105	职工教育经费		20 000.00	20 000.00	
22110106	工会经费		9 890.00	9 890.00	
221102	离职后福利		73 260.00	73 260.00	
22110201	设定提存计划		73 260.00	73 260.00	
2211020101	基本养老保险		71 040.00	71 040.00	
2211020102	失业保险		2 220.00	2 220.00	
2221	应交税费	8 325.56	33 616.77	25 602.64	311.43
222101	应交增值税	7 577.58	22 169.81	14 592.23	
222102	应交城市维护建设税	265.22	740.95	475.73	
222103	应交教育费附加	113.66	317.54	203.88	
222104	应交地方教育附加	75.78	211.70	135.92	
222105	应交个人所得税	220.19	3 469.69	3 534.00	284.50
222106	应交房产税				
222107	应交城镇土地使用税				
222108	应交印花税	73.13	339.13	292.93	26.93

续表

科目编号	会计科目	期初余额	本期借方发生额	本期贷方发生额	期末余额
222109	应交所得税		6 367.95	6 367.95	
2241	其他应付款		95 460.00	95 460.00	
4001	实收资本	2 500 000.00		500 000.00	3 000 000.00
4101	盈余公积				
4104	未分配利润	–77 809.82		105 457.28	27 647.46
6001	主营业务收入		1 459 223.30	1 459 223.30	
6117	其他收益		1 000.00	1 000.00	
6401	主营业务成本		1 085 531.29	1 085 531.29	
6403	税金及附加		1 108.46	1 108.46	
6601	销售费用		30 000.00	30 000.00	
660101	广告宣传费		30 000.00	30 000.00	
6602	管理费用		224 193.68	224 193.68	
660201	办公费		55 671.55	55 671.55	
660202	折旧费		2 522.13	2 522.13	
660203	业务招待费		32 000.00	32 000.00	
660204	工资薪金		60 000.00	60 000.00	
660205	社会保险费		16 200.00	16 200.00	
660206	住房公积金		6 600.00	6 600.00	
660207	职工福利费		30 000.00	30 000.00	
660208	职工教育经费		20 000.00	20 000.00	
660209	工会经费		1 200.00	1 200.00	
6603	财务费用		–1 335.36	–1 335.36	
660301	手续费		2 150.00	2 150.00	
660302	利息收入		–3 485.36	–3 485.36	
6711	营业外支出		10 000.00	10 000.00	
6801	所得税费用		6 367.95	6 367.95	

引导问题 6 答案：根据 **12.5**，腾飞公司 12 月的会计利润总额为 –93 343.62 元，如表 A－19 所示。

表 A－19　腾飞公司 12 月会计利润总额计算表

金额单位：元

项目	金额
一、营业收入	100 000.00
减：营业成本	135 156.51
税金及附加	26.93
销售费用	30 000.00
管理费用	19 210.18

续表

项目	金额
研发费用	
财务费用	–50.00
加：其他收益	1 000.00
投资收益	
公允价值变动收益	
资产减值损失	
二、营业利润	–83 343.62
加：营业外收入	
减：营业外支出	10 000.00
三、利润总额	–93 343.62

注：以上数据均来自“引导问题 4”编制的 12 月科目余额表所对应科目的本期发生额。

引导问题 7 答案：根据 **12.5**，腾飞公司第 4 季度预缴企业所得税的计税依据为 2024 年实际利润额 111 825.23 元，计算过程如表 A－20 所示。

表 A－20　腾飞公司第 4 季度预缴所得税计算表

金额单位：元

项目	金额	备注
一、1—11 月利润总额	205 168.85	详见表 A－4
二、12 月利润总额	–93 343.62	详见表 A－19
三、2024 年利润总额	111 825.23	
减：资产加速折旧		
免税收入、减计收入、加计扣除		
以前年度亏损	77 809.82	（–125 828.75–88 915.67+ 35 426.07+101 508.53）详见表 A－6
四、2024 年实际利润额	34 015.41	

引导问题 8 答案：根据 **12.7.3**，腾飞公司满足小型微利企业的条件，享受小型微利企业的企业所得税税收优惠政策。即：符合年应纳税所得额≤ 300 万元，从业人数≤ 300 人，资产总额≤ 5 000 万元条件的小型微利企业。

引导问题 9 答案：根据 **12.7.3**，腾飞公司属于小型微利企业，2024 年实际利润额为 34 015.41 元，因此减按 25% 计入应纳税所得额，按 20% 税率缴纳企业所得税。

引导问题 10 答案：腾飞公司第 4 季度应预缴的企业所得税 = 2024 年实际利润额 × 适用税率 – 第 1—3 季度已预缴企业所得税 =34 015.41 × 25% × 20%–6 367.95=–4 667.18（元），小于 0，因此第 4 季度无须预缴。

引导问题 11 答案：腾飞公司 2024 年度纳税调整额是 34 703.88 元，计算过程见表 A－21。

表 A－21　腾飞公司企业所得税纳税调整额计算表

金额单位：元

项目	实际发生额	税法允许扣除额	纳税调整额	政策依据	实际发生额数据来源
工资、薪金	494 500	494 500	0 （494 500–494 500）	12.5.4.1	表 A－18 应付职工薪酬——短期薪酬——职工工资

续表

项目	实际发生额	税法允许扣除额	纳税调整额	政策依据	实际发生额数据来源
福利费	30 000	69 230 （494 500 × 14%）	0 （30 000 ＜ 69 230）	12.5.4.1	表 A－18 管理费用——职工福利费
工会经费	9 890	9 890 （494 500 × 2%）	0 （9 890–9 890）	12.5.4.1	表 A－18 应付职工薪酬——短期薪酬——工会经费
职工教育经费	20 000	39 560 （494 500 × 8%）	0 （20 000 ＜ 39 560）	12.5.4.1	表 A－18 管理费用——职工教育经费
业务招待费	32 000	7 296.12 （32 000 × 60%=19 200，但不得超过 1 459 223.30 × 0.5%=7 296.12）	24 703.88 （32 000–7 296.12）	12.5.4.8	表 A－18 管理费用——业务招待费
广告费和业务宣传费	30 000	218 883.50 （1 459 223.30 × 15%）	0 （30 000 ＜ 218 883.50）	12.5.4.9	表 A－18 销售费用——广告宣传费
公益性捐赠	10 000	0	10 000 （10 000–0）	12.5.4.7	表 A－18 营业外支出
合计			34 703.88		

引导问题 12 答案：根据 **12.5**，2024 年度企业所得税汇算清缴的计税依据为应纳税所得额 = 会计利润总额 + 纳税调整增加额 – 弥补以前年度亏损 =111 825.23+34 703.88–77 809.82=68 719.29（元）。

引导问题 13 答案：根据 **12.8**，腾飞公司 2024 年度应纳企业所得税税额 = 应纳税所得额 × 适用税率 =68 719.29 × 25% × 20%= 3 435.96（元）。

引导问题 14 答案：腾飞公司 2024 年度应补（退）所得税税额 =2024 年度应纳企业所得税税额 – 本年累计实际已缴纳的所得税税额 =3 435.96–6 367.95 = −2 931.99(元)，腾飞公司 2024 年度应退企业所得税 2 931.99 元。

引导问题 15 答案：根据 **12.9**，腾飞公司企业所得税的纳税地点为汉东市经济技术开发区主管税务机关。

引导问题 16 答案：

（1）根据 12.11，腾飞公司第 4 季度预缴企业所得税为 1 430.73 元，会计处理如下：

借：所得税费用　　1 430.73

　贷：应交税费——应交所得税　　1 430.73

（2）年末计算企业所得税汇算清缴数为应退企业所得税 2 931.99 元，会计处理如下：

借：所得税费用　　－2 931.99

　贷：应交税费——应交所得税　　－2 931.99

引导问题 16 答案：如表 A－29～ 表 A－39 所示。

制造业企业纳税实训案例 B 答案

制造业企业工作任务：增值税纳税实训

情境导航答案：与增值税相关的情境涉及“二、2024 年 1—11 月相关涉税信息”中表 B－6 和“三、2024 年 12 月具体业务情况”中业务 B－1、业务 B－2、业务 B－4～ 业务 B－8、业务 B－10～ 业务 B－12、业务 B－15。

引导问题 1 答案：根据 **1.1.1**，蔚蓝公司销售货物、销售不动产，因此蔚蓝公司是增值税的纳税人。

引导问题 2 答案：根据 **1.1.1**，蔚蓝公司销售货物、不动产的年应税销售额约为 14 442 万元（其中 1—11 月销售额 10 408 万元，12 月销售额 4 034 万元），大于 500 万元，因此是增值税一般纳税人。

引导问题 3 答案：根据 **1.2**，蔚蓝公司销售货物、不动产的行为均属于增值税的征税范围（详见业务 B－1、业务 B－4）。

引导问题 4 答案：根据 **1.3**，蔚蓝公司采取直接收款、赊销并开具发票方式进行销售，因此蔚蓝公司增值税的纳税义务发生时间为开具发票的当天。

引导问题 5 答案：根据 **1.4.1**，蔚蓝公司为一般纳税人，销售货物适用的税率为 13%（详见业务 B－1）。

引导问题 6 答案：根据 **1.4.1**，蔚蓝公司属于非房地产开发企业的一般纳税人，转让其 2016 年 4 月 30 日后取得的不动产，销售不动产适用的税率为 9%（详见业务 B－4）。

引导问题 7 答案：根据 **1.5**，蔚蓝公司经营的项目不属于免税项目，不享受增值税的税收优惠。

引导问题 8 答案：根据 **1.6.1.1 和 1.6.1.2**，蔚蓝公司 12 月的销项税额 = 电池的销售额 × 适用税率 + 不动产的销售额 × 适用税率 =（23 270 000+17 070 000）× 13%+4 000 000 × 9%= 5 604 200（元）（详见业务 B－1、业务 B－4）。

引导问题 9 答案：根据 **1.6.1.3**，蔚蓝公司 12 月的进项税额为：

从销售方取得的增值税专用发票（含税控机动车销售统一发票）上注明的增值税额 = 4 033 900+19 315.93 + 612.76 + 814.03 + 2 300.88 +38 999.40 = 4 095 943 元。（详见业务 B－2、业务 B－6、业务 B－7、业务 B－10～ 业务 B－12）

引导问题 10 答案：根据 **1.6.1.6**，业务 B－8 购进的服务用于集体福利、业务 B－11 购进的餐饮服务，其相关进项税额不得从销项税额中抵扣。

引导问题 11 答案：根据 **1.6.1**，蔚蓝公司一般计税方法计算的应纳税额 = 当期销项税额 – 当期进项税额 = 5 604 200–4 095 943= 1 508 257（元）。

引导问题 12 答案：根据 **1.6**，蔚蓝公司 12 月应缴纳的增值税 = 一般计税方法计算的应纳税额 + 简易计税方法计算的应纳税额 – 上期留抵税额 =1 508 257+0–0=1 508 257 元（上期留抵税额数据详见表 B－6）。

引导问题 13 答案：根据 **1.7**，蔚蓝公司应当向汉东市经开区主管税务机关申报缴纳增值税。

引导问题 14 答案：根据 **1.9.1**，蔚蓝公司 12 月增值税的会计处理如下：

1. 业务 B－1：

借：银行存款——工商银行汉东经开支行	26 295 100.00	
贷：主营业务收入——铅蓄电池		23 270 000.00
应交税费——应交增值税（销项税额）		3 025 100.00

借：应收账款——汉东市蔚蓝销售有限公司	19 289 100.00	
贷：主营业务收入——氢燃料电池		17 070 000.00
应交税费——应交增值税（销项税额）		2 219 100.00

2. 业务 B－2：

借：原材料	31 030 000.00	
应交税费——应交增值税（进项税额）	4 033 900.00	
贷：应付账款——汉东市多彩材料有限公司		35 063 900.00
借：应付账款——汉东市多彩材料有限公司	20 000 000.00	
贷：银行存款——工商银行汉东经开支行		20 000 000.00

3. 业务 B－4：

借：固定资产清理	2 796 450.00	
累计折旧——房屋建筑物	293 550.00	
贷：固定资产——房屋建筑物		3 090 000.00
借：银行存款——工商银行汉东经开支行	4 360 000.00	
贷：固定资产清理		4 000 000.00
应交税费——应交增值税（销项税额）		360 000.00
借：固定资产清理	1 079 110.00	
贷：资产处置损益		1 079 110.00

4. 业务 B－5：

借：无形资产——土地使用权	6 000 000.00	
贷：银行存款——工商银行汉东经开支行		6 000 000.00

5. 业务 B－6：

借：固定资产——运输工具	148 584.07	
应交税费——应交增值税（进项税额）	19 315.93	
贷：银行存款——工商银行汉东经开支行		167 900.00

6. 业务 B－7：

借：生产成本——铅蓄电池	298 271.28	
——氢燃料电池	281 115.96	
应交税费——应交增值税（进项税额）	612.76	
贷：银行存款——工商银行汉东经开支行		580 000.00

7. 业务 B－8：

借：生产成本——铅蓄电池	15 000.00	
——氢燃料电池	10 000.00	
研发支出——职工福利费	3 000.00	
管理费用——职工福利费	5 000.00	
贷：应付职工薪酬——短期薪酬——职工福利费		33 000.00
借：应付职工薪酬——短期薪酬——职工福利费	33 000.00	
贷：银行存款——工商银行汉东经开支行		33 000.00
借：研发支出——职工教育经费	10 000.00	
贷：应付职工薪酬——短期薪酬——职工教育经费		10 000.00
借：应付职工薪酬——短期薪酬——职工教育经费	10 000.00	
贷：银行存款——工商银行汉东经开支行		10 000.00

8. 业务 B－10：

借：财务费用——手续费　13 567.23

　应交税费——应交增值税（进项税额）　814.03

　贷：银行存款——工商银行汉东经开支行　14 381.26

9. 业务 B－11：

借：管理费用——业务招待费　30 000.00

　贷：银行存款——工商银行汉东经开支行　30 000.00

借：管理费用——办公费　17 699.12

　应交税费——应交增值税（进项税额）　2 300.88

　贷：银行存款——工商银行汉东经开支行　20 000.00

10. 业务 B－12：

借：生产成本——铅蓄电池　213 200.00

　　　——氢燃料电池　122 500.00

　研发支出——水电费　5 300.00

　管理费用——水电费　1 100.00

　应交税费——应交增值税（进项税额）　38 999.40

　贷：银行存款——工商银行汉东经开支行　381 099.40

11. 业务 B－15：

借：应交税费——未交增值税　1 339 080.12

　贷：银行存款——工商银行汉东经开支行　1 339 080.12

12. 转出蔚蓝公司 12 月应交未交增值税：

借：应交税费——应交增值税（销项税额）　5 604 200.00

　贷：应交税费——应交增值税（进项税额）　4 095 943.00

　　　——应交增值税（转出未交增值税）　1 508 257.00

借：应交税费——应交增值税（转出未交增值税）　1 508 257.00

　贷：应交税费——未交增值税　1 508 257.00

引导问题 15 答案：如表 B－35～ 表 B－40 所示。

制造业企业工作任务：消费税纳税实训

情境导航答案：与消费税相关的情境涉及“二、2024 年 1—11 月相关涉税信息”中“6.2024 年 12 月纳税申报涉及的以往相关税费情况如下”中的（2）和“三、2024 年 12 月具体业务情况”中业务 B－1、业务 B－15。

引导问题 1 答案：根据 **2.1**，蔚蓝公司生产电池，因此蔚蓝公司是消费税的纳税人。

引导问题 2 答案：根据 **2.2**，蔚蓝公司生产电池属于消费税的征税范围。

引导问题 3 答案：根据 **2.3**，蔚蓝公司采取直接收款方式进行销售，其消费税纳税义务发生时间为收讫销售款或者取得索取销售款凭据的当天；采取赊销方式进行销售，合同未约定收款日期，其消费税纳税义务发生时间为发出应税消费品的当天。

引导问题 4 答案：根据 **2.4**，蔚蓝公司生产电池销售时适用的消费税税率是 4%。

引导问题 5 答案：根据 **2.5**，蔚蓝公司 12 月消费税的计税依据是电池的不含税销售金额，即：铅蓄电池 23 270 000 元，氢燃料电池 17 070 000 元（详见业务 B－1）。

引导问题 6 答案：根据 **2.6.1**，蔚蓝公司 12 月应缴纳的消费税＝销售额 × 比例税率＝23 270 000 × 4%= 930 800（元）。

小提示：根据《财政部 国家税务总局关于对电池涂料征收消费税的通知》（财税〔2015〕16 号）的

规定，对无汞原电池、金属氢化物镍蓄电池（又称“氢镍蓄电池”或“镍氢蓄电池”）、锂原电池、锂离子蓄电池、太阳能电池、燃料电池和全钒液流电池免征消费税。因此，蔚蓝公司生产销售的氢燃料电池免征消费税。

引导问题 7 答案：根据 **2.7**，蔚蓝公司应当向汉东市经开区主管税务机关申报缴纳消费税。

引导问题 8 答案：根据 **2.8**，蔚蓝公司 12 月消费税的会计处理如下：

1. 业务 B－1：

借：税金及附加	930 800.00	
贷：应交税费——应交消费税		930 800.00

2. 业务 B－15：

借：应交税费——应交消费税	455 527.00	
贷：银行存款——工商银行汉东经开支行		455 527.00

引导问题 9 答案：如表 B－41～ 表 B－43 所示。

制造业企业工作任务：城市维护建设税及附加纳税实训

情境导航答案：与城市维护建设税、教育费附加和地方教育附加相关的情境涉及“三、2024 年 12 月具体业务情况”中业务 B－1、业务 B－2、B－4～ 业务 B－8、业务 B－10～ 业务 B－12、业务 B－15。

引导问题 1 答案：根据 **3.1**，蔚蓝公司为在征税范围内从事工商经营，缴纳增值税和消费税的单位，是城市维护建设税的纳税人。

引导问题 2 答案：根据 **3.1**，蔚蓝公司为在征税范围内从事工商经营，缴纳增值税和消费税的单位，是教育费附加和地方教育附加的纳费人。

引导问题 3 答案：根据 **3.2**，蔚蓝公司在汉东市，属于城市维护建设税的征税范围。

引导问题 4 答案：根据 **3.2**，蔚蓝公司在汉东市，属于教育费附加和地方教育附加的征费范围。

引导问题 5 答案：根据 **3.3**，蔚蓝公司的城市维护建设税、教育费附加和地方教育附加纳税（费）发生时间与增值税和消费税的纳税义务发生时间一致。

引导问题 6 答案：根据 **3.4**，蔚蓝公司适用的城市维护建设税税率是 7%。

引导问题 7 答案：根据 **3.4**，蔚蓝公司适用的教育费附加的费率是 3%；蔚蓝公司适用的地方教育附加的费率是 2%。

引导问题 8 答案：根据 **3.5**，蔚蓝公司城市维护建设税的计税依据是其实际应缴纳的增值税和消费税税额 2 439 057（1 508 257+930 800）元。

引导问题 9 答案：根据 **3.5**，蔚蓝公司教育费附加和地方教育附加的计费依据是其实际应缴纳的增值税和消费税税额 2 439 057（1 508 257+930 800）元。

引导问题 10 答案：根据 **3.6**，蔚蓝公司不享受城市维护建设税、教育费附加和地方教育附加的税（费）收优惠。

引导问题 11 答案：根据 **3.7**，蔚蓝公司 12 月应缴纳的城市维护建设税＝计税依据 × 适用税率＝1 508 257 × 7%+930 800 × 7%= 105 577.99 + 65 156= 170 733.99（元）。

引导问题 12 答案：根据 **3.7**，蔚蓝公司 12 月应缴纳的教育费附加＝计费依据 × 适用税率＝1 508 257 × 3%+930 800 × 3%= 45 247.71 + 27 924.00 = 73 171.71（元）。

引导问题 13 答案：根据 **3.7**，蔚蓝公司 12 月应缴纳的地方教育附加＝计费依据 × 适用税率＝1 508 257 × 2%+930 800 × 2%= 30 165.14 + 18 616.00 = 48 781.14（元）。

引导问题 14 答案：根据 **3.8**，蔚蓝公司城市维护建设税、教育费附加和地方教育附加的纳税（费）地点为缴纳增值税和消费税的地点，即汉东市经开区主管税务机关。

引导问题 15 答案：根据 **3.9**，蔚蓝公司 12 月城市维护建设税、教育费附加和地方教育附加的会计处理如下：

1. 业务 B－15：

借：应交税费——应交城市维护建设税　125 622.50

——应交教育费附加　53 838.21

——应交地方教育附加　35 892.14

贷：银行存款——工商银行汉东经开支行　215 352.85

2. 计提蔚蓝公司 12 月应缴纳的城市维护建设税、教育费附加和地方教育附加：

借：税金及附加　292 686.84

贷：应交税费——应交城市维护建设税　170 733.99

——应交教育费附加　73 171.71

——应交地方教育附加　48 781.14

引导问题 16 答案：如表 B－39、表 B－43 所示。

制造业企业工作任务：房产税纳税实训

情境导航答案：与房产税相关的情境涉及“二、2024 年 1—11 月相关涉税信息”表 B－8 和“三、2024 年 12 月具体业务情况”业务 B－4。

引导问题 1 答案：根据 **4.1**，蔚蓝公司是拥有房屋产权的单位，因此蔚蓝公司是房产税的纳税人。

引导问题 2 答案：根据 **4.2**，蔚蓝公司的自有房产坐落于汉东市，属于房产税的征税范围。

引导问题 3 答案：根据 **4.3**，蔚蓝公司蔚蓝厂房一期房产税的纳税义务发生时间为自 2022 年 9 月起；蔚蓝办公房房产税的纳税义务发生时间为自 2022 年 1 月起至 2024 年 12 月（详见表 B－8、业务 B－4）。

引导问题 4 答案：根据 **4.4**，蔚蓝公司房产均为自用，属于从价计征，税率为 1.2%。

引导问题 5 答案：根据 **4.5**，蔚蓝公司房产税属于从价计征，计税依据为房产计税余值，房产计税余值 = 房产原值 ×（1– 原值减除比例）=（5 150 000+35 078 421.72+3 090 000）×（1–30%）= 30 322 895.20（元）（详见表 B－8）。

小提示：《财政部 国家税务总局关于安置残疾人就业单位城镇土地使用税等政策的通知》（财税〔2010〕121 号）规定：对按照房产原值计税的房产，无论会计上如何核算，房产原值均应包含地价，包括为取得土地使用权支付的价款、开发土地发生的成本费用等。

引导问题 6 答案：根据 **4.6**，蔚蓝公司不享受房产税的税收优惠。

引导问题 7 答案：根据 **4.5**，蔚蓝公司全年应缴纳的房产税 = 从价计征计税依据 ×1.2%= 30 322 895.20×1.2%= 363 874.74（元）。由于房产税按年计算，每半年缴纳一次，因此下半年应缴纳的房产税 =363 874.74 ÷ 2= 181 937.37（元）。

引导问题 8 答案：根据 **4.7**，蔚蓝公司的蔚蓝厂房一期应当向汉东市经开区的主管税务机关申报缴纳房产税，蔚蓝办公房应当向汉东市东城区的主管税务机关申报缴纳房产税。

引导问题 9 答案：根据 **4.9**，蔚蓝公司 12 月房产税的会计处理如下：

借：税金及附加　181 937.37

贷：应交税费——应交房产税　181 937.37

引导问题 10 答案：如表 B－44、表 B－45、表 B－50、表 B－51 所示。

制造业企业工作任务：城镇土地使用税纳税实训

情境导航答案：与城镇土地使用税相关的情境涉及“二、2024 年 1—11 月相关涉税信息”表 B－8 和“三、2024 年 12 月具体业务情况”业务 B－4、业务 B－5。

引导问题 1 答案：根据 **5.1**，蔚蓝公司为拥有土地使用权的单位，因此蔚蓝公司是城镇土地使用税的纳税人。

引导问题 2 答案：根据 **5.2**，蔚蓝公司拥有的土地坐落于汉东市，属于城镇土地使用税的征税范围。

引导问题 3 答案：根据 **5.3**，蔚蓝公司 12 月新购置土地，其城镇土地使用税的纳税义务发生时间为 2025 年 1 月（详见业务 B－5）。

引导问题 4 答案：根据 **5.3**，蔚蓝公司蔚蓝厂房一期城镇土地使用税的纳税义务发生时间为自 2022 年 1 月起；蔚蓝办公房城镇土地使用税的纳税义务发生时间为自 2022 年 1 月起至 2024 年 12 月（详见表 B－8、业务 B－4）。

引导问题 5 答案：根据 **5.4**，蔚蓝公司蔚蓝厂房一期、蔚蓝厂房二期城镇土地使用税定额税率是 10 元 / 平方米，蔚蓝办公房城镇土地使用税定额税率是 30 元 / 平方米（详见表 B－8、业务 B－5）。

引导问题 6 答案：根据 **5.5**，蔚蓝公司城镇土地使用税的计税依据为纳税人实际占用的土地面积（平方米），即证书确定的土地面积，其中蔚蓝公司蔚蓝厂房一期土地面积 10 000m^2，蔚蓝厂房二期 10 000m^2，蔚蓝办公房土地面积 50m^2（详见表 B－8、业务 B－5）。

引导问题 7 答案：根据 **5.6**，蔚蓝公司不享受城镇土地使用税税收优惠。

引导问题 8 答案：根据 **5.7**，蔚蓝公司全年应缴纳的城镇土地使用税为：10 000 × 10+50 × 30= 101 500（元）。由于城镇土地使用税按年计算，每半年缴纳一次，因此下半年应缴纳的城镇土地使用税 = 101 500 ÷ 2= 50 750（元）。

引导问题 9 答案：根据 **5.8**，蔚蓝公司蔚蓝厂房一期、蔚蓝厂房二期应当向汉东市经开区的主管税务机关申报缴纳城镇土地使用税，蔚蓝办公房应当向汉东市东城区的主管税务机关申报缴纳城镇土地使用税。

引导问题 10 答案：根据 **5.10**，蔚蓝公司 12 月城镇土地使用税的会计处理如下：

借：税金及附加　　50 750.00

　贷：应交税费——应交城镇土地使用税　　50 750.00

引导问题 11 答案：如表 B－44、表 B－45、表 B－50、表 B－51 所示。

制造业企业工作任务：印花税纳税实训

情境导航答案：与印花税相关的情境涉及“三、2024 年 12 月具体业务情况”中业务 B－1、业务 B－2、业务 B－4、业务 B－5、业务 B－6 和业务 B－15。

引导问题 1 答案：根据 **6.1**，蔚蓝公司订立了具有法律效力的应税凭证，因此蔚蓝公司是印花税的纳税人。

引导问题 2 答案：根据 **6.2**，蔚蓝公司订立的货物购销合同、购买车辆合同属于买卖合同，土地、房屋销售、购买合同属于产权转移书据，均属于印花税的征税范围。

引导问题 3 答案：根据 **6.3**，蔚蓝公司印花税的纳税义务发生时间为订立应税凭证的当日。

引导问题 4 答案：根据 **6.4**，蔚蓝公司订立的合同中，买卖合同适用的印花税税率为 0.03%，产权转移书据适用的印花税税率为 0.05%。

引导问题 5 答案：根据 **6.5**，蔚蓝公司印花税的计税依据如表 B－25 所示。

表 B－25　印花税的计税依据

金额单位：元

类别	列明的不含增值税价款	数据来源
电池销售（①）	40 340 000.00	业务 B－1
原材料采购（②）	31 030 000.00	业务 B－2
购买车辆（③）	148 584.07	业务 B－6
买卖合同小计（④ = ① + ② + ③）	71 518 584.07	

续表

类别	列明的不含增值税价款	数据来源
房屋销售（⑤）	4 000 000.00	业务 B－4
土地购买（⑥）	6 000 000.00	业务 B－5
产权转移书据小计（⑦＝⑤＋⑥）	10 000 000.00	

引导问题 6 答案：根据 **6.6**，蔚蓝公司不享受印花税的税收优惠政策。

引导问题 7 答案：根据 **6.7**，蔚蓝公司 12 月应缴纳的印花税如表 B－26 所示。

表 B－26　印花税应纳税额计算表

金额单位：元

类别（①）	计税依据（②）	适用税率（③）	应纳税额（④＝②×③）
买卖合同	71 518 584.07	0.03%	21 455.58
产权转移书据	10 000 000.00	0.05%	5 000.00
合计			26 455.58

引导问题 8 答案：根据 **6.8**，蔚蓝公司应当向汉东市经开区的主管税务机关申报缴纳印花税。

引导问题 9 答案：根据 **6.10**，蔚蓝公司 12 月印花税的会计处理如下：

1. 业务 B－1：

借：税金及附加　　12 102.00

　贷：应交税费——应交印花税　　12 102.00

2. 业务 B－2：

借：税金及附加　　9 309.00

　贷：应交税费——应交印花税　　9 309.00

3. 业务 B－4：

借：税金及附加　　2 000.00

　贷：应交税费——应交印花税　　2 000.00

4. 业务 B－5：

借：税金及附加　　3 000.00

　贷：应交税费——应交印花税　　3 000.00

5. 业务 B－6：

借：税金及附加　　44.58

　贷：应交税费——应交印花税　　44.58

6. 业务 B－15：

借：应交税费——应交印花税　　38 769.96

　贷：银行存款——工商银行汉东经开支行　　38 769.96

引导问题 10 答案：如表 B－48、表 B－50、表 B－51 所示。

制造业企业工作任务：车船税纳税实训

情境导航答案：与车船税相关的情境涉及“二、2024 年 1—11 月相关涉税信息”中表 B－9 和“三、2024 年 12 月具体业务情况”中业务 B－6。

引导问题 1 答案：根据 **7.1**，蔚蓝公司属于《中华人民共和国车船税法》所附《车船税税目税额表》

规定的车辆的所有人，因此蔚蓝公司是车船税的纳税人。

引导问题 2 答案：根据 **7.2**，蔚蓝公司的车辆为《中华人民共和国车船税法》所规定的应税车辆——乘用车，属于车船税的征税范围。

引导问题 3 答案：根据 **7.3**，蔚蓝公司车船税的纳税义务发生时间为取得车船所有权或者管理权的当月，新购置车辆的纳税义务发生时间为 2024 年 12 月（详见业务 B－6），原购置车辆的纳税义务发生时间详见表 B－9 中列示的发票日期。

引导问题 4 答案：根据 **7.4**，蔚蓝公司新购置车辆适用的车船税定额税率均为 480 元 / 年（详见表 B－20），原购置的车辆适用的车船税定额税率详见表 B－9 中列示的年基准税额。

引导问题 5 答案：根据 **7.5**，蔚蓝公司车船税的计税依据为 5 辆，包括新购置车辆 1 辆和原购置车辆 4 辆。

引导问题 6 答案：根据 **7.6**，蔚蓝公司不享受车船税的税收优惠政策。

引导问题 7 答案：根据 **7.7**，蔚蓝公司原购置车辆应缴纳的车船税额＝辆数 × 适用年基准税额＋整备质量 × 适用年基准税额 =1 × 480+2 × 600+1.6 × 50=1 760（元）；新购置车辆应缴纳的车船税＝辆数 × 适用年基准税额 ÷ 12 × 应纳税月份数 =1 × 480 ÷ 12 × 1=40（元）。蔚蓝公司应缴纳的车船税合计 =1 760+40=1 800（元）。

小提示：蔚蓝公司 2024 年 12 月购入车辆，因此应纳税月份数为 1 个月。

引导问题 8 答案：根据 **7.8**，蔚蓝公司车船税的纳税地点为汉东市经开区主管税务机关所在地。

小提示：一般情况下，纳税人在购买“交强险”时，由扣缴义务人代收代缴车船税，但本案例为了教学方便，由纳税人自行申报缴纳车船税。

引导问题 9 答案：根据 **7.10**，蔚蓝公司 12 月车船税的会计处理如下：

借：税金及附加	1 800.00	
贷：应交税费——应交车船税		1 800.00

引导问题 10 答案：如表 B－46、表 B－50、表 B－51 所示。

制造业企业工作任务：契税纳税实训

情境导航答案：与契税相关的情境涉及“三、2024 年 12 月具体业务情况”中业务 B－5。

引导问题 1 答案：根据 **8.1**，蔚蓝公司为转移土地权属的承受单位，因此蔚蓝公司是契税的纳税人。

引导问题 2 答案：根据 **8.2**，蔚蓝公司购置土地属于土地使用权出让方式转移土地权属，因此属于契税的征税范围。

引导问题 3 答案：根据 **8.3**，蔚蓝公司契税的纳税义务发生时间为签订土地权属转移合同的当日，即 2024 年 12 月 18 日（详见业务 B－5）。

引导问题 4 答案：根据 **8.4**，蔚蓝公司适用的契税税率为 3%。

引导问题 5 答案：根据 **8.5**，蔚蓝公司契税的计税依据为 6 000 000 元。

引导问题 6 答案：根据 **8.6**，蔚蓝公司不享受契税的税收优惠政策。

引导问题 7 答案：根据 **8.7**，蔚蓝公司应缴纳的契税＝计税依据 × 适用税率 =6 000 000 × 3%=180 000（元）。

引导问题 8 答案：根据 **8.8**，蔚蓝公司向汉东市经开区主管税务机关申报缴纳契税。

引导问题 9 答案：根据 **8.9**，蔚蓝公司 12 月契税的会计处理如下：

借：无形资产——土地使用权	180 000.00	
贷：银行存款——工商银行汉东经开支行		180 000.00

引导问题 10 答案：如表 B－47、表 B－50、表 B－51 所示。

制造业企业工作任务：土地增值税纳税实训

情境导航答案：与土地增值税相关的情境涉及“二、2024 年 1—11 月相关涉税信息”中表 B－8 和“三、2024 年 12 月具体业务情况”中业务 B－4。

引导问题 1 答案：根据 **9.1**，蔚蓝公司为转移房地产并取得收入的单位，因此蔚蓝公司是土地增值税的纳税人。

引导问题 2 答案：根据 **9.2**，蔚蓝公司销售购置的商品房属于转让房地产，因此属于土地增值税的征税范围。

引导问题 3 答案：根据 **9.3**，蔚蓝公司土地增值税的纳税义务发生时间为房地产转移合同签订的当日，即 2024 年 12 月 2 日（详见业务 B－4）。

引导问题 4 答案：根据 **9.5**，蔚蓝公司土地增值税的计税依据为纳税人转移房地产所取得的收入减除税法规定扣除项目金额后的余额，即增值额 414 800.00 元，具体计算过程如表 B－27 所示。

表 B－27　土地增值税增值额计算表

金额单位：元

序号	项目	金额	数据来源	计算公式
（1）	一、转让房地产收入总额	4 000 000.00	业务 B－4	
（2）	二、扣除项目金额合计	3 585 200.00		（3）+（4）+（5）+（6）
（3）	1. 购房发票金额	3 000 000.00	表 B－8	
（4）	2. 发票加计扣除金额	450 000.00		3 000 000 × 5% × 3 年
（5）	3. 购房契税	90 000.00	表 B－8	3 000 000 × 3%
（6）	4. 与转让房地产有关的税金等	45 200.00		（7）+（8）+（9）+（10）
（7）	其中：城市维护建设税	25 200.00		4 000 000 × 9% × 7%
（8）	教育费附加	10 800.00		4 000 000 × 9% × 3%
（9）	地方教育附加	7 200.00		4 000 000 × 9% × 2%
（10）	印花税	2 000.00		4 000 000 × 0.05%
（11）	三、增值额	414 800.00		（1）－（2）

引导问题 5 答案：根据 **9.4**，蔚蓝公司适用的土地增值税税率为 30%（增值额 ÷ 扣除项目金额 = 414 800.00 ÷ 3 585 200 × 100%=11.57%，不超过 50%）。

引导问题 6 答案：根据 **9.6**，蔚蓝公司不享受土地增值税的税收优惠政策。

引导问题 7 答案：根据 **9.7**，蔚蓝公司应缴纳的土地增值税 = 增值额 × 适用税率 – 扣除项目 × 速算扣除系数 =414 800.00 × 30%–3 585 200.00 × 0= 124 440.00（元）。

引导问题 8 答案：根据 **9.9**，蔚蓝公司应向汉东市经开区主管税务机关申报缴纳土地增值税。

引导问题 9 答案：根据 **9.10**，蔚蓝公司 12 月土地增值税的会计处理如下：

借：固定资产清理　　124 440.00

　贷：应交税费——应交土地增值税　　124 440.00

引导问题 10 答案：如表 B－49、表 B－50、表 B－51 所示。

制造业企业工作任务：车辆购置税纳税实训

情境导航答案：与车辆购置税相关的情境涉及“三、2024 年 12 月具体业务情况”中业务 B－6。

引导问题 1 答案：根据 **10.1**，蔚蓝公司购置汽车，因此蔚蓝公司是车辆购置税的纳税人。

引导问题 2 答案：根据 **10.2**，蔚蓝公司购置的汽车属于车辆购置税的征税范围。

引导问题 3 答案：根据 **10.3**，蔚蓝公司 12 月车辆购置税的纳税义务发生时间为购置应税车辆的当日。

引导问题 4 答案：根据 **10.4**，蔚蓝公司适用的车辆购置税税率为 10%。

引导问题 5 答案：根据 **10.5**，蔚蓝公司 12 月车辆购置税的计税依据为实际支付的不含增值税的全部价款，即 148 584.07 元（详见业务 B－6）。

引导问题 6 答案：根据 **10.6**，蔚蓝公司不享受车辆购置税的税收优惠政策。

引导问题 7 答案：根据 **10.7**，蔚蓝公司 12 月应缴纳的车辆购置税＝计税依据 × 税率＝148 584.07 × 10%=14 858.41（元）。

引导问题 8 答案：根据 **10.8**，蔚蓝公司 12 月应向汉东市经开区主管税务机关申报缴纳车辆购置税。

引导问题 9 答案：根据 **10.9**，蔚蓝公司 12 月车辆购置税的会计处理如下：

借：固定资产——运输工具　　14 858.41

　贷：银行存款——工商银行汉东经开支行　　14 858.41

引导问题 10 答案：如表 B－52 所示。

制造业企业工作任务：个人所得税纳税实训

情境导航答案：与个人所得税相关的情境涉及“二、2024 年 1—11 月相关涉税信息”中表 B－12～表 B－19 和“三、2024 年 12 月具体业务情况”中业务 B－7、业务 B－15。

引导问题 1 答案：根据 **11.1**，蔚蓝公司的员工为居民个人，居民个人从中国境内和境外取得的所得，依照法律规定缴纳个人所得税，因此蔚蓝公司的员工是个人所得税的纳税人。

引导问题 2 答案：根据 **11.2**，蔚蓝公司员工所得为工资、薪金所得，属于个人所得税的征税范围。

引导问题 3 答案：根据 **11.3**，工资、薪金所得按月计征，每一月的最后一日为纳税义务发生时间。

引导问题 4 答案：根据 **11.5**，蔚蓝公司 2024 年度预扣预缴个人所得税的计税依据为每一个纳税人在蔚蓝公司取得的应纳税所得额，其计算公式为：纳税年度的收入额－基本费用（60 000）－专项扣除－专项附加扣除。蔚蓝公司员工每人全年的应纳税所得额如表 B－28 所示。

表 B－28　个人所得税应纳税所得额计算表

金额单位：元

姓名	纳税年度的收入额 ①=1—11 月工资 +12 月工资	基本费用 ②	专项扣除 ③=1—11 月专项扣除 +12 月专项扣除	专项附加扣除 ④=1—11 月专项附加扣除 +12 月专项附加扣除	应纳税所得额 ⑤=①－②－③－④（小于 0，填 0）
李建华	180 000+16 000 =196 000	60 000	35 475+3 225 =38 700	16 500 +1 500=18 000	196 000–60 000–38 700–18 000= 79 300
王力君	90 000 +8 000 =98 000	60 000	18 920+1 720 =20 640	44 000 +4 000=48 000	98 000–60 000–20 640–48 000<0 0
胡云欣	200 000 +18 000 =218 000	60 000	35 475+3 225 =38 700	38 500+3 500=42 000	218 000–60 000–38 700–42 000=77 300
向天浩	120 000 +11 000 =131 000	60 000	23 650+2 150 =25 800	0	131 000–60 000–25 800–0 =45 200
赵明露	120 000 +11 000 =131 000	60 000	23 650+2 150 =25 800	0	131 000–60 000–25 800– 0 =45 200
李光明	225 000 +20 000 =245 000	60 000	42 570+3 870 =46 440	33 000 +3 000=36 000	245 000–60 000–46 440–36 000=102 560

续表

姓名	纳税年度的收入额 ①=1—11月工资+12月工资	基本费用 ②	专项扣除 ③=1—11月专项扣除+12月专项扣除	专项附加扣除 ④=1—11月专项附加扣除+12月专项附加扣除	应纳税所得额 ⑤=①-②-③-④ （小于0，填0）
王子轩	70 000 +7 000 =77 000	60 000	14 190+1 290 =15 480	0	77 000–60 000–15 480–0 =1 520
张显平	70 000 +7 000 =77 000	60 000	14 190+1 290 =15 480	0	77 000–60 000–15 480–0 =1 520
胡淑芳	180 000 +16 000 =196 000	60 000	35 475+3 225 =38 700	33 000+3 000=36 000	196 000–60 000–38 700– 36 000=61 300
张启航	80 000 +7 500 =87 500	60 000	16 555+1 505 =18 060	0	87 500–60 000–18 060–0= 9 440

注：纳税年度的收入额、专项扣除和专项附加扣除的数据来源于表 B－19 和表 B－21。

引导问题 5 答案：根据 **11.4**，蔚蓝公司 2024 年度预扣预缴员工个人所得税适用的税率如下：员工李建华、胡云欣、向天浩、赵明露、李光明、胡淑芳在蔚蓝公司全年应纳税所得额超过 36 000 元但未超过 144 000 元，税率为 10%，速算扣除数为 2 520 元；员工王子轩、张显平、张启航在蔚蓝公司全年应纳税所得额未超过 36 000 元，税率为 3%，速算扣除数为 0 元；员工王力君全年应纳税所得额小于 0，无须缴纳个人所得税。

引导问题 6 答案：根据 **11.6**，蔚蓝公司员工不享受个人所得税的税收优惠政策。

引导问题 7 答案：根据 **11.7**，蔚蓝公司预扣预缴员工全年个人所得税以及 12 月员工应缴纳个人所得税的计算过程如表 B－29 所示。

表 B－29　全年预扣预缴员工个人所得税计算表

金额单位：元

姓名	全年工资、薪金应纳税所得额①	税率②	速算扣除数③	全年工资、薪金应纳税额 ④=①×②-③	1—11月累计已预扣预缴个人所得税（详见表B-19）⑤	12月应预扣预缴员工个人所得税⑥=④-⑤
李建华	79 300	10%	2 520	5 410.00	4 782.50	627.50
王力君						
胡云欣	77 300	10%	2 520	5 210.00	4 582.50	627.50
向天浩	45 200	10%	2 520	2 000.00	1 615.00	385.00
赵明露	45 200	10%	2 520	2 000.00	1 615.00	385.00
李光明	102 560	10%	2 520	7 736.00	6 923.00	813.00
王子轩	1 520	3%		45.60	24.30	21.30
张显平	1 520	3%		45.60	24.30	21.30
胡淑芳	61 300	10%	2 520	3 610.00	3 132.50	477.50
张启航	9 440	3%		283.20	253.35	29.85

引导问题 8 答案：根据 **11.7**，蔚蓝公司员工不需要办理个人所得税汇算清缴。

引导问题 9 答案：根据 **11.9**，蔚蓝公司代扣代缴员工个人所得税的纳税地点为汉东市经开区主管税务机关。

引导问题 10 答案：根据 **11.10**，蔚蓝公司代扣代缴个人所得税的会计处理如下：

1. 业务 B－7：（当月发放工资）

借：生产成本——铅蓄电池	8 000.00	
——氢燃料电池	16 000.00	
研发支出——工资薪金	40 000.00	
管理费用——工资薪金	57 500.00	
贷：应付职工薪酬——短期薪酬——职工工资		121 500.00
借：应付职工薪酬——短期薪酬——职工工资	121 500.00	
贷：银行存款——工商银行汉东经开支行		94 462.05
其他应付款		23 650.00
应交税费——应交个人所得税		3 387.95

2. 业务 B－15：（缴纳上月个人所得税）

借：应交税费——应交个人所得税	2 062.66	
贷：银行存款——工商银行汉东经开支行		2 062.66

引导问题 11 答案：如表 B－53 所示。

制造业企业工作任务：企业所得税纳税实训

情境导航答案：与企业所得税相关的情境涉及“二、2024 年 1—11 月相关涉税信息”中表 B－1～表 B－5、“6.2024 年 12 月纳税申报涉及的以往相关税费情况”中的（3）、表 B－7、表 B－10、表 B－11 和“三、2024 年 12 月具体业务情况”中业务 B－3、业务 B－8～业务 B－10、业务 B－13、业务 B－14。

引导问题 1 答案：根据 **12.1**，蔚蓝公司为取得收入的企业，为企业所得税的纳税义务人。

引导问题 2 答案：根据 **12.2**，蔚蓝公司为居民企业，应当就其来源于中国境内、境外的所得缴纳企业所得税，属于企业所得税的征税范围。

引导问题 3 答案：根据 **12.3**，蔚蓝公司企业所得税的纳税义务发生时间需要从收入实现日期和扣除原则两个方面确定。

引导问题 4 答案：蔚蓝公司 12 月与企业所得税相关业务的会计处理具体如下，科目余额表如表 B－30 所示：

1. 业务 B－3：

借：生产成本——铅蓄电池	8 973 500.00	
——氢燃料电池	7 327 800.00	
贷：原材料		16 301 300.00
借：研发支出——原材料	853 500.00	
贷：原材料		853 500.00

2. 业务 B－8：

（1）工会经费：

借：生产成本——铅蓄电池	160.00	
——氢燃料电池	300.00	
研发支出——工会经费	700.00	
管理费用——工会经费	1 040.00	
贷：应付职工薪酬——短期薪酬——工会经费		2 200.00
借：应付职工薪酬——短期薪酬——工会经费	2 200.00	

贷：银行存款——工商银行汉东经开支行		2 200.00
（2）社会保险费：		
借：生产成本——铅蓄电池	2 160.00	
——氢燃料电池	4 050.00	
研发支出——社会保险费	9 450.00	
管理费用——社会保险费	14 040.00	
贷：应付职工薪酬——短期薪酬——社会保险费——医疗保险		11 000.00
——短期薪酬——社会保险费——工伤保险		550.00
——离职后福利——设定提存计划——基本养老保险		17 600.00
——离职后福利——设定提存计划——失业保险		550.00
（3）住房公积金：		
借：生产成本——铅蓄电池	880.00	
——氢燃料电池	1 650.00	
研发支出——住房公积金	3 850.00	
管理费用——住房公积金	5 720.00	
贷：应付职工薪酬——短期薪酬——住房公积金		12 100.00
借：应付职工薪酬——短期薪酬——社会保险费——医疗保险	11 000.00	
——短期薪酬——社会保险费——工伤保险	550.00	
——离职后福利——设定提存计划——基本养老保险	17 600.00	
——离职后福利——设定提存计划——失业保险	550.00	
——短期薪酬——住房公积金	12 100.00	
其他应付款	23 650.00	
贷：银行存款——工商银行汉东平安支行		65 450.00
3. 业务 B-9：		
借：银行存款——工商银行汉东经开支行	2 000 000.00	
贷：投资收益		2 000 000.00
4. 业务 B-10：		
借：银行存款——工商银行汉东经开支行	26 258.37	
贷：财务费用——利息收入		26 258.37
5. 业务 B-13		
借：主营业务成本——铅蓄电池	20 606 128.16	
——氢燃料电池	15 991 995.49	
贷：库存商品——铅蓄电池		20 606 128.16
——氢燃料电池		15 991 995.49
借：生产成本——铅蓄电池	172 670.50	
——氢燃料电池	86 335.25	
研发支出——折旧费	47 351.31	
管理费用——折旧费	81 989.31	
贷：累计折旧——房屋及建筑物		151 083.34
——机器设备		188 303.32
——运输工具		14 155.71
——办公设备		34 804.00
借：管理费用——累计摊销	8 333.33	

贷：累计摊销——土地使用权 8 333.33

6. 业务 B－3：

借：库存商品——铅蓄电池 9 666 686.46

——氢燃料电池 7 866 906.53

贷：生产成本——铅蓄电池 9 683 841.78

——氢燃料电池 7 866 906.53

借：管理费用——研究费用 973 151.31

贷：研发支出——原材料 853 500.00

——工资薪金 40 000.00

——职工福利费 3 000.00

——职工教育经费 10 000.00

——工会经费 700.00

——社会保险费 9 450.00

——住房公积金 3 850.00

——水电费 5 300.00

——折旧费 47 351.31

表 B－30　蔚蓝公司 12 月科目余额表

会计期间：2024.12.1—2024.12.31　　金额单位：元

会计科目	期初余额	本期借方发生额	本期贷方发生额	期末余额	数据来源
银行存款	13 118 014.21	32 681 358.37	29 644 143.71	16 155 228.87	
工商银行汉东幸福支行	13 118 014.21	32 681 358.37	29 644 143.71	16 155 228.87	
应收账款	20 332 100.00	19 289 100.00		39 621 200.00	业务 B－1
原材料	19 941 062.87	31 030 000.00	17 154 800.00	33 816 262.87	业务 B－2 业务 B－3
库存商品	41 936 613.35	17 533 592.99	36 598 123.65	22 872 082.69	业务 B－3 业务 B－13
铅蓄电池	22 542 054.14	9 666 686.46	20 606 128.16	11 602 612.44	
氢燃料电池	19 394 559.21	7 866 906.53	15 991 995.49	11 269 470.25	
长期股权投资	5 000 000.00			5 000 000.00	
固定资产	64 208 043.04	163 442.48	3 090 000.00	61 281 485.52	
房屋及建筑物	38 168 421.72		3 090 000.00	35 078 421.72	业务 B－4
机器设备	23 785 682.06			23 785 682.06	
运输工具	715 235.98	163 442.48		878 678.46	业务 B－6
办公设备	1 538 703.28			1 538 703.28	
累计折旧	10 611 513.37	293 550.00	388 346.37	10 706 309.74	
房屋及建筑物	4 177 100.12	293 550.00	151 083.34	4 034 633.46	业务 B－14
机器设备	5 084 189.58		188 303.32	5 272 492.90	业务 B－14
运输工具	410 515.63		14 155.71	424 671.34	业务 B－14
办公设备	939 708.04		34 804.00	974 512.04	业务 B－14
固定资产清理		4 000 000.00	4 000 000.00		业务 B－4
无形资产	5 000 000.00	6 180 000.00		11 180 000.00	
土地使用权	5 000 000.00	6 180 000.00		11 180 000.00	业务 B－5
累计摊销	291 666.55		8 333.33	299 999.88	
土地使用权	291 666.55		8 333.33	299 999.88	业务 B－14
递延所得税资产					

续表

会计科目	期初余额	本期借方发生额	本期贷方发生额	期末余额	数据来源
应付账款	55 258 432.81	20 000 000.00	35 063 900.00	70 322 332.81	业务 B－2
应付职工薪酬		208 500.00	208 500.00		
短期薪酬		190 350.00	190 350.00		
职工工资		121 500.00	121 500.00		业务 B－7
社会保险费		11 550.00	11 550.00		
医疗保险		11 000.00	11 000.00		业务 B－8
工伤保险		550.00	550.00		业务 B－8
住房公积金		12 100.00	12 100.00		业务 B－8
职工福利费		33 000.00	33 000.00		业务 B－8
职工教育经费		10 000.00	10 000.00		业务 B－8
工会经费		2 200.00	2 200.00		业务 B－8
离职后福利		18 150.00	18 150.00		
设定提存计划		18 150.00	18 150.00		
基本养老保险		17 600.00	17 600.00		业务 B－8
失业保险		550.00	550.00		业务 B－8
应交税费	2 050 792.59	13 259 192.59	14 328 914.74	3 120 514.74	
应交增值税		11 208 400.00	11 208 400.00		
进项税额		4 095 943.00	4 095 943.00		增值税引导问题 9
销项税额抵减					
已交税金					
转出未交增值税		1 508 257.00	1 508 257.00		
减免税额					
销项税额		5 604 200.00	5 604 200.00		增值税引导问题 8
进项税额转出					
转出多交增值税					
未交增值税	1 339 080.12	1 339 080.12	1 508 257.00	1 508 257.00	业务B－15、增值税引导问题 12
简易计税					
应交消费税	455 527.00	455 527.00	930 800.00	930 800.00	业务B－15、消费税引导问题 6
应交城市维护建设税	125 622.50	125 622.50	170 733.99	170 733.99	业务B－15、附加税引导问题 11
应交教育费附加	53 838.21	53 838.21	73 171.71	73 171.71	业务B－15、附加税引导问题 12
应交地方教育附加	35 892.14	35 892.14	48 781.14	48 781.14	业务B－15、附加税引导问题 13
应交房产税			181 937.37	181 937.37	房产税引导问题 7

续表

会计科目	期初余额	本期借方发生额	本期贷方发生额	期末余额	数据来源
应交城镇土地使用税			50 750.00	50 750.00	城镇土地使用税引导问题 8
应交印花税	38 769.96	38 769.96	26 455.58	26 455.58	业务B-15、印花税引导问题7
应交车船税			1 800.00	1 800.00	车船税引导问题 7
应交土地增值税			124 440.00	124 440.00	土地增值税引导问题 7
应交个人所得税	2 062.66	2 062.66	3 387.95	3 387.95	业务B-15、个税引导问题 7
应交所得税					
其他应付款		23 650.00	23 650.00		业务 B-7
长期借款					
递延所得税负债					
实收资本	100 000 000.00			100 000 000.00	
盈余公积	19 246.44			19 246.44	
未分配利润	1 304 181.71		4 153 674.63	5 457 856.34	
生产成本		17 533 592.99	17 533 592.99		业务 B-3、业务 B-7、业务 B-8、业务 B-12、业务 B-13
铅蓄电池		9 683 841.78	9 683 841.78		
氢燃料电池		7 849 751.21	7 849 751.21		
研发支出		973 151.31	973 151.31		业务 B-3、业务 B-7、业务 B-8、业务 B-12、业务 B-14
原材料		853 500.00	853 500.00		
工资薪金		40 000.00	40 000.00		
职工福利费		3 000.00	3 000.00		
职工教育经费		10 000.00	10 000.00		
工会经费		700.00	700.00		
社会保险费		9 450.00	9 450.00		
住房公积金		3 850.00	3 850.00		
水电费		5 300.00	5 300.00		
折旧费		47 351.31	47 351.31		
主营业务收入		40 340 000.00	40 340 000.00		
铅蓄电池		23 270 000.00	23 270 000.00		业务 B-1
氢燃料电池		17 070 000.00	17 070 000.00		业务 B-1
其他业务收入					
公允价值变动损益					
投资收益		2 000 000.00	2 000 000.00		业务 B-9
资产处置损益		1 079 110.00	1 079 110.00		
营业外收入					业务 B-4
主营业务成本		36 598 123.65	36 598 123.65		
铅蓄电池		20 606 128.16	20 606 128.16		业务 B-13
氢燃料电池		15 991 995.49	15 991 995.49		业务 B-13
其他业务成本					

续表

会计科目	期初余额	本期借方发生额	本期贷方发生额	期末余额	数据来源
税金及附加		1 484 429.79	1 484 429.79		
消费税		930 800.00	930 800.00		
城市维护建设税		170 733.99	170 733.99		
教育费附加		73 171.71	73 171.71		
地方教育附加		48 781.14	48 781.14		
房产税		181 937.37	181 937.37		
城镇土地使用税		50 750.00	50 750.00		
印花税		26 455.58	26 455.58		
车船税		1 800.00	1 800.00		
销售费用					
管理费用		1 195 573.07	1 195 573.07		
办公费		17 699.12	17 699.12		业务 B－11
折旧费		81 989.31	81 989.31		业务 B－14
业务招待费		30 000.00	30 000.00		业务 B－11
工资薪金		57 500.00	57 500.00		业务 B－7
社会保险费		14 040.00	14 040.00		业务 B－8
住房公积金		5 720.00	5 720.00		业务 B－8
职工福利费		5 000.00	5 000.00		业务 B－8
职工教育经费					
工会经费		1 040.00	1 040.00		业务 B－8
水电费		1 100.00	1 100.00		业务 B－12
累计摊销		8 333.33	8 333.33		业务 B－14
研究费用		973 151.31	973 151.31		业务 B－3
财务费用		–12 691.14	–12 691.14		
手续费		13 567.23	13 567.23		业务 B－10
利息收入		–26 258.37	–26 258.37		业务 B－10
利息支出					
资产减值损失					
营业外支出					
所得税费用					
以前年度损益调整					

引导问题 5 答案：蔚蓝公司 2024 年度科目余额表如表 B－31 所示。

表 B－31　蔚蓝公司 2024 年度科目余额表

会计期间：2024.1.1—2024.12.31　　金额单位：元

科目编号	会计科目	期初余额	本期借方发生额	本期贷方发生额	期末余额
1002	银行存款	18 978 521.43	135 963 320.15	138 786 612.71	16 155 228.87
100201	工商银行汉东幸福支行	18 978 521.43	135 963 320.15	138 786 612.71	16 155 228.87
1122	应收账款	5 681 200.00	58 268 300.00	24 328 300.00	39 621 200.00
1403	原材料	19 567 823.63	134 264 587.32	120 016 148.08	33 816 262.87

续表

科目编号	会计科目	期初余额	本期借方发生额	本期贷方发生额	期末余额
1405	库存商品	28 789 312.67	124 769 213.67	130 686 443.65	22 872 082.69
140501	铅蓄电池	17 473 587.60	69 689 393.00	75 560 368.16	11 602 612.44
140502	氢燃料电池	11 315 725.07	55 079 820.67	55 126 075.49	11 269 470.25
1511	长期股权投资	5 000 000.00			5 000 000.00
1601	固定资产	64 208 043.04	163 442.48	3 090 000.00	61 281 485.52
160101	房屋及建筑物	38 168 421.72		3 090 000.00	35 078 421.72
160102	运输工具	23 785 682.06			23 785 682.06
160103	电子设备	715 235.98	163 442.48		878 678.46
160104	家具	1 538 703.28			1 538 703.28
1602	累计折旧	6 339 703.30	293 550.00	4 660 156.44	10 706 309.74
160201	房屋及建筑物	2 515 183.38	293 550.00	1 813 000.08	4 034 633.46
160202	机器设备	3 012 853.06		2 259 639.84	5 272 492.90
160203	运输工具	254 802.82		169 868.52	424 671.34
160204	办公设备	556 864.04		417 648.00	974 512.04
1606	固定资产清理		4 000 000.00	4 000 000.00	
1701	无形资产	5 000 000.00	6 180 000.00		11 180 000.00
170101	土地使用权	5 000 000.00	6 180 000.00		11 180 000.00
1702	累计摊销	199 999.92		99 999.96	299 999.88
170201	土地使用权	199 999.92		99 999.96	299 999.88
1811	递延所得税资产				
2202	应付账款	38 885 320.81	120 281 971.67	151 718 983.67	70 322 332.81
2211	应付职工薪酬		2 193 537.73	2 193 537.73	
221101	短期薪酬		1 975 737.73	1 975 737.73	
22110101	职工工资		1 456 500.00	1 456 500.00	
22110102	社会保险费		138 600.00	138 600.00	
2211010201	医疗保险		132 000.00	132 000.00	
2211010202	工伤保险		6 600.00	6 600.00	
22110103	住房公积金		145 200.00	145 200.00	
22110104	职工福利费		133 000.00	133 000.00	
22110105	职工教育经费		76 037.73	76 037.73	
22110106	工会经费		26 400.00	26 400.00	
221102	离职后福利		217 800.00	217 800.00	
22110201	设定提存计划		217 800.00	217 800.00	

续表

科目编号	会计科目	期初余额	本期借方发生额	本期贷方发生额	期末余额
2211020101	基本养老保险		211 200.00	211 200.00	
2211020102	失业保险		6 600.00	6 600.00	
2221	应交税费	2 845 054.19	47 182 501.35	47 457 961.90	3 120 514.74
222101	应交增值税		38 589 200.00	38 589 200.00	
22210101	进项税额		15 435 680.00	15 435 680.00	
22210102	销项税额抵减				
22210103	已交税金				
22210104	转出未交增值税		3 858 920.00	3 858 920.00	
22210105	减免税额				
22210106	销项税额		19 294 600.00	19 294 600.00	
22210107	进项税额转出				
22210108	转出多交增值税				
222102	未交增值税	1 830 192.56	4 180 855.56	3 858 920.00	1 508 257.00
222103	简易计税				
222104	应交消费税	489 235.52	2 987 155.52	3 428 720.00	930 800.00
222105	应交城市维护建设税	162 359.97	501 760.78	510 134.80	170 733.99
222106	应交教育费附加	69 582.84	215 040.33	218 629.20	73 171.71
222107	应交地方教育附加	46 388.56	143 360.22	145 752.80	48 781.14
222108	应交房产税	181 937.37	363 874.74	363 874.74	181 937.37
222109	应交城镇土地使用税	50 750.00	101 500.00	101 500.00	50 750.00
222110	应交印花税	11 732.08	73 926.46	88 649.96	26 455.58
222111	应交车船税			1 800.00	1 800.00
222112	应交土地增值税			124 440.00	124 440.00
222113	应交个人所得税	2 875.29	25 827.74	26 340.40	3 387.95
222114	应交所得税				
2241	其他应付款		23 650.00	23 650.00	
2501	长期借款				
2901	递延所得税负债				
4001	实收资本	100 000 000.00			100 000 000.00
4101	盈余公积	19 246.44			19 246.44
4104	未分配利润	−1 064 423.89		6 522 280.23	5 457 856.34
5001	生产成本		124 769 213.67	124 769 213.67	
500101	铅蓄电池		69 706 548.32	69 706 548.32	

续表

科目编号	会计科目	期初余额	本期借方发生额	本期贷方发生额	期末余额
500102	氢燃料电池		55 062 665.35	55 062 665.35	
5301	研发支出		3 153 235.53	3 153 235.53	
530101	原材料		1 780 250.00	1 780 250.00	
530102	工资薪金		480 000.00	480 000.00	
530103	职工福利费		36 000.00	36 000.00	
530104	职工教育经费		57 169.81	57 169.81	
530105	工会经费		8 400.00	8 400.00	
530106	社会保险费		113 400.00	113 400.00	
530107	住房公积金		46 200.00	46 200.00	
530108	水电费		63 600.00	63 600.00	
530109	折旧费		568 215.72	568 215.72	
6001	主营业务收入		144 420 000.00	144 420 000.00	
600101	铅蓄电池		85 718 000.00	85 718 000.00	
600102	氢燃料电池		58 702 000.00	58 702 000.00	
6051	其他业务收入				
6101	公允价值变动损益				
6111	投资收益		2 000 000.00	2 000 000.00	
6115	资产处置损益		1 079 110.00	1 079 110.00	
6301	营业外收入				
6401	主营业务成本		130 686 443.65	130 686 443.65	
640101	铅蓄电池		75 560 368.16	75 560 368.16	
640102	氢燃料电池		55 126 075.49	55 126 075.49	
6402	其他业务成本				
6403	税金及附加		4 859 061.50	4 859 061.50	
640301	消费税		3 428 720.00	3 428 720.00	
640302	城市维护建设税		510 134.80	510 134.80	
640303	教育费附加		218 629.20	218 629.20	
640304	地方教育附加		145 752.80	145 752.80	
640305	房产税		363 874.74	363 874.74	
640306	城镇土地使用税		101 500.00	101 500.00	
640307	印花税		88 649.96	88 649.96	
640308	车船税		1 800.00	1 800.00	
6601	销售费用				

续表

科目编号	会计科目	期初余额	本期借方发生额	本期贷方发生额	期末余额
6602	管理费用		5 568 544.49	5 568 544.49	
660201	办公费		152 747.37	152 747.37	
660202	折旧费		983 871.72	983 871.72	
660203	业务招待费		142 438.72	142 438.72	
660204	工资薪金		682 500.00	682 500.00	
660205	社会保险费		168 480.00	168 480.00	
660206	住房公积金		68 640.00	68 640.00	
660207	职工福利费		72 000.00	72 000.00	
660208	职工教育经费		18 867.92	18 867.92	
660209	工会经费		12 480.00	12 480.00	
660210	水电费		13 283.27	13 283.27	
660211	累计摊销		99 999.96	99 999.96	
660212	研究费用		3 153 235.53	3 153 235.53	
6603	财务费用		–137 219.87	–137 219.87	
660301	手续费		51 500.28	51 500.28	
660302	利息收入		–188 720.15	–188 720.15	
660303	利息支出				
6701	资产减值损失				
6711	营业外支出				
6801	所得税费用				
6901	以前年度损益调整				

引导问题 6 答案：根据 **12.5**，蔚蓝公司 12 月的会计利润总额为 4 153 674.63 元，如表 B－32 所示。

表 B－32　蔚蓝公司 12 月会计利润总额计算表

金额单位：元

项目	金额
一、营业收入	40 340 000.00
减：营业成本	36 598 123.65
税金及附加	1 484 429.79
销售费用	
管理费用	222 421.76
研发费用	973 151.31
财务费用	–12 691.14
加：其他收益	
投资收益	2 000 000.00

续表

项目	金额
公允价值变动收益	
资产处置收益	1 079 110.00
资产减值损失	
二、营业利润	4 153 674.63
加：营业外收入	
减：营业外支出	
三、利润总额	4 153 674.63

注：以上数据均来自引导问题 4 中编制的 12 月科目余额表所对应科目的本期发生额。

引导问题 7 答案：根据 **12.5**，蔚蓝公司第 4 季度预缴企业所得税的计税依据为 2024 年实际利润额 196 972.70 元，计算过程如表 B－33 所示。

表 B－33　蔚蓝公司第 4 季度预缴所得税计算表

金额单位：元

项目	金额	备注
一、1—11 月利润总额	2 368 605.60	详见表 B－4
二、12 月利润总额	4 153 674.63	详见表 B－32
三、2024 年利润总额	6 522 280.23	
减：资产加速折旧		
免税收入、减计收入、加计扣除	5 087 665.72	投资收益 2 000 000 元（详见业务 B－9）、研发费用加计扣除 3 087 665.72 元
以前年度亏损	1 237 641.81	详见表 B－7
四、2024 年实际利润额	196 972.70	

小提示：研发费用加计扣除金额包含人员人工费用、直接投入费用、折旧费用、无形资产摊销、新产品设计费、新工艺规程制定费、新药研制的临床试验费、勘探开发技术的现场试验费、其他相关费用。人员人工费用指直接从事研发活动人员的工资薪金、基本养老保险费、基本医疗保险费、失业保险费、工伤保险费、生育保险费和住房公积金，以及外聘研发人员的劳务费用；其他相关费用指与研发活动直接相关的其他费用，如技术图书资料费、资料翻译费、专家咨询费、高新科技研发保险费，研发成果的检索、分析、评议、论证、鉴定、评审、评估、验收费用，知识产权的申请费、注册费、代理费，差旅费、会议费，职工福利费、补充养老保险费、补充医疗保险费。此类费用总额不得超过可加计扣除研发费用总额的 10%。蔚蓝公司研发费用加计扣除金额 = 研究费用 – 研发人员职工教育经费 – 工会经费 = 3 153 235.53–57 169.81–8 400.00=3 087 665.72（元）。

引导问题 8 答案：根据 **12.7**，蔚蓝公司享受企业所得税的税收优惠政策具体如下：

（1）根据 **12.7.1**，蔚蓝公司取得被投资单位分配的投资收益属于免税收入（详见业务 B－9）。

（2）根据 **12.7.4**，蔚蓝公司 2024 年度发生的研发费用，未形成无形资产计入当期损益，在按照规定据实扣除的基础上，按照研究开发费用的 100% 加计扣除。

引导问题 9 答案：根据 **12.4**，蔚蓝公司 2024 年实际利润额为 196 972.70 元，适用的税率为 25%。

引导问题 10 答案：蔚蓝公司第 4 季度应预缴的企业所得税 =2024 年实际利润额 × 适用税率 – 第 1—3 季度已预缴企业所得税 =196 972.70 × 25%–0= 49 243.18（元）。

小提示：第 1—3 季度已预缴企业所得税详见“二、2024 年 1—11 月相关涉税信息”中“6.2024

年12月纳税申报涉及的以往相关税费情况如下”的（3）。

引导问题11答案：蔚蓝公司2024年度纳税调整额是56 975.49元，计算过程如表B－34所示。

表B－34　蔚蓝公司企业所得税纳税调整额计算表

金额单位：元

项目	实际发生额	税法允许扣除额	纳税调整额	政策依据	实际发生额数据来源
工资薪金	1 456 500	1 456 500	0 （1 456 500–1 456 500）	**12.5.4.1**	表B－32 应付职工薪酬——工资薪金
福利费	133 000	133 000 （1 456 500×14%= 203 910，但不得超过133 000）	0 （133 000–133 000）	**12.5.4.1**	表B－32 应付职工薪酬——职工福利费
工会经费	26 400	26 400 （1 456 500×2%= 29 130，但不得超过26 400）	0 （26 400–26 400 ）	**12.5.4.1**	表B－32 应付职工薪酬——工会经费
职工教育经费	76 037.73	76 037.73 （1 456 500×8%= 116 520，超过部分准予结转）	0 （76 037.73–76 037.73）	**12.5.4.1**	表B－32 应付职工薪酬——职工教育经费
业务招待费	142 438.72	142 438.72 （142 438.72×60%=85 463.23，未超过144 420 000×0.5%= 722 100）	56 975.49 （142 438.72–85 463.23）	**12.5.4.8**	表B－32 管理费用——业务招待费
合计			56 975.49		

引导问题12答案：2024年度企业所得税汇算清缴的计税依据为应纳税所得额＝会计利润总额＋纳税调整增加额－弥补以前年度亏损－纳税调整减少额=6 522 280.23+56 975.49–1 237 641.81–5 087 665.72= 253 948.19（元）。

引导问题13答案：蔚蓝公司2024年度应纳企业所得税额＝应纳税所得额×适用税率＝253 948.19×25%= 63 487.05（元）。

引导问题14答案：蔚蓝公司2024年度应补（退）所得税额=2024年度应纳企业所得税额－本年累计实际已缴纳的所得税额=63 487.05–49 243.18=14 243.87（元），蔚蓝公司2024年度应补企业所得税14 243.87元。

引导问题15答案：根据**12.9**，蔚蓝公司企业所得税的纳税地点为汉东市经开区。

引导问题16答案：

（1）根据**12.11**，蔚蓝公司12月份预缴企业所得税63 487.05元，会计处理如下：

借：所得税费用　　63 487.05

　贷：应交税费——应交所得税　　63 487.05

（2）年末计算企业所得税汇算清缴数为应补企业所得税14 243.87元，会计处理如下：

借：所得税费用　　14 243.87

　贷：应交税费——应交所得税　　14 243.87

引导问题17答案：如表B－54～表B－68所示。

服务业企业纳税申报表

表 A－22　增值税及附加税费申报表

（小规模纳税人适用）

纳税人识别号（统一社会信用代码）：911201860691232032

纳税人名称：汉东市腾飞数字科技有限公司

税款所属期：2024 年 12 月 1 日至 2024 年 12 月 31 日　　填表日期：2025 年 1 月 7 日　　金额单位：元（列至角分）

项目		栏次	本期数		本年累计	
			货物及劳务	服务、不动产和无形资产	货物及劳务	服务、不动产和无形资产
一、计税依据	（一）应征增值税不含税销售额（3% 征收率）	1				1 359 223.30
	增值税专用发票不含税销售额	2				
	其他增值税发票不含税销售额	3				1 359 223.30
	（二）应征增值税不含税销售额（5% 征收率）	4	—			—
	增值税专用发票不含税销售额	5	—			—
	其他增值税发票不含税销售额	6	—			—
	（三）销售使用过的固定资产不含税销售额	7（7 ≥ 8）		—		—
	其中：其他增值税发票不含税销售额	8		—		—
	（四）免税销售额	9=10+11+12		100 000.00		100 000.00
	其中：小微企业免税销售额	10		100 000.00		100 000.00
	未达起征点销售额	11				
	其他免税销售额	12				
	（五）出口免税销售额	13（13 ≥ 14）				
	其中：其他增值税发票不含税销售额	14				

续表

项目		栏次	本期数		本年累计	
			货物及劳务	服务、不动产和无形资产	货物及劳务	服务、不动产和无形资产
二、税款计算	本期应纳税额	15				40 776.70
	本期应纳税额减征额	16				27 184.47
	本期免税额	17		3 000.00		3 000.00
	其中：小微企业免税额	18		3 000.00		3 000.00
	未达起征点免税额	19				
	应纳税额合计	20=15–16				13 592.23
	本期预缴税额	21				—
	本期应补（退）税额	22=20–21				—
三、附加税费	城市维护建设税本期应补（退）税额	23			475.73	
	教育费附加本期应补（退）费额	24			203.88	
	地方教育附加本期应补（退）费额	25			135.92	
声明：此表是根据国家税收法律法规及相关规定填写的，本人（单位）对填报内容（及附带资料）的真实性、可靠性、完整性负责。 纳税人（签章）：汉东市腾飞数字科技有限公司　　2025 年 1 月 7 日						
经办人：胡美丽 经办人身份证号：3701011988081206 × × 代理机构签章： 代理机构统一社会信用代码：			受理人： 受理税务机关（章）： 受理日期：　　年　　月　　日			

表 A－23　增值税及附加税费申报表（小规模纳税人适用）附列资料（二）

（附加税费情况表）

税（费）款所属时间：2024 年 12 月 1 日至 2024 年 12 月 31 日

纳税人名称：（公章）汉东市腾飞数字科技有限公司　　　　金额单位：元（列至角分）

<table>
<tr><td rowspan="3">税（费）种</td><td>计税（费）依据</td><td rowspan="2">税（费）率（%）</td><td rowspan="2">本期应纳税（费）额</td><td colspan="2">本期减免税（费）额</td><td colspan="2">增值税小规模纳税人“六税两费”减征政策</td><td rowspan="2">本期已缴税（费）额</td><td rowspan="2">本期应补（退）税（费）额</td></tr>
<tr><td>增值税税额</td><td>减免性质代码</td><td>减免税（费）额</td><td>减征比例（%）</td><td>减征额</td></tr>
<tr><td>1</td><td>2</td><td>3=1×2</td><td>4</td><td>5</td><td>6</td><td>7=（3－5）×6</td><td>8</td><td>9=3－5－7－8</td></tr>
<tr><td>城市维护建设税</td><td></td><td></td><td></td><td></td><td></td><td></td><td></td><td></td><td></td></tr>
<tr><td>教育费附加</td><td></td><td></td><td></td><td></td><td></td><td></td><td></td><td></td><td></td></tr>
<tr><td>地方教育附加</td><td></td><td></td><td></td><td></td><td></td><td></td><td></td><td></td><td></td></tr>
<tr><td>合计</td><td>—</td><td>—</td><td></td><td>—</td><td></td><td>—</td><td></td><td></td><td></td></tr>
</table>

表 A－24　印花税税源明细表

纳税人识别号（统一社会信用代码）：911201860691232032
纳税人名称：汉东腾飞数字科技有限公司

金额单位：人民币元（列至角分）

序号	应税凭证税务编号	应税凭证编号	应税凭证名称	申报期限类型	应税凭证数量	税目	子目	税款所属期起	税款所属期止	应税凭证书立日期	计税金额	实际结算日期	实际结算金额	税率	减免性质代码和项目名称	对方书立人信息		
																对方书立人名称	对方书立人纳税人识别号（统一社会信用代码）	对方书立人涉及金额
1	（不需填写）	（略）	技术服务合同	按期申报	1	技术合同	技术服务合同	2024年10月1日	2024年12月31日	2024年11月18日	100 000.00			0.03%		（略）	（略）	（略）
2	（不需填写）	（略）	购销合同	按期申报	1	买卖合同	（不需填写）	2024年1月1日	2024年12月31日	2024年12月2日	49 504.95			0.03%		（略）	（略）	（略）
3	（不需填写）	（略）	电梯广告发布合同	按期申报	1	承揽合同	定作合同	2024年10月1日	2024年12月31日	2024年12月1日	30 000.00			0.03%		（略）	（略）	（略）

表 A－25　财产和行为税纳税申报表

纳税人识别号（统一社会信用代码）：911201860691232032

纳税人名称：汉东腾飞数字科技有限公司

金额单位：人民币元（列至角分）

序号	税种	税目	税款所属期起	税款所属期止	计税依据	税率	应纳税额	减免税额	已缴税额	应补（退）税额
1	印花税	技术合同	2024 年 10 月 1 日	2024 年 12 月 31 日	100 000.00 元	0.03%	30.00	15.00		15.00
2	印花税	买卖合同	2024 年 10 月 1 日	2024 年 12 月 31 日	49 504.95 元	0.03%	14.85	7.42		7.43
3	印花税	承揽合同	2024 年 10 月 1 日	2024 年 12 月 31 日	30 000.00 元	0.03%	9.00	4.50		4.50
	合计	—	—	—	—	—	53.85	26.92		26.93

声明：此表是根据国家税收法律法规及相关规定填写的，本人（单位）对填报内容（及附带资料）的真实性、可靠性、完整性负责。

纳税人（签章）：汉东 腾飞数字科技有限公司　　2025 年 1 月 7 日

经办人及代理机构	受理信息
经办人：张启航 经办人身份证号：3701011994061108×× 代理机构签章： 代理机构统一社会信用代码：	受理人： 受理税务机关（章）： 受理日期：　　年　　月　　日

表 A－26　财产和行为税减免税明细申报附表

纳税人识别号（统一社会信用代码）：911201860691232032
纳税人名称：汉东腾飞数字科技有限公司

金额单位：人民币元（列至角分）

本期是否适用增值税小规模纳税人减征政策		■是□否		本期适用增值税小规模纳税人减征政策起始时间	2024 年 10 月
				本期适用增值税小规模纳税人减征政策终止时间	2024 年 12 月
合计减免税额			26.92		
城镇土地使用税					
序号	**土地编号**	**税款所属期起**	**税款所属期止**	**减免性质代码和项目名称**	**减免税额**
1					
2					
小计	—			—	
房产税					
序号	**房产编号**	**税款所属期起**	**税款所属期止**	**减免性质代码和项目名称**	**减免税额**
1					
2					
小计	—			—	
车船税					
序号	**车辆识别代码 / 船舶识别码**	**税款所属期起**	**税款所属期止**	**减免性质代码和项目名称**	**减免税额**
1					
2					
小计				—	
印花税					
序号	**税目**	**税款所属期起**	**税款所属期止**	**减免性质代码和项目名称**	**减免税额**
1	技术合同	2024 年 10 月 1 日	2024 年 12 月 31 日	0009049901 增值税小规模纳税人印花税减征	15.00
2	买卖合同	2024 年 10 月 1 日	2024 年 12 月 31 日	0009049901 增值税小规模纳税人印花税减征	7.42
3	承揽合同	2024 年 10 月 1 日	2024 年 12 月 31 日	0009049901 增值税小规模纳税人印花税减征	4.50
小计	—			—	26.92

续表

契税					
序号	税源编号	税款所属期起	税款所属期止	减免性质代码和项目名称	减免税额
1					
2					
小计	—			—	
土地增值税					
序号	项目编号	税款所属期起	税款所属期止	减免性质代码和项目名称	减免税额
1					
2					
小计	—			—	

声明：此表是根据国家税收法律法规及相关规定填写的，本人（单位）对填报内容（及附带资料）的真实性、可靠性、完整性负责。 纳税人（签章）：汉东市腾飞数字科技有限公司　　2025 年 1 月 7 日	
经办人：胡美丽 经办人身份证号：3701011988081206 × × 代理机构签章： 代理机构统一社会信用代码：	受理人： 受理税务机关（章）： 受理日期：　　年　　月　　日

表 A－28　个人所得税年度自行纳税申报表（A 表）

（仅取得境内综合所得年度汇算适用）

税款所属期：2024 年 1 月 1 日至 2024 年 12 月 31 日

纳税人姓名：张腾飞

纳税人识别号：3701011982051832 × ×　　　　金额单位：人民币元（列至角分）

<table>
<tr><th colspan="6">基本情况</th></tr>
<tr><td>手机号码</td><td>188030263 × ×</td><td>电子邮箱</td><td>（略）</td><td>邮政编码</td><td>（略）</td></tr>
<tr><td>联系地址</td><td colspan="5">汉东省（区、市）开发区（县）街道（乡、镇）综合服务区办公楼 C 座 101–102 室</td></tr>
<tr><th colspan="6">纳税地点（单选）</th></tr>
<tr><td colspan="3">1. 有任职受雇单位的，需选本项并填写“任职受雇单位信息”：</td><td colspan="3">■任职受雇单位所在地</td></tr>
<tr><td rowspan="2">任职受雇单位信息</td><td>名称</td><td colspan="4">汉东市腾飞数字科技有限公司</td></tr>
<tr><td>纳税人识别号</td><td colspan="4">911201860691232032</td></tr>
<tr><td colspan="3">2. 没有任职受雇单位的，可以从本栏次选择一地：</td><td colspan="3">□户籍所在地□经常居住地</td></tr>
<tr><td colspan="2">户籍所在地 / 经常居住地</td><td colspan="4">省（区、市）　市区（县）　街道（乡、镇）</td></tr>
<tr><th colspan="6">申报类型（单选）</th></tr>
<tr><td colspan="6">■首次申报□更正申报</td></tr>
<tr><th colspan="6">综合所得个人所得税计算</th></tr>
<tr><th colspan="4">项目</th><th>行次</th><th>金额</th></tr>
<tr><td colspan="4">一、收入合计（第 1 行 = 第 2 行 + 第 3 行 + 第 4 行 + 第 5 行）</td><td>1</td><td>248 400.00</td></tr>
<tr><td colspan="4">（一）工资、薪金</td><td>2</td><td>242 400.00</td></tr>
<tr><td colspan="4">（二）劳务报酬</td><td>3</td><td>6 000.00</td></tr>
<tr><td colspan="4">（三）稿酬</td><td>4</td><td></td></tr>
<tr><td colspan="4">（四）特许权使用费</td><td>5</td><td></td></tr>
<tr><td colspan="4">二、费用合计［第 6 行 =（第 3 行 + 第 4 行 + 第 5 行）× 20%］</td><td>6</td><td>1 200.00</td></tr>
<tr><td colspan="4">三、免税收入合计（第 7 行 = 第 8 行 + 第 9 行）</td><td>7</td><td></td></tr>
<tr><td colspan="4">（一）稿酬所得免税部分［第 8 行 = 第 4 行 ×（1–20%）× 30%］</td><td>8</td><td></td></tr>
<tr><td colspan="4">（二）其他免税收入（附报《个人所得税减免税事项报告表》）</td><td>9</td><td></td></tr>
<tr><td colspan="4">四、减除费用</td><td>10</td><td>60 000.00</td></tr>
<tr><td colspan="4">五、专项扣除合计（第 11 行 = 第 12 行 + 第 13 行 + 第 14 行 + 第 15 行）</td><td>11</td><td>43 860.00</td></tr>
<tr><td colspan="4">（一）基本养老保险费</td><td>12</td><td>16 320.00</td></tr>
<tr><td colspan="4">（二）基本医疗保险费</td><td>13</td><td>4 080.00</td></tr>
<tr><td colspan="4">（三）失业保险费</td><td>14</td><td>1 020.00</td></tr>
<tr><td colspan="4">（四）住房公积金</td><td>15</td><td>22 440.00</td></tr>
<tr><td colspan="4">六、专项附加扣除合计（附报《个人所得税专项附加扣除信息表》）
（第 16 行 = 第 17 行 + 第 18 行 + 第 19 行 + 第 20 行 + 第 21 行 + 第 22 行 + 第 23 行）</td><td>16</td><td>78 000.00</td></tr>
<tr><td colspan="4">（一）子女教育</td><td>17</td><td>48 000.00</td></tr>
<tr><td colspan="4">（二）继续教育</td><td>18</td><td></td></tr>
<tr><td colspan="4">（三）大病医疗</td><td>19</td><td></td></tr>
<tr><td colspan="4">（四）住房贷款利息</td><td>20</td><td>12 000.00</td></tr>
<tr><td colspan="4">（五）住房租金</td><td>21</td><td></td></tr>
<tr><td colspan="4">（六）赡养老人</td><td>22</td><td>18 000.00</td></tr>
<tr><td colspan="4">（七）3 岁以下婴幼儿照护</td><td>23</td><td></td></tr>
<tr><td colspan="4">七、其他扣除合计（第 24 行 = 第 25 行 + 第 26 行 + 第 27 行 + 第 28 行 + 第 29 行 + 第 30 行）</td><td>24</td><td></td></tr>
<tr><td colspan="4">（一）年金</td><td>25</td><td></td></tr>
</table>

续表

<table>
<tr><th colspan="3">综合所得个人所得税计算</th></tr>
<tr><th>项目</th><th>行次</th><th>金额</th></tr>
<tr><td>（二）商业健康保险（附报《商业健康保险税前扣除情况明细表》）</td><td>26</td><td></td></tr>
<tr><td>（三）税延养老保险（附报《个人税收递延型商业养老保险税前扣除情况明细表》）</td><td>27</td><td></td></tr>
<tr><td>（四）允许扣除的税费</td><td>28</td><td></td></tr>
<tr><td>（五）个人养老金</td><td>29</td><td></td></tr>
<tr><td>（六）其他</td><td>30</td><td></td></tr>
<tr><td>八、准予扣除的捐赠额（附报《个人所得税公益慈善事业捐赠扣除明细表》）</td><td>31</td><td></td></tr>
<tr><td>九、应纳税所得额
（第 32 行 = 第 1 行 − 第 6 行 − 第 7 行 − 第 10 行 − 第 11 行 − 第 16 行 − 第 24 行 − 第 31 行）</td><td>32</td><td>65 340.00</td></tr>
<tr><td>十、税率（%）</td><td>33</td><td>0.10</td></tr>
<tr><td>十一、速算扣除数</td><td>34</td><td>2 520.00</td></tr>
<tr><td>十二、应纳税额（第 35 行 = 第 32 行 × 第 33 行 − 第 34 行）</td><td>35</td><td>4 014.00</td></tr>
<tr><th colspan="3">全年一次性奖金个人所得税计算</th></tr>
<tr><th colspan="3">（无住所居民个人预判为非居民个人取得的数月奖金，选择按全年一次性奖金计税的填写本部分）</th></tr>
<tr><td>一、全年一次性奖金收入</td><td>36</td><td></td></tr>
<tr><td>二、准予扣除的捐赠额（附报《个人所得税公益慈善事业捐赠扣除明细表》）</td><td>37</td><td></td></tr>
<tr><td>三、税率（%）</td><td>38</td><td></td></tr>
<tr><td>四、速算扣除数</td><td>39</td><td></td></tr>
<tr><td>五、应纳税额［第 40 行 =（第 36 行 − 第 37 行）× 第 38 行 − 第 39 行］</td><td>40</td><td></td></tr>
<tr><th colspan="3">税额调整</th></tr>
<tr><td>一、综合所得收入调整额（需在“备注”栏说明调整具体原因、计算方式等）</td><td>41</td><td></td></tr>
<tr><td>二、应纳税额调整额</td><td>42</td><td></td></tr>
<tr><th colspan="3">应补 / 退个人所得税计算</th></tr>
<tr><td>一、应纳税额合计（第 43 行 = 第 35 行 + 第 40 行 + 第 42 行）</td><td>43</td><td>4 014.00</td></tr>
<tr><td>二、减免税额（附报《个人所得税减免税事项报告表》）</td><td>44</td><td></td></tr>
<tr><td>三、已缴税额</td><td>45</td><td>3 534.00</td></tr>
<tr><td>四、应补 / 退税额（第 46 行 = 第 43 行 − 第 44 行 − 第 45 行）</td><td>46</td><td>480.00</td></tr>
</table>

<table>
<tr><th colspan="4">无住所个人附报信息</th></tr>
<tr><td>纳税年度内在中国境内居住天数</td><td></td><td>已在中国境内居住年数</td><td></td></tr>
<tr><th colspan="4">退税申请</th></tr>
<tr><th colspan="4">（应补 / 退税额小于 0 的填写本部分）</th></tr>
<tr><td colspan="4">■ 申请退税（需填写“开户银行名称”“开户银行省份”“银行账号”） □放弃退税</td></tr>
<tr><td>开户银行名称</td><td>略</td><td>开户银行省份</td><td>略</td></tr>
<tr><td>银行账号</td><td colspan="3">略</td></tr>
<tr><th colspan="4">备注</th></tr>
<tr><td colspan="4">谨声明：本表是根据国家税收法律法规及相关规定填报的，本人对填报内容（附带资料）的真实性、可靠性、完整性负责。</td></tr>
<tr><td colspan="4">纳税人签字：张腾飞　　　2025 年 5 月 10 日</td></tr>
<tr><td colspan="2">经办人签字：
经办人身份证件类型：
经办人身份证件号码：
代理机构签章：
代理机构统一社会信用代码：</td><td colspan="2">受理人：

受理税务机关（章）：

受理日期：　　年　　月　　日</td></tr>
</table>

表 A－29　中华人民共和国企业所得税月（季）度预缴纳税申报表（A 类）

税款所属期间：2024 年 10 月 1 日至 2024 年 12 月 31 日

纳税人识别号（统一社会信用代码）：911201860691232032

纳税人名称：汉东市腾飞数字科技有限公司　　　　金额单位：人民币元（列至角分）

优惠及附报事项有关信息									
项目	一季度		二季度		三季度		四季度		季度平均值
	季初	季末	季初	季末	季初	季末	季初	季末	
从业人数	5	5	5	5	5	5	5	5	5
资产总额（万元）	243.05	264.28	264.28	278.85	278.85	298.57	298.57	302.80	278.66
国家限制或禁止行业	□是■否				小型微利企业				■是□否

	附报事项名称	金额或选项
事项 1	（填写特定事项名称）	
事项 2	（填写特定事项名称）	

	预缴税款计算	本年累计
1	营业收入	1 459 223.30
2	营业成本	1 085 531.29
3	利润总额	111 825.23
4	加：特定业务计算的应纳税所得额	
5	减：不征税收入	
6	减：资产加速折旧、摊销（扣除）调减额（填写 A201020）	
7	减：免税收入、减计收入、加计扣除（7.1+7.2+ …）	
7.1	（填写优惠事项名称）	
7.2	（填写优惠事项名称）	
8	减：所得减免（8.1+8.2+ …）	
8.1	（填写优惠事项名称）	
8.2	（填写优惠事项名称）	
9	减：弥补以前年度亏损	77 809.82
10	实际利润额（3+4−5−6−7−8−9）\ 按照上一纳税年度应纳税所得额平均额确定的应纳税所得额	34 015.41
11	税率（25%）	25%
12	应纳所得税额（ 10 × 11 ）	8 503.85
13	减：减免所得税额（ 13. 1+13.2+ …）	
13.1	符合条件的小型微利企业减免企业所得税	6 803.08
13.2	（填写优惠事项名称）	
14	减：本年实际已缴纳所得税额	6 367.95
15	减：特定业务预缴（征）所得税额	
16	本期应补（退）所得税额（12−13−14−15）\ 税务机关确定的本期应纳所得税额	1 430.73

汇总纳税企业总分机构税款计算			
17	总机构	总机构本期分摊应补（退）所得税额（18+19+20 ）	
18		其中：总机构分摊应补（退）所得税额（16× 总机构分摊比例 %）	
19		财政集中分配应补（退）所得税额（16× 财政集中分配比例 %）	
20		总机构具有主体生产经营职能的部门分摊所得税额（16× 全部分支机构分摊比例 %× 总机构具有主体生产经营职能部门分摊比例 %）	
21	分支机构	分支机构本期分摊比例	

表 A－30 中华人民共和国企业所得税年度纳税申报表
（A 类，2017 年版）

税款所属期间：2024 年 1 月 1 日至 2024 年 12 月 31 日 纳税人识别号：（统一社会信用代码）911201860691232032 纳税人名称：汉东市腾飞数字科技有限公司 金额单位：人民币元（列至角分）	
谨声明：本纳税申报表是根据国家税收法律法规及相关规定填报的，是真实的、可靠的、完整的。 纳税人签章：汉东市腾飞数字科技有限公司 2025 年 4 月 19 日	
经办人：胡美丽 经办人身份证号：3701011988081206×× 代理机构签章：	受理人： 受理税务机关（章）： 受理日期：　年　月　日

表 A－31 企业所得税年度纳税申报表填报表单

表单编号	表单名称	是否填报
A000000	企业所得税年度纳税申报基础信息表	√
A100000	中华人民共和国企业所得税年度纳税申报表（A 类）	√
A101010	一般企业收入明细表	□
A101020	金融企业收入明细表	□
A102010	一般企业成本支出明细表	□
A102020	金融企业支出明细表	□
A103000	事业单位、民间非营利组织收入、支出明细表	□
A104000	期间费用明细表	□
A105000	纳税调整项目明细表	√
A105010	视同销售和房地产开发企业特定业务纳税调整明细表	□
A105020	未按权责发生制确认收入纳税调整明细表	□
A105030	投资收益纳税调整明细表	□
A105040	专项用途财政性资金纳税调整明细表	□
A105050	职工薪酬支出及纳税调整明细表	√
A105060	广告费和业务宣传费等跨年度纳税调整明细表	√
A105070	捐赠支出及纳税调整明细表	√
A105080	资产折旧、摊销及纳税调整明细表	√
A105090	资产损失税前扣除及纳税调整明细表	□
A105100	企业重组及递延纳税事项纳税调整明细表	□
A105110	政策性搬迁纳税调整明细表	□
A105120	贷款损失准备金及纳税调整明细表	□
A106000	企业所得税弥补亏损明细表	√
A107010	免税、减计收入及加计扣除优惠明细表	□
A107011	符合条件的居民企业之间的股息、红利等权益性投资收益优惠明细表	□

续表

表单编号	表单名称	是否填报
A107012	研发费用加计扣除优惠明细表	□
A107020	所得减免优惠明细表	□
A107030	抵扣应纳税所得额明细表	□
A107040	减免所得税优惠明细表	√
A107041	高新技术企业优惠情况及明细表	□
A107042	软件、集成电路企业优惠情况及明细表	□
A107050	税额抵免优惠明细表	□
A108000	境外所得税收抵免明细表	□
A108010	境外所得纳税调整后所得明细表	□
A108020	境外分支机构弥补亏损明细表	□
A108030	跨年度结转抵免境外所得税明细表	□
A109000	跨地区经营汇总纳税企业年度分摊企业所得税明细表	□
A109010	企业所得税汇总纳税分支机构所得税分配表	□
说明：企业应当根据实际情况选择需要填报的表单。		

表 A－32　A000000 企业所得税年度纳税申报基础信息表

基本经营情况（必填项目）			
101 纳税申报企业类型（填写代码）	100	102 分支机构就地纳税比例（%）	
103 资产总额（填写平均值，单位：万元）	315.00	104 从业人数（填写平均值，单位：人）	5
105 所属国民经济行业（填写代码）	651	106 从事国家限制或禁止行业	□是 ■ 否
107 适用会计准则或会计制度（填写代码）	110	108 采用一般企业财务报表格式（2019 年版）	■ 是 □否
109 小型微利企业	■ 是 □否	110 上市公司	是（□境内 □境外）■ 否
有关涉税事项情况（存在或者发生下列事项时必填）			
201 从事股权投资业务	□是	202 存在境外关联交易	□是
203 境外所得信息 203－1 选择采用的境外所得抵免方式	分国（地区）不分项　不分国（地区）不分项		
203 境外所得信息 203－2 海南自由贸易港新增境外直接投资信息	是（产业类别：　旅游业　现代服务业　高新技术产业）		
204 有限合伙制创业投资企业的法人合伙人	□是	205 创业投资企业	□是
206 技术先进型服务企业类型（填写代码）		207 非营利组织	□是
208 软件、集成电路企业类型（填写代码）		209 集成电路生产项目类型	□ 130 纳米 □ 65 纳米 □ 28 纳米
210 科技型中小企业 210－1　2020 年（申报所属期年度）入库编号 1		210－2 入库时间 1	
210 科技型中小企业 210－3　2021 年（所属期下一年度）入库编号 2		210－4 入库时间 2	
211 高新技术企业申报所属期年度有效的高新技术企业证书 211－1 证书编号 1		211－2 发证时间 1	
211 高新技术企业申报所属期年度有效的高新技术企业证书 211－3 证书编号 2		211－4 发证时间 2	
212 重组事项税务处理方式	□一般性 □特殊性	213 重组交易类型（填写代码）	
214 重组当事方类型（填写代码）		215 政策性搬迁开始时间	
216 发生政策性搬迁且停止生产经营无所得年度	□是	217 政策性搬迁损失分期扣除年度	□是
218 发生非货币性资产对外投资递延纳税事项	□是	219 非货币性资产对外投资转让所得递延纳税年度	□是
220 发生技术成果投资入股递延纳税事项	□是	221 技术成果投资入股递延纳税年度	□是
222 发生资产（股权）划转特殊性税务处理事项	□是	223 债务重组所得递延纳税年度	□是

续表

主要股东及分红情况（必填项目）					
股东名称	证件种类	证件号码	投资比例	当年（决议日）分配的股息、红利等权益性投资收益金额	国籍（注册地址）
其余股东合计	—	—			—

表 A－33　A100000 企业所得税年度纳税申报主表

行次	类别	项目	金额
1	利润总额计算	一、营业收入（填写 A101010\101020\103000）	1 459 223.30
2		减：营业成本（填写 A102010\102020\103000）	1 085 531.29
3		减：税金及附加	1 108.46
4		减：销售费用（填写 A104000）	30 000.00
5		减：管理费用（填写 A104000）	223 093.68
6		减：研发费用（填写 A104000）	— 1 335.36
7		减：财务费用（填写 A104000）	
8		加：其他收益	
9		加：投资收益（损失以"—"号填列）	
10		加：净敞口套期收益（损失以"—"号填列）	
11		加：公允价值变动收益（损失以"—"号填列）	
12		加：信用减值损失（损失以"—"号填列）	
13		加：资产减值损失（损失以"—"号填列）	
14		加：资产处置收益（损失以"—"号填列）	
15		二、营业利润（亏损以"—"号填列）	120 825.23
16		加：营业外收入（填写 A101010/101020/103000）	1 000.00
17		减：营业外支出（填写 A102010/102020/103000）	10 000.00
18		三、利润总额（15 + 16 — 17）	111 825.23
19	应纳税所得额计算	减：境外所得（填写 A108010）	
20		加：纳税调整增加额（填写 A105000）	34 703.88
21		减：纳税调整减少额（填写 A105000）	
22		减：免税、减计收入及加计扣除（22.1 + 22.2 +…）	
22.1		（填写优惠事项名称）	
22.2		（填写优惠事项名称）	
23		加：境外应税所得抵减境内亏损（填写 A108000）	
24		四、纳税调整后所得（18 — 19 + 20 — 21 — 22 + 23）	146 529.11
25		减：所得减免（填写 A107020）	
26		减：弥补以前年度亏损（填写 A106000）	77 809.82
27		减：抵扣应纳税所得额（填写 A107030）	
28		五、应纳税所得额（24 — 25 — 26 — 27）	68 719.29
29	应纳税额计算	税率（25%）	25%
30		六、应纳所得税额（28 × 29）	17 179.82
31		减：减免所得税额（31.1 + 31.2 +…）	13 743.86
31.1		符合条件的小型微利企业减免企业所得税	13 743.86
31.2		（填写优惠事项名称）	
32		减：抵免所得税额（填写 A107050）	
33		七、应纳税额（30 — 31 — 32）	3 435.96
34		加：境外所得应纳所得税额（填写 A108000）	
35		减：境外所得抵免所得税额（填写 A108000）	
36		八、实际应纳所得税额（33 + 34 — 35）	3 435.96
37	实际应补（退）税额计算	减：本年累计预缴所得税额	6 367.95
38		九、本年应补（退）所得税额（36 — 37）	— 2 931.99
39		其中：总机构分摊本年应补（退）所得税额（填写 A109000）	
40		财政集中分配本年应补（退）所得税额（填写 A109000）	
41		总机构主体生产经营部门分摊本年应补（退）所得税额（填写 A109000）	
42		减：民族自治地区企业所得税地方分享部分：（□ 免征 □ 减征：减征幅度 %）	
43		减：稽查查补（退）所得税额	
44		减：特别纳税调整补（退）所得税额	
45		十、本年实际应补（退）所得税额（38 — 42 — 43 — 44）	— 2 931.99

表 A－34　A105000 纳税调整项目明细表

行次	项目	账载金额	税收金额	调增金额	调减金额
		1	2	3	4
1	一、收入类调整项目（2+3+ …+8+10+11）	*	*		
2	（一）视同销售收入（填写 A105010）	*			*
3	（二）未按权责发生制原则确认的收入（填写 A105020）				
4	（三）投资收益（填写 A105030）				
5	（四）按权益法核算长期股权投资对初始投资成本调整确认收益	*	*	*	
6	（五）交易性金融资产初始投资调整	*	*		*
7	（六）公允价值变动净损益		*		
8	（七）不征税收入	*	*		
9	其中：专项用途财政性资金（填写 A105040）	*	*		
10	（八）销售折扣、折让和退回				
11	（九）其他				
12	二、扣除类调整项目（13+14+…+24+26+27+28+29+30）	*	*	34 703.88	
13	（一）视同销售成本（填写 A105010）	*		*	
14	（二）职工薪酬（填写 A105050）	723 110.00	723 110.00		
15	（三）业务招待费支出	32 000.00	7 296.12	24 703.88	*
16	（四）广告费和业务宣传费支出（填写 A105060）	*			
17	（五）捐赠支出（填写 A105070）	10 000.00		10 000.00	
18	（六）利息支出				
19	（七）罚金、罚款和被没收财物的损失		*		*
20	（八）税收滞纳金、加收利息		*		*
21	（九）赞助支出		*		*
22	（十）与未实现融资收益相关在当期确认的财务费用				
23	（十一）佣金和手续费支出（保险企业填写 A105060）				
24	（十二）不征税收入用于支出所形成的费用	*	*		*
25	其中：专项用途财政性资金用于支出所形成的费用（填写 A105040）	*	*		*
26	（十三）跨期扣除项目				
27	（十四）与取得收入无关的支出		*		*
28	（十五）境外所得分摊的共同支出	*	*		*
29	（十六）党组织工作经费				
30	（十七）其他				
31	三、资产类调整项目（32+33+34+35）	*	*		
32	（一）资产折旧、摊销（填写 A105080）	432 889.36	432 889.36		
33	（二）资产减值准备金		*		
34	（三）资产损失（填写 A105090）				
35	（四）其他				
36	四、特殊事项调整项目（37+38+…+43）	*	*		
37	（一）企业重组及递延纳税事项（填写 A105100）				
38	（二）政策性搬迁（填写 A105110）	*	*		

续表

行次	项目	账载金额	税收金额	调增金额	调减金额
		1	2	3	4
39	（三）特殊行业准备金（39.1+39.2+39.4+39.5+39.6+39.7）	*	*		
39.1	1. 保险公司保险保障基金				
39.2	2. 保险公司准备金				
39.3	其中：已发生未报案未决赔款准备金				
39.4	3. 证券行业准备金				
39.5	4. 期货行业准备金				
39.6	5. 中小企业融资（信用）担保机构准备金				
39.7	6. 金融企业、小额贷款公司准备金（填写 A105120）	*	*		
40	（四）房地产开发企业特定业务计算的纳税调整额（填写 A105010）	*			
41	（五）合伙企业法人合伙人应分得的应纳税所得额				
42	（六）发行永续债利息支出				
43	（七）其他	*	*		
44	五、特别纳税调整应税所得	*	*		
45	六、其他	*	*		
46	合计（1+12+31+36+44+45）	*	*	34 703.88	

表 A－35　A105050 职工薪酬支出及纳税调整明细表

行次	项目	账载金额	实际发生额	税收规定扣除率	以前年度累计结转扣除额	税收金额	纳税调整金额	累计结转以后年度扣除额
		1	2	3	4	5	6（1-5）	7（2+4-5）
1	一、工资薪金支出	494 500.00	494 500.00	*	*	494 500.00		*
2	其中：股权激励			*	*			*
3	二、职工福利费支出	30 000.00	30 000.00	14%	*	30 000.00		*
4	三、职工教育经费支出	20 000.00	20 000.00	*		20 000.00		
5	其中：按税收规定比例扣除的职工教育经费	20 000.00	20 000.00	8%		20 000.00		
6	按税收规定全额扣除的职工培训费用			0%	*			*
7	四、工会经费支出	9 890.00	9 890.00	2%	*	9 890.00		*
8	五、各类基本社会保障性缴款	119 880.00	119 880.00	*	*	119 880.00		*
9	六、住房公积金	48 840.00	48 840.00	*	*	48 840.00		*
10	七、补充养老保险			5%	*			*
11	八、补充医疗保险			5%	*			*
12	九、其他			*	*			*
13	合计（1+3+4+7+8+9+10+11+12）	723 110.00	723 110.00	*		723 110.00		

表 A－36　A105060 广告费和业务宣传费等跨年度纳税调整明细表

行次	项目	广告费和业务宣传费	保险企业手续费及佣金支出
		1	2
1	一、本年支出	30 000.00	
2	减：不允许扣除的支出		
3	二、本年符合条件的支出（1–2）	30 000.00	
4	三、本年计算扣除限额的基数	1 459 223.30	
5	乘：税收规定扣除率	15%	
6	四、本企业计算的扣除限额（4×5）	218 883.50	
7	五、本年结转以后年度扣除额（3>6，本行 =3–6；3 ≤ 6，本行 =0）		
8	加：以前年度累计结转扣除额		
9	减：本年扣除以前年度结转额［3>6，本行 =0；3 ≤ 6，本行 =8 与（6–3）孰小值］		
10	六、按照分摊协议归集至其他关联方的金额（10 ≤ 3，与 6 孰小值）		*
11	按照分摊协议从其他关联方归集至本企业的金额		*
12	七、本年支出纳税调整金额（3>6，本行 =2+3–6+10–11；3 ≤ 6，本行 =2–9+10–11）		
13	八、累计结转以后年度扣除额（7+8–9）		

表 A－37　A105070 捐赠支出及纳税调整明细表

行次	项目	账载金额	以前年度结转可扣除的捐赠额	按税收规定计算的扣除限额	税收金额	纳税调增金额	纳税调减金额	可结转以后年度扣除的捐赠额
		1	2	3	4	5	6	7
1	一、非公益性捐赠	10 000.00	*	*	*	10 000.00	*	*
2	二、限额扣除的公益性捐赠（3+4+5+6）							
3	前三年度（ 年）	*		*	*	*		*
4	前二年度（ 年）	*		*	*	*		
5	前一年度（ 年）	*		*	*	*		
6	本年（ 年）		*				*	
7	三、全额扣除的公益性捐赠		*	*		*	*	*
8	1.		*	*		*	*	*
9	2.		*	*		*	*	*
10	3.		*	*		*	*	*
11	合计（1+2+7）	10 000.00				10 000.00		
附列资料	2015 年度至本年发生的公益性捐赠合计金额		*	*		*	*	*

表 A－38　A105080 资产折旧、摊销及纳税调整明细表

行次	项目		账载金额			税收金额					纳税调整金额
			资产原值	本年折旧、摊销额	累计折旧、摊销额	资产计税基础	税收折旧、摊销额	享受加速折旧政策的资产按税收一般规定计算的折旧、摊销额	加速折旧、摊销统计额	累计折旧、摊销额	
			1	2	3	4	5	6	7=5-6	8	9（2-5）
1	一、固定资产（2+3+4+5+6+7）		3 205 772.29	432 889.36	890 046.90	3 205 772.29	432 889.36	*	*	890 046.90	
2	所有固定资产	（一）房屋、建筑物						*	*		
3		（二）飞机、火车、轮船、机器、机械和其他生产设备	1 557 899.61	133 925.61	248 146.43	1 557 899.61	133 925.61	*	*	248 146.43	
4		（三）与生产经营活动有关的器具、工具、家具等						*	*		
5		（四）飞机、火车、轮船以外的运输工具						*	*		
6		（五）电子设备						*	*		
7		（六）其他	1 647 872.68	298 963.75	641 900.47	1 647 872.68	298 963.75	*	*	641 900.47	
8	其中：享受固定资产加速折旧及一次性扣除政策的资产加速折旧额大于一般折旧额的部分	（一）重要行业固定资产加速折旧（不含一次性扣除）									*
9		（二）其他行业研发设备加速折旧									*
10		（三）海南自由贸易港企业固定资产加速折旧									
11		（四）500 万元以下设备器具一次性扣除									*
12		（五）疫情防控重点保障物资生产企业单价 500 万元以上设备一次性扣除									*
13		（六）海南自由贸易港企业固定资产一次性扣除									*
14		（七）技术进步、更新换代固定资产加速折旧									*

续表

行次	项目		账载金额			税收金额					纳税调整金额
			资产原值	本年折旧、摊销额	累计折旧、摊销额	资产计税基础	税收折旧、摊销额	享受加速折旧政策的资产按税收一般规定计算的折旧、摊销额	加速折旧、摊销统计额	累计折旧、摊销额	
			1	2	3	4	5	6	7=5-6	8	9（2-5）
15	其中：享受固定资产加速折旧及一次性扣除政策的资产加速折旧额大于一般折旧额的部分	（八）常年强震动、高腐蚀固定资产加速折旧									*
16		（九）外购软件加速折旧									*
17		（十）集成电路企业生产设备加速折旧									*
18	二、生产性生物资产（19+20）							*	*		
19	（一）林木类							*	*		
20	（二）畜类							*	*		
21	三、无形资产（22+23+24+25+26+27+28+29）							*	*		
22	所有无形资产	（一）专利权						*	*		
23		（二）商标权						*	*		
24		（三）著作权						*	*		
25		（四）土地使用权						*	*		
26		（五）非专利技术						*	*		
27		（六）特许权使用费						*	*		

续表

行次	项目		账载金额			税收金额					纳税调整金额
			资产原值	本年折旧、摊销额	累计折旧、摊销额	资产计税基础	税收折旧、摊销额	享受加速折旧政策的资产按税收一般规定计算的折旧、摊销额	加速折旧、摊销统计额	累计折旧、摊销额	
			1	2	3	4	5	6	7=5-6	8	9（2-5）
28	所有无形资产	（七）软件						*	*		
29		（八）其他						*	*		
30	其中：享受无形资产加速摊销及一次性摊销政策的资产加速摊销额大于一般摊销额的部分	（一）企业外购软件加速摊销									*
31		（二）海南自由贸易港企业无形资产加速摊销									*
32		（三）海南自由贸易港企业无形资产一次性摊销									*
33	四、长期待摊费用（34+35+36+37+38）							*	*		
34	（一）已足额提取折旧的固定资产的改建支出							*	*		
35	（二）租入固定资产的改建支出							*	*		
36	（三）固定资产的大修理支出							*	*		
37	（四）开办费							*	*		
38	（五）其他							*	*		
39	五、油气勘探投资							*	*		
40	六、油气开发投资							*	*		
41	合计（1+18+21+33+39+40）		1 647 872.68	298 963.75	641 900.47	1 647 872.68	298 963.75			641 900.47	
	附列资料	全民所有制企业公司改制资产评估增值政策资产						*	*		

表 A－39　A106000 企业所得税弥补亏损明细表

行次	项目	年度	当年境内所得额	分立转出的亏损额	合并、分立转入的亏损额			弥补亏损企业类型	当年亏损额	当年待弥补的亏损额	用本年度所得额弥补的以前年度亏损额		当年可结转以后年度弥补的亏损额
					可弥补年限5年	可弥补年限8年	可弥补年限10年				使用境内所得弥补	使用境外所得弥补	
		1	2	3	4	5	6	7	8	9	10	11	12
1	前十年度	2014 年											
2	前九年度	2015 年											
3	前八年度	2016 年											
4	前七年度	2017 年											
5	前六年度	2018 年											
6	前五年度	2019 年											
7	前四年度	2020 年	–125 828.75					100 一般企业	–125 828.75				
8	前三年度	2021 年	–88 915.67					100 一般企业	–88 915.67	–77 809.82	77 809.82		
9	前二年度	2022 年	35 426.07					100 一般企业					
10	前一年度	2023 年	101 508.53					100 一般企业					
11	本年度	2024 年	146 529.11					100 一般企业			77 809.82		
12	可结转以后年度弥补的亏损额合计												

表 B－35　增值税及附加税费申报表

（一般纳税人适用）

根据国家税收法律法规及增值税相关规定制定本表。纳税人不论有无销售额，均应按税务机关核定的纳税期限填写本表，并向当地税务机关申报。

税款所属时间：自 2024 年 12 月 1 日至 2024 年 12 月 31 日　　填表日期：2025 年 1 月 7 日

金额单位：元（列至角分）

纳税人识别号(统一社会信用代码)：91120045MA8KU50128　　所属行业：电池制造

纳税人名称：汉东蔚蓝氢能科技有限公司		法定代表人姓名	李光明	注册地址		生产经营地址
开户银行及账号	中国工商银行股份有限公司汉东经开支行 6132035010300000536		登记注册类型	有限公司	电话号码	139031628××

项目		栏次	一般项目		即征即退项目	
			本月数	本年累计	本月数	本年累计
销售额	（一）按适用税率计税销售额	1	44 340 000.00	148 420 000.00		
	其中：应税货物销售额	2	40 340 000.00	144 420 000.00		
	应税劳务销售额	3				
	纳税检查调整的销售额	4				
	（二）按简易办法计税销售额	5				
	其中：纳税检查调整的销售额	6				
	（三）免、抵、退办法出口销售额	7			—	—
	（四）免税销售额	8			—	—
	其中：免税货物销售额	9			—	—
	免税劳务销售额	10			—	—
税款计算	销项税额	11	5 604 200.00	19 294 600.00		
	进项税额	12	4 095 943.00	15 435 680.00		
	上期留抵税额	13				—
	进项税额转出	14				
	免、抵、退应退税额	15			—	—
	按适用税率计算的纳税检查应补缴税额	16			—	—
	应抵扣税额合计	17=12+13−14−15+16	4 095 943.00	—		—
	实际抵扣税额	18（如 17<11，则为 17，否则为 11）	4 095 943.00	15 435 680.00		

续表

项目		栏次	一般项目		即征即退项目	
			本月数	本年累计	本月数	本年累计
税款计算	应纳税额	19=11–18	1 508 257.00	3 858 920.00		
	期末留抵税额	20=17–18				—
	简易计税办法计算的应纳税额	21				
	按简易计税办法计算的纳税检查应补缴税额	22			—	—
	应纳税额减征额	23				
	应纳税额合计	24=19+21–23	1 508 257.00	3 858 920.00		
税款缴纳	期初未缴税额（多缴为负数）	25	1 339 080.12	1 830 192.56		
	实收出口开具专用缴款书退税额	26			—	—
	本期已缴税额	27=28+29+30+31	1 339 080.12	4 180 855.56		
	①分次预缴税额	28		—		—
	②出口开具专用缴款书预缴税额	29		—	—	—
	③本期缴纳上期应纳税额	30	1 339 080.12	4 180 855.56		
	④本期缴纳欠缴税额	31				
	期末未缴税额（多缴为负数）	32=24+25+26–27	1 508 257.00	1 508 257.00		
	其中：欠缴税额（≥ 0 ）	33=25+26–27		—		—
	本期应补（ 退 ）税额	34=24–28–29	1 508 257.00	—		—
	即征即退实际退税额	35	—	—	—	
	期初未缴查补税额	36			—	—
	本期入库查补税额	37			—	—
	期末未缴查补税额	38=16+22+36–37			—	—
附加税费	城市维护建设税本期应补（退）税额	39	105 577.99	270 124.40	—	—
	教育费附加本期应补（退）费额	40	45 247.71	115 767.60	—	—
	地方教育附加本期应补（退）费额	41	30 165.14	77 178.40	—	—

声明：此表是根据国家税收法律法规及相关规定填写的，本人（单位）对填报内容（及附带资料）的真实性、可靠性、完整性负责。

纳税人（签章）：汉东蔚蓝氢能科技有限公司　　2025 年 1 月 7 日

经办人：张启航 经办人身份证号：3701011994061108 × × 代理机构签章： 代理机构统一社会信用代码：	受理人： 受理税务机关（章）： 受理日期：　　年　　月　　日

表 B－36　增值税及附加税费申报表附列资料（一）

（本期销售情况明细）

税款所属时间：2024 年 12 月 1 日至 2024 年 12 月 31 日

纳税人名称：（公章）汉东蔚蓝氢能科技有限公司　　　　金额单位：元（列至角分）

<table>
<tr><th colspan="4" rowspan="3">项目及栏次</th><th colspan="2">开具增值税专用发票</th><th colspan="2">开具其他发票</th><th colspan="2">未开具发票</th><th colspan="2">纳税检查调整</th><th colspan="3">合计</th><th rowspan="2">服务、不动产和无形资产扣除项目本期实际扣除金额</th><th colspan="2">扣除后</th></tr>
<tr><th>销售额</th><th>销项（应纳）税额</th><th>销售额</th><th>销项（应纳）税额</th><th>销售额</th><th>销项（应纳）税额</th><th>销售额</th><th>销项（应纳）税额</th><th>销售额</th><th>销项（应纳）税额</th><th>价税合计</th><th>含税（免税）销售额</th><th>销项（应纳）税额</th></tr>
<tr><th>1</th><th>2</th><th>3</th><th>4</th><th>5</th><th>6</th><th>7</th><th>8</th><th>9=1+3+5+7</th><th>10=2+4+6+8</th><th>11=9+10</th><th>12</th><th>13=11−12</th><th>14=13÷（100%+税率或征收率）× 税率或征收率</th></tr>
<tr><td rowspan="7">一、一般计税方法计税</td><td rowspan="5">全部征税项目</td><td>13% 税率的货物及加工修理修配劳务</td><td>1</td><td>40 340 000.00</td><td>5 244 200.00</td><td></td><td></td><td></td><td></td><td></td><td></td><td>40 340 000.00</td><td>5 244 200.00</td><td>—</td><td>—</td><td>—</td><td>—</td></tr>
<tr><td>13% 税率的服务、不动产和无形资产</td><td>2</td><td></td><td></td><td></td><td></td><td></td><td></td><td></td><td></td><td></td><td></td><td></td><td></td><td></td><td></td></tr>
<tr><td>9% 税率的货物及加工、修理修配劳务</td><td>3</td><td></td><td></td><td></td><td></td><td></td><td></td><td></td><td></td><td></td><td></td><td>—</td><td>—</td><td>—</td><td>—</td></tr>
<tr><td>9% 税率的服务、不动产和无形资产</td><td>4</td><td>4 000 000.00</td><td>360 000.00</td><td></td><td></td><td></td><td></td><td></td><td></td><td>4 000 000.00</td><td>360 000.00</td><td>4 360 000.00</td><td></td><td>4 360 000.00</td><td>360 000.00</td></tr>
<tr><td>6% 税率</td><td>5</td><td></td><td></td><td></td><td></td><td></td><td></td><td></td><td></td><td></td><td></td><td></td><td></td><td></td><td></td></tr>
<tr><td rowspan="2">其中：即征即退项目</td><td>即征即退货物及加工、修理修配劳务</td><td>6</td><td>—</td><td>—</td><td>—</td><td>—</td><td>—</td><td>—</td><td>—</td><td>—</td><td></td><td></td><td>—</td><td>—</td><td>—</td><td>—</td></tr>
<tr><td>即征即退服务、不动产和无形资产</td><td>7</td><td>—</td><td>—</td><td>—</td><td>—</td><td>—</td><td>—</td><td>—</td><td>—</td><td></td><td></td><td></td><td></td><td></td><td></td></tr>
</table>

续表

项目及栏次				开具增值税专用发票		开具其他发票		未开具发票		纳税检查调整		合计			服务、不动产和无形资产扣除项目本期实际扣除金额	扣除后	
				销售额	销项（应纳）税额	销售额	销项（应纳）税额	销售额	销项（应纳）税额	销售额	销项（应纳）税额	销售额	销项（应纳）税额	价税合计		含税（免税）销售额	销项（应纳）税额
				1	2	3	4	5	6	7	8	9=1+3+5+7	10=2+4+6+8	11=9+10	12	13=11-12	14=13÷（100%+税率或征收率）×税率或征收率
二、简易计税方法计税	全部征税项目	6% 征收率	8							—	—			—	—	—	—
		5% 征收率的货物及加工修理修配劳务	9a							—	—			—	—	—	—
		5% 征收率的服务、不动产和无形资产	9b							—	—						
		4% 征收率	10							—	—			—	—	—	—
		3% 征收率的货物及加工、修理修配劳务	11							—	—			—	—	—	—
		3% 征收率的服务、不动产和无形资产	12							—	—						
		预征率__%	13a							—	—						
		预征率__%	13b							—	—						
		预征率__%	13c							—	—						
	其中：即征即退项目	即征即退货物及加工、修理修配劳务	14	—	—	—	—	—	—	—	—			—	—	—	—
		即征即退服务、不动产和无形资产	15	—	—	—	—	—	—	—	—						

续表

项目及栏次			开具增值税专用发票		开具其他发票		未开具发票		纳税检查调整		合计			服务、不动产和无形资产扣除项目本期实际扣除金额	扣除后	
			销售额	销项（应纳）税额	销售额	销项（应纳）税额	销售额	销项（应纳）税额	销售额	销项（应纳）税额	销售额	销项（应纳）税额	价税合计		含税（免税）销售额	销项（应纳）税额
			1	2	3	4	5	6	7	8	9=1+3+5+7	10=2+4+6+8	11=9+10	12	13=11−12	14=13÷（100%+税率或征收率）×税率或征收率
三、免抵退税	货物及加工、修理修配劳务	16	—	—		—		—	—	—		—	—	—	—	—
	服务、不动产和无形资产	17	—	—		—		—	—	—		—				—
四、免税	货物及加工、修理修配劳务	18				—		—	—	—		—	—	—	—	—
	服务、不动产和无形资产	19	—	—		—		—	—	—		—				—

表 B－37　增值税及附加税费申报表附列资料（二）

（本期进项税额明细）

税款所属时间：2024 年 12 月 1 日至 2024 年 12 月 31 日

纳税人名称：（公章）汉东蔚蓝氢能科技有限公司　　　　金额单位：元（列至角分）

一、申报抵扣的进项税额				
项目	栏次	份数	金额	税额
（一）认证相符的增值税专用发票	1=2+3	10	32 131 337.66	4 095 943.00
其中：本期认证相符且本期申报抵扣	2	10	32 131 337.66	4 095 943.00
前期认证相符且本期申报抵扣	3			
（二）其他扣税凭证	4=5+6+7+8a+8b			
其中：海关进口增值税专用缴款书	5			
农产品收购发票或者销售发票	6			
代扣代缴税收缴款凭证	7		—	
加计扣除农产品进项税额	8a	—	—	
其他	8b			
（三）本期用于购建不动产的扣税凭证	9			
（四）本期用于抵扣的旅客运输服务扣税凭证	10			
（五）外贸企业进项税额抵扣证明	11	—	—	
当期申报抵扣进项税额合计	12=1+4+11	10	32 131 337.66	4 095 943.00
二、进项税额转出额				
项目	栏次	份数	金额	税额
本期进项税额转出额	13=14 至 23 之和			
其中：免税项目用	14			
集体福利、个人消费	15			
非正常损失	16			
简易计税方法征税项目用	17			
免抵退税办法不得抵扣的进项税额	18			
纳税检查调减进项税额	19			
红字专用发票信息表注明的进项税额	20			
上期留抵税额抵减欠税	21			
上期留抵税额退税	22			
异常凭证转出进项税额	23a			
其他应作进项税额转出的情形	23b			
三、待抵扣进项税额				
项目	栏次	份数	金额	税额
（一）认证相符的增值税专用发票	24	—	—	—
期初已认证相符但未申报抵扣	25			
本期认证相符且本期未申报抵扣	26			
期末已认证相符但未申报抵扣	27			
其中：按照税法规定不允许抵扣	28			
（二）其他扣税凭证	29=30 至 33 之和			
其中：海关进口增值税专用缴款书	30			
农产品收购发票或者销售发票	31			
代扣代缴税收缴款凭证	32		—	
其他	33			
	34			
四、其他				
项目	栏次	份数	金额	税额
本期认证相符的增值税专用发票	35	10	32 131 337.66	4 095 943.00
代扣代缴税额	36	—	—	

表 B－38 增值税及附加税费申报表附列资料（三）

（服务、不动产和无形资产扣除项目明细）

税款所属时间：2024 年 12 月 1 日至 2024 年 12 月 31 日

纳税人名称：（公章）汉东蔚蓝氢能科技有限公司　　　　金额单位：元（列至角分）

项目及栏次		本期服务、不动产和无形资产价税合计额（免税销售额）	服务、不动产和无形资产扣除项目				
			期初余额	本期发生额	本期应扣除金额	本期实际扣除金额	期末余额
		1	2	3	4=2+3	5（5 ≤ 1 且 5 ≤ 4）	6=4-5
13% 税率的项目	1						
9% 税率的项目	2						
6% 税率的项目（不含金融商品转让）	3						
6% 税率的金融商品转让项目	4						
5% 征收率的项目	5						
3% 征收率的项目	6						
免抵退税的项目	7						
免税的项目	8						

表 B－39　增值税及附加税费申报表附列资料（五）

（附加税费情况表）

税（费）款所属时间：2024 年 12 月 1 日至 2024 年 12 月 31 日

纳税人名称：（公章）汉东蔚蓝氢能科技有限公司　　　　金额单位：元（列至角分）

本期是否适用小微企业“六税两费”减免政策	□是 ■否		减免政策适用主体	□个体工商户　□小型微利企业
	适用减免政策起止时间			年　月至　年　月

税（费）种		计税（费）依据：增值税税额	计税（费）依据：增值税免抵税额	计税（费）依据：留抵退税本期扣除额	税（费）率（%）	本期应纳税（费）	本期减免税（费）额：减免性质代码	本期减免税（费）额：减免税（费）额	小微企业“六税两费”减免政策：减征比例（%）	小微企业“六税两费”减免政策：减征额	试点建设培育产教融合型企业：减免性质代码	试点建设培育产教融合型企业：本期抵免金额	本期已缴税（费）额	本期应补（退）税（费）额
		1	2	3	4	5=（1+2-3）×4	6	7	8	9=（5-7）×8	10	11	12	13=5-7-9-11-12
城市维护建设税	1	1 508 257.00			7%	105 577.99					—		—	105 577.99
教育费附加	2	1 508 257.00			3%	45 247.71								45 247.71
地方教育附加	3	1 508 257.00			2%	30 165.14								30 165.14
合计	4	—	—	—	—	180 990.84	—				—			180 990.84

本期是否适用试点建设培育产教融合型企业抵免政策	□是□否	当期新增投资额	5	
		上期留抵可抵免金额	6	
		结转下期可抵免金额	7	
可用于扣除的增值税留抵退税额使用情况		当期新增可用于扣除的留抵退税额	8	
		上期结存可用于扣除的留抵退税	9	
		结转下期可用于扣除的留抵退税额	10	

表 B－40　增值税减免税申报明细表

税款所属时间：2024 年 12 月 1 日至 2024 年 12 月 31 日

纳税人名称（公章）：汉东蔚蓝氢能科技有限公司　　　　金额单位：元（列至角分）

一、减税项目						
减税性质代码及名称	栏次	期初余额	本期发生额	本期应抵减税额	本期实际抵减税额	期末余额
		1	2	3=1+2	4	5=3－4
合计	1					
	2					
	3					
	4					
	5					
	6					

二、免税项目						
免税性质代码及名称	栏次	免征增值税项目销售额	免税销售额扣除项目本期实际扣除金额	扣除后免税销售额	免税销售额对应的进项税额	免税额
		1	2	3=1－2	4	5
合计	7					
出口免税	8		—	—	—	
其中：跨境服务	9		—	—	—	
	10				—	
	11				—	
	12				—	
	13				—	
	14				—	
	15				—	
	16				—	

表 B－41 消费税及附加税费申报表

税款所属期：自 2024 年 12 月 1 日至 2024 年 12 月 31 日

纳税人识别号（统一社会信用代码）：91120045MA8KU50128

纳税人名称：汉东蔚蓝氢能科技有限公司　　金额单位：人民币元（列至角分）

应税消费品名称	适用税率		计量单位	本期销售数量	本期销售额	本期应纳税额
	定额税率	比例税率				
	1	2	3	4	5	6=1×4+2×5
电池（铅蓄电池）		4%	箱	400	23 270 000.00	930 800.00
电池（氢燃料电池）		4%	箱	300	17 070 000.00	682 800.00
合计	—	—		—	40 340 000.00	1 613 600.00

	栏次	本期税费额
本期减（免）税额	7	682 800.00
期初留抵税额	8	
本期准予扣除税额	9	
本期应扣除税额	10=8+9	
本期实际扣除税额	11［10<（6–7），则为 10，否则为 6–7］	
期末留抵税额	12=10–11	
本期预缴税额	13	
本期应补（退）税额	14=6–7–11–13	930 800.00
城市维护建设税本期应补（退）税额	15	65 156.00
教育费附加本期应补（退）费额	16	27 924.00
地方教育附加本期应补（退）费额	17	18 616.00

声明：此表是根据国家税收法律法规及相关规定填写的，本人（单位）对填报内容（及附带资料）的真实性、可靠性、完整性负责。

纳税人（签章）：汉东蔚蓝氢能科技有限公司　　2025 年 1 月 7 日

经办人：张启航 经办人身份证号：3701011994061108×× 代理机构签章： 代理机构统一社会信用代码：	受理人： 受理税务机关（章）： 受理日期：　　年　　月　　日

表 B－42　消费税本期减（免）税额明细表

税款所属期：自 2024 年 12 月 1 日至 2024 年 12 月 31 日
纳税人识别号（统一社会信用代码）：91120045MA8KU50128
纳税人名称：汉东蔚蓝氢能科技有限公司　　　　金额单位：人民币元（列至角分）

应税消费品名称	减（免）性质代码	减（免）项目名称	减（免）税销售额	适用税率（从价定率）	减（免）税销售数量	适用税率（从量定额）	减（免）税额
1	2	3	4	5	6	7	8＝4×5+6×7
出口免税	—	—		—		—	—
电池（氢燃料电池）	2061003	节能环保电池免税	17 070 000.00	4%			682 800.00
合计	—	—	—	—	—	—	682 800.00

表 B－43　消费税附加税计算表

本期是否适用小微企业"六税两费"减免政策				□是 ■否	减免政策适用主体		增值税小规模纳税人：□是　□否 增值税一般纳税人：□个体工商户　□小型微利企业			
					适用减免政策起止时间		年　月至　年　月			
税（费）种		计税（费）依据		本期应纳税（费）额	本期减免税（费）额		小微企业"六税两费"减征政策 □是　□否		本期已缴税（费）额	本期应补（退）税（费）额
		消费税税额	税（费）率（%）		减免性质代码	减免税（费）额	减征比例（%）	减征额		
		1	2	3=1×2	4	5	6	7=（3-5）×6	8	9=3-5-7-8
城市维护建设税	1	930 800.00	7%	65 156.00						65 156.00
教育费附加	2	930 800.00	3%	27 924.00						27 924.00
地方教育附加	3	930 800.00	2%	18 616.00						18 616.00
合计	4	—	—	111 696.00	—		—			111 696.00

表 B-44　城镇土地使用税、房产税税源明细表

纳税人识别号（统一社会信用代码）：91120045MA8KU50128

纳税人名称：汉东蔚蓝氢能科技有限公司　　　　金额单位：人民币元（列至角分）；面积单位：平方米

<table>
<tr><td colspan="11">一、城镇土地使用税税源明细</td></tr>
<tr><td colspan="2">* 纳税人类型</td><td colspan="3">土地使用权人■集体土地使用人□ 无偿使用人□ 代管人□实际使用人□（必选）</td><td colspan="2">土地使用权人纳税人识别号（统一社会信用代码）</td><td colspan="2">91120045MA8KU50128</td><td>土地使用权人名称</td><td>汉东蔚蓝氢能科技有限公司</td></tr>
<tr><td colspan="2">* 土地编号</td><td colspan="3">（税务系统赋予编号）</td><td colspan="2">土地名称</td><td colspan="2">蔚蓝厂房一期</td><td>不动产权证号</td><td>1262104</td></tr>
<tr><td colspan="2">不动产单元号</td><td colspan="3">111202250002GB00132F01100126</td><td colspan="2">宗地号</td><td colspan="2">02-02-15-027</td><td>* 土地性质</td><td>国有■集体□（必选）</td></tr>
<tr><td colspan="2">* 土地取得方式</td><td colspan="3">划拨□ 出让■转让□租赁□ 其他□（必选）</td><td colspan="2">* 土地用途</td><td colspan="4">工业■ 商业□居住□ 综合□房地产开发企业的开发用地□ 其他□（必选）</td></tr>
<tr><td colspan="2">* 土地坐落地址（详细地址）</td><td colspan="9">汉东省（自治区、直辖市）经济技术开发市（区）县（区）乡镇（街道）建设路 28 号（必填）</td></tr>
<tr><td colspan="2">* 土地所属主管税务所（科、分局）</td><td colspan="9">（税务系统自动带出）</td></tr>
<tr><td colspan="2">* 土地取得时间</td><td colspan="2">2021 年 12 月</td><td>变更类型</td><td colspan="4">纳税义务终止（权属转移□其他□）
信息项变更（土地面积变更□土地等级变更□ 减免税变更□其他□）</td><td>变更时间</td><td></td></tr>
<tr><td colspan="2">* 占用土地面积</td><td colspan="2">10 000</td><td>地价</td><td>5 150 000</td><td colspan="2">* 土地等级</td><td>四级</td><td>* 税额标准</td><td>10（系统自动生成）</td></tr>
<tr><td rowspan="5">减免税部分</td><td rowspan="2">序号</td><td rowspan="2">减免性质代码和项目名称</td><td colspan="6">减免起止时间</td><td rowspan="2">减免税土地面积</td><td rowspan="2">月减免税金额</td></tr>
<tr><td colspan="3">减免起始月份</td><td colspan="3">减免终止月份</td></tr>
<tr><td>1</td><td></td><td colspan="3">年　月</td><td colspan="3">年　月</td><td></td><td></td></tr>
<tr><td>2</td><td></td><td colspan="3"></td><td colspan="3"></td><td></td><td></td></tr>
<tr><td>3</td><td></td><td colspan="3"></td><td colspan="3"></td><td></td><td></td></tr>
<tr><td colspan="11">二、房产税税源明细</td></tr>
<tr><td colspan="11">（一）从价计征房产税明细</td></tr>
<tr><td colspan="2">* 纳税人类型</td><td colspan="3">产权所有人■经营管理人□承典人□房屋代管人□房屋使用人□融资租赁承租人□（必选）</td><td colspan="2">所有权人纳税人识别号（统一社会信用代码）</td><td colspan="2">91120045MA8KU50128</td><td>所有权人名称</td><td>汉东蔚蓝氢能科技有限公司</td></tr>
<tr><td colspan="2">* 房产编号</td><td colspan="3">（税务系统赋予编号）</td><td colspan="2">房产名称</td><td colspan="4">蔚蓝厂房一期</td></tr>
<tr><td colspan="2">不动产权证号</td><td colspan="3">1262104</td><td colspan="2">不动产单元号</td><td colspan="4">111202250002GB00132F01100126</td></tr>
<tr><td colspan="2">* 房屋坐落地址（详细地址）</td><td colspan="9">汉东省（自治区、直辖市）经济技术开发市（区）县（区）乡镇（街道）建设路 28 号（必填）</td></tr>
<tr><td colspan="2">* 房产所属主管税务所（科、分局）</td><td colspan="9">（税务系统自动带出）</td></tr>
</table>

续表

<table>
<tr><th colspan="9">二、房产税税源明细</th></tr>
<tr><th colspan="9">（一）从价计征房产税明细</th></tr>
<tr><td colspan="2">房屋所在土地编号</td><td colspan="2">（税务系统自动带出）</td><td>* 房产用途</td><td colspan="4">工业■ 商业及办公□住房□ 其他□（必选）</td></tr>
<tr><td colspan="2">* 房产取得时间</td><td>2022 年 8 月</td><td>变更类型</td><td colspan="3">纳税义务终止（权属转移□其他□）信息项变更（房产原值变更□出租房产原值变更□ 减免税变更□申报租金收入变更□其他□）</td><td>变更时间</td><td></td></tr>
<tr><td colspan="2">* 建筑面积</td><td colspan="2">4 000</td><td>其中：出租房产面积</td><td colspan="4"></td></tr>
<tr><td colspan="2">* 房产原值</td><td colspan="2">35 078 421.72</td><td>其中：出租房产原值</td><td colspan="2"></td><td>计税比例</td><td>30%（系统自动生成）</td></tr>
<tr><td rowspan="5">减免税部分</td><td rowspan="2">序号</td><td colspan="3" rowspan="2">减免性质代码和项目名称</td><td colspan="2">减免起止时间</td><td rowspan="2">减免税房产原值</td><td rowspan="2">月减免税金额</td></tr>
<tr><td>减免起始月份</td><td>减免终止月份</td></tr>
<tr><td>1</td><td colspan="3"></td><td>年 月</td><td>年 月</td><td></td><td></td></tr>
<tr><td>2</td><td colspan="3"></td><td></td><td></td><td></td><td></td></tr>
<tr><td>3</td><td colspan="3"></td><td></td><td></td><td></td><td></td></tr>
</table>

<table>
<tr><th colspan="8">（二）从租计征房产税明细</th></tr>
<tr><td colspan="3">* 房产编号</td><td></td><td>房产名称</td><td colspan="3"></td></tr>
<tr><td colspan="3">* 房产所属主管税务所（科、分局）</td><td colspan="5"></td></tr>
<tr><td colspan="3">承租方纳税人识别号（统一社会信用代码）</td><td></td><td>承租方名称</td><td colspan="3"></td></tr>
<tr><td colspan="3">* 出租面积</td><td></td><td>* 申报租金收入</td><td colspan="3"></td></tr>
<tr><td colspan="3">* 申报租金所属租赁期起</td><td></td><td>* 申报租金所属租赁期止</td><td colspan="3"></td></tr>
<tr><td rowspan="5">减免税部分</td><td rowspan="2">序号</td><td rowspan="2">减免性质代码和项目名称</td><td colspan="3">减免起止时间</td><td rowspan="2">减免税租金收入</td><td rowspan="2">月减免税金额</td></tr>
<tr><td>减免起始月份</td><td colspan="2">减免终止月份</td></tr>
<tr><td>1</td><td></td><td>年 月</td><td colspan="2">年 月</td><td></td><td></td></tr>
<tr><td>2</td><td colspan="2"></td><td colspan="2"></td><td></td><td></td></tr>
<tr><td>3</td><td colspan="2"></td><td colspan="2"></td><td></td><td></td></tr>
</table>

表 B－45　城镇土地使用税、房产税税源明细表

纳税人识别号（统一社会信用代码）：91120045MA8KU50128

纳税人名称：汉东蔚蓝氢能科技有限公司　　　　金额单位：人民币元（列至角分）；面积单位：平方米

<table>
<tr><td colspan="11">一、城镇土地使用税税源明细</td></tr>
<tr><td colspan="2">＊纳税人类型</td><td colspan="3">土地使用权人■集体土地使用人□ 无偿使用人□ 代管人□ 实际使用人□（必选）</td><td colspan="2">土地使用权人纳税人识别号（统一社会信用代码）</td><td colspan="2">91120045MA8KU50128</td><td>土地使用权人名称</td><td>汉东蔚蓝氢能科技有限公司</td></tr>
<tr><td colspan="2">＊土地编号</td><td colspan="3">（税务系统赋予编号）</td><td colspan="2">土地名称</td><td colspan="2">蔚蓝办公</td><td>不动产权证号</td><td>1175016</td></tr>
<tr><td colspan="2">不动产单元号</td><td colspan="3">111202100001GB0002F000100238</td><td colspan="2">宗地号</td><td colspan="2">02–01–11–012</td><td>＊土地性质</td><td>国有■集体□（必选）</td></tr>
<tr><td colspan="2">＊土地取得方式</td><td colspan="3">划拨□ 出让□ 转让■租赁□ 其他□（必选）</td><td colspan="2">＊土地用途</td><td colspan="4">工业□ 商业■居住□ 综合□ 房地产开发企业的开发用地□ 其他□（必选）</td></tr>
<tr><td colspan="2">＊土地坐落地址（详细地址）</td><td colspan="9">汉东省（自治区、直辖市）东城市（区）县（区）乡镇（街道）创业大厦 701 室（必填）</td></tr>
<tr><td colspan="2">＊土地所属主管税务所（科、分局）</td><td colspan="9">（税务系统自动带出）</td></tr>
<tr><td colspan="2">＊土地取得时间</td><td>2021 年 12 月</td><td>变更类型</td><td colspan="5">纳税义务终止（权属转移■其他□）信息项变更（土地面积变更□ 土地等级变更□ 减免税变更□其他□）</td><td>变更时间</td><td>2024 年 12 月</td></tr>
<tr><td colspan="2">＊占用土地面积</td><td>50</td><td>地价</td><td colspan="2"></td><td colspan="2">＊土地等级</td><td>一级</td><td>＊税额标准</td><td>30（系统自动生成）</td></tr>
<tr><td rowspan="5">减免税部分</td><td rowspan="2">序号</td><td colspan="5" rowspan="2">减免性质代码和项目名称</td><td colspan="2">减免起止时间</td><td rowspan="2">减免税土地面积</td><td rowspan="2">月减免税金额</td></tr>
<tr><td>减免起始月份</td><td>减免终止月份</td></tr>
<tr><td>1</td><td colspan="5"></td><td>年　月</td><td>年　月</td><td></td><td></td></tr>
<tr><td>2</td><td colspan="5"></td><td></td><td></td><td></td><td></td></tr>
<tr><td>3</td><td colspan="5"></td><td></td><td></td><td></td><td></td></tr>
<tr><td colspan="11">二、房产税税源明细</td></tr>
<tr><td colspan="11">（一）从价计征房产税明细</td></tr>
<tr><td colspan="2">＊纳税人类型</td><td colspan="3">产权所有人■经营管理人□承典人□房屋代管人□房屋使用人□融资租赁承租人□（必选）</td><td colspan="2">所有权人纳税人识别号（统一社会信用代码）</td><td colspan="2">91120045MA8KU50128</td><td>所有权人名称</td><td>汉东蔚蓝氢能科技有限公司</td></tr>
<tr><td colspan="2">＊房产编号</td><td colspan="3">（税务系统赋予编号）</td><td colspan="2">房产名称</td><td colspan="4">蔚蓝办公</td></tr>
<tr><td colspan="2">不动产权证号</td><td colspan="3">1175016</td><td colspan="2">不动产单元号</td><td colspan="4">111202100001GB0002F000100238</td></tr>
<tr><td colspan="2">＊房屋坐落地址（详细地址）</td><td colspan="9">汉东省（自治区、直辖市）东城市（区）县（区）乡镇（街道）创业大厦 701 室（必填）</td></tr>
<tr><td colspan="2">＊房产所属主管税务所（科、分局）</td><td colspan="9">（税务系统自动带出）</td></tr>
<tr><td colspan="2">房屋所在土地编号</td><td colspan="2">（税务系统自动带出）</td><td colspan="3">＊房产用途</td><td colspan="4">工业□ 商业及办公■住房□ 其他□（必选）</td></tr>
<tr><td colspan="2">＊房产取得时间</td><td>2021 年 12 月</td><td>变更类型</td><td colspan="5">纳税义务终止（权属转移■其他□）信息项变更（房产原值变更□ 出租房产原值变更□ 减免税变更□申报租金收入变更□其他□）</td><td>变更时间</td><td>2024 年 12 月</td></tr>
</table>

续表

二、房产税税源明细						
（一）从价计征房产税明细						
* 建筑面积	300		其中：出租房产面积			
* 房产原值	3 090 000		其中：出租房产原值		计税比例	30%（系统自动生成）
减免税部分	序号	减免性质代码和项目名称	减免起止时间		减免税房产原值	月减免税金额
			减免起始月份	减免终止月份		
	1		年　月	年　月		
	2					
	3					
（二）从租计征房产税明细						
* 房产编号			房产名称			
* 房产所属主管税务所（科、分局）						
承租方纳税人识别号（统一社会信用代码）			承租方名称			
* 出租面积			* 申报租金收入			
* 申报租金所属租赁期起			* 申报租金所属租赁期止			
减免税部分	序号	减免性质代码和项目名称	减免起止时间		减免税租金收入	月减免税金额
			减免起始月份	减免终止月份		
	1		年　月	年　月		
	2					
	3					

表 B－46　车船税税源明细表

纳税人识别号（统一社会信用代码）：91120045MA8KU50128

纳税人名称：汉东蔚蓝氢能科技有限公司

体积单位：升；质量单位：吨；功率单位：千瓦；长度单位：米

车辆税源明细

序号	车牌号码	车辆识别代码（车架号）	车辆类型	车辆品牌	车辆型号	车辆发票日期或注册登记日期	排（气）量	核定载客	整备质量	单位税额	减免性质代码和项目名称	纳税义务终止时间
1	东 A12657	L6T7824S6IN10066	乘用车	吉利	MR7152L21	2020 年 2 月 1 日	1.5 升	5		480		
2	东 A03206	LBEJMBJB8AX320100	乘用车	北京现代	BH6430AY	2020 年 11 月 9 日	2.0 升	5		600		
3	东 B08976	LGWCB61A4MJ172005	乘用车	长城	CC1030QA00A	2021 年 2 月 23 日	2.0 升	5		600		
4	东 B10352	LEFAFCG25MHN10520	商用车货车	江铃牌	JX1041TSG26	2021 年 4 月 13 日	2.9 升		1.6	50		
5	东 A57321	LGWEFEA57DF210723	乘用车	长城	CC6460RM40	2024 年 12 月 2 日	1.5 升	5		480		

船舶税源明细

序号	船舶登记号	船舶识别号	船舶种类	中文船名	初次登记号码	船籍港	发证日期	取得所有权日期	建成日期	净吨位	主机功率	艇身长度（总长）	单位税额	减免性质代码和项目名称	纳税义务终止时间
1															
2															
3															

表 B－47　契税税源明细表

纳税人识别号（统一社会信用代码）：91120045MA8KU50128

纳税人名称：汉东蔚蓝氢能科技有限公司　　金额单位：人民币元（列至角分）；面积单位：平方米

税源编号	（税务系统自动带出）	土地房屋坐落地址	汉东经济技术开发区建设路 28 号	不动产单元号（或房屋编号）	111202250002GB00132F01100126
合同编号	XS2024120028	合同签订日期	2024 年 12 月 18 日	共有方式	■单独所有 □共同共有 （共有人：______） □按份共有______%
权属转移对象	土地－国有土地	权属转移方式	土地使用权出让	用途	非住宅用地
成交价格（不含增值税）	6 000 000	权属转移面积	10 000	成交单价	（税务系统自动带出）
评估价格	（税务系统自动带出）		计税价格	（税务系统自动带出）	
适用税率	3%		权属登记日期	2024 年 12 月 27 日	
居民购房减免性质代码和项目名称			其他减免性质代码和项目名称（抵减金额：______）		

表 B－48　印花税税源明细表

纳税人识别号（统一社会信用代码）：91120045MA8KU50128

纳税人名称：汉东蔚蓝氢能科技有限公司　　　　金额单位：人民币元（列至角分）

序号	应税凭证税务编号	应税凭证编号	应税凭证名称	申报期限类型	应税凭证数量	税目	子目	税款所属期起	税款所属期止	应税凭证书立日期	计税金额	实际结算日期	实际结算金额	税率	减免性质代码和项目名称	对方书立人信息		
																对方书立人名称	对方书立人纳税人识别号（统一社会信用代码）	对方书立人涉及金额
1	（不需填写）	（略）	购销合同	按期申报	3	买卖合同	（不需填写）	2024年10月1日	2024年12月31日	2024年12月31日	71 518 584.07			0.03%		（汇总申报不需填写）	（汇总申报不需填写）	（汇总申报不需填写）
2	（不需填写）	（略）	房屋转让合同	按期申报	1	产权转移书据	房屋等建筑物和构筑物所有权转让书据（不包括土地承包经营权和土地经营权转移）	2024年10月1日	2024年12月31日	2024年12月2日	4 000 000.00			0.05%		（略）	（略）	（略）
3	（不需填写）	（略）	国有建设用地使用权出让合同	按期申报	1	产权转移书据	土地使用权出让书据	2024年10月1日	2024年12月31日	2024年12月18日	6 000 000.00			0.05%		（略）	（略）	（略）

表 B－49　土地增值税税源明细表

税款所属期限：自 2024 年 12 月 30 日至 2024 年 12 月 31 日

纳税人识别号（统一社会信用代码）：91120045MA8KU50128

纳税人名称：汉东蔚蓝氢能科技有限公司　　　　金额单位：人民币元（列至角分）；面积单位：平方米

土地增值税申报计算及减免信息				
申报类型：				
1. 从事房地产开发的纳税人预缴适用□				
2. 从事房地产开发的纳税人清算适用□				
3. 从事房地产开发的纳税人按核定征收方式清算适用□				
4. 纳税人整体转让在建工程适用□				
5. 从事房地产开发的纳税人清算后尾盘销售适用□				
6. 转让旧房及建筑物的纳税人适用■				
7. 转让旧房及建筑物的纳税人核定征收适用□				
申报类型	**项目**		**序号**	**金额**
6. 转让旧房及建筑物的纳税人适用	一、转让房地产收入总额		1=2+3+4	4 000 000.00
	1. 货币收入		2	4 000 000.00
	2. 实物收入		3	
	3. 其他收入		4	
	二、扣除项目金额合计		（1）5=6+7+10+15 （2）5=11+12+14+15	3 585 200.00
	（1）提供评估价格			
	1. 取得土地使用权所支付的金额		6	
	2. 旧房及建筑物的评估价格		7=8×9	
	其中：旧房及建筑物的重置成本价		8	
	成新度折扣率		9	
	3. 评估费用		10	
	（2）提供购房发票			
	1. 购房发票金额		11	3 000 000.00
	2. 发票加计扣除金额		12=11×5%×13	450 000.00
	其中：房产实际持有年数		13	3
	3. 购房契税		14	90 000.00
	4. 与转让房地产有关的税金等		15=16+17+18+19	45 200.00
	其中：营业税		16	
	城市维护建设税		17	25 200.00
	印花税		18	2 000.00
	教育费附加		19	18000.00
	三、增值额		20=1–5	414 800.00
	四、增值额与扣除项目金额之比（%）		21=20÷5	11.57%
	五、适用税率（核定征收率）(%)		22	30%
	六、速算扣除系数（%）		23	
	七、减免税额		24=26+28+30	
	其中：减免税（1）	减免性质代码和项目名称（1）	25	
		减免税额（2）	26	
	减免税（2）	减免性质代码和项目名称（2）	27	
		减免税额（2）	28	
	减免税（3）	减免性质代码和项目名称（3）	29	
		减免税额（3）	30	

注：因案例不涉及相关内容，所以本表“申报类型”1～5 部分未列出。

表 B－50　财产和行为税纳税申报表

纳税人识别号（统一社会信用代码）：91120045MA8KU50128
纳税人名称：汉东蔚蓝氢能科技有限公司　　　　金额单位：人民币元（列至角分）

序号	税种	税目	税款所属期起	税款所属期止	计税依据	税率	应纳税额	减免税额	已缴税额	应补（退）税额
1	城镇土地使用税		2024 年 7 月 1 日	2024 年 12 月 31 日	10 000m^2	10 元 / 平方米	50 000.00			50 000.00
2	城镇土地使用税		2024 年 7 月 1 日	2024 年 12 月 31 日	50m^2	30 元 / 平方米	750.00			750.00
3	房产税		2024 年 7 月 1 日	2024 年 12 月 31 日	30 322 895.20 元	1.20%	181 937.37			181 937.37
4	车船税	乘用车	2024 年 1 月 1 日	2024 年 12 月 31 日	1 辆	480	480.00			480.00
5	车船税	乘用车	2024 年 1 月 1 日	2024 年 12 月 31 日	2 辆	600	1 200.00			1 200.00
6	车船税	商用车货车	2024 年 1 月 1 日	2024 年 12 月 31 日	1.6 吨	50	80.00			80.00
7	车船税	乘用车	2024 年 12 月 1 日	2024 年 12 月 31 日	1 辆	480	40.00			40.00
8	印花税	买卖合同	2024 年 12 月 1 日	2024 年 12 月 31 日	71 518 584.07 元	0.03%	21 455.58			21 455.58
9	印花税	产权转移书据	2024 年 12 月 1 日	2024 年 12 月 31 日	10 000 000.00 元	0.05%	5 000.00			5 000.00
10	契税		2024 年 12 月 15 日	2024 年 12 月 31 日	6 000 000 元	3%	180 000.00			180 000.00
11	土地增值税		2024 年 12 月 30 日	2024 年 12 月 31 日	414 800.00 元	30%	124 440.00			124 440.00
合计		—	—	—	—	—	565 382.95			565 382.95

声明：此表是根据国家税收法律法规及相关规定填写的，本人（单位）对填报内容（及附带资料）的真实性、可靠性、完整性负责。
纳税人（签章）：汉东蔚蓝氢能科技有限公司　　　　2025 年 1 月 7 日

经办人：张启航 经办人身份证号：3701011994061108×× 代理机构签章： 代理机构统一社会信用代码：	受理人： 受理税务机关（章）： 受理日期：　　年　　月　　日

表 B－51　财产和行为税减免税明细申报附表

纳税人识别号（统一社会信用代码）：91120045MA8KU50128
纳税人名称：汉东蔚蓝氢能科技有限公司　　金额单位：人民币元（列至角分）

本期是否适用增值税小规模纳税人减征政策		□是■否	本期适用增值税小规模纳税人减征政策起始时间		
			本期适用增值税小规模纳税人减征政策终止时间		
合计减免税额					
城镇土地使用税					
序号	土地编号	税款所属期起	税款所属期止	减免性质代码和项目名称	减免税额
1					
2					
小计	—			—	
房产税					
序号	房产编号	税款所属期起	税款所属期止	减免性质代码和项目名称	减免税额
1					
2					
小计	—			—	
车船税					
序号	车辆识别代码 / 船舶识别码	税款所属期起	税款所属期止	减免性质代码和项目名称	减免税额
1					
2					
小计	—			—	
印花税					
序号	税目	税款所属期起	税款所属期止	减免性质代码和项目名称	减免税额
1					
2					
小计	—			—	

续表

			契税		
序号	税源编号	税款所属期起	税款所属期止	减免性质代码和项目名称	减免税额
1					
2					
小计					
			土地增值税		
序号	项目编号	税款所属期起	税款所属期止	减免性质代码和项目名称	减免税额
1					
2					
小计					
声明：此表是根据国家税收法律法规及相关规定填写的，本人（单位）对填报内容（及附带资料）的真实性、可靠性、完整性负责。 纳税人（签章）：汉东蔚蓝氢能科技有限公司　　2025 年 1 月 7 日					
经办人：张启航 经办人身份证号：3701011994061108 × × 代理机构签章： 代理机构统一社会信用代码：			受理人： 受理税务机关（章）： 受理日期：　　年　　月　　日		

表 B－52　车辆购置税纳税申报表

填表日期：2025 年 1 月 7 日　　　　金额单位：元

纳税人名称	汉东蔚蓝氢能科技有限公司		申报类型	■征税□免税□减税	
证件名称	营业执照		证件号码	91120045MA8KU50128	
联系电话	139031628××		地址	汉东经济技术开发区建设路 28 号	
合格证编号（货物进口证明书号）			车辆识别代号 / 车架号	LGWEFEA57DF210723	
厂牌型号	CC6460RM40				
排量（cc）	1.8 升		机动车销售统一发票代码	370124003208	
机动车销售统一发票号码	13520136		不含税价	148 584.07	
海关进口关税专用缴款书（进出口货物征免税证明）号码					
关税完税价格		关税		消费税	
其他有效凭证名称		其他有效凭证号码		其他有效凭证价格	
购置日期	2024 年 12 月 2 日	申报计税价格	148 584.07	申报免（减）税条件或者代码	
是否办理车辆登记	是	车辆拟登记地点	汉东经济技术开发区建设路 28 号		
纳税人声明： 本纳税申报表是根据国家税收法律法规及相关规定填报的，我确定它是真实的、可靠的、完整的。 纳税人（签名或盖章）：汉东蔚蓝氢能科技有限公司					
委托声明： 现委托（姓名）___________（证件号码）办理车辆购置税涉税事宜，提供的凭证、资料是真实、可靠、完整的。任何与本申报表有关的往来文件，都可交予此人。 委托人（签名或盖章）：　　　　被委托人（签名或盖章）：					
以下由税务机关填写					
免（减）税条件代码					
计税价格	税率	应纳税额	免（减）税额	实纳税额	滞纳金金额
受理人： 年　月　日		复核人（适用于免、减税申报）： 年　月　日		主管税务机关（章）	

表 B－54　中华人民共和国企业所得税月（季）度预缴纳税申报表（A 类）

税款所属期间：2024 年 10 月 1 日至 2024 年 12 月 31 日

纳税人识别号（统一社会信用代码）：91120045MA8KU50128

纳税人名称：汉东蔚蓝氢能科技有限公司

金额单位：人民币元（列至角分）

优惠及附报事项有关信息									
项目	一季度		二季度		三季度		四季度		季度平均值
	季初	季末	季初	季末	季初	季末	季初	季末	
从业人数	10	10	10	10	10	10	10	10	11
资产总额（万元）	14 068.52	12 071.38	12 071.38	13 327.16	13 327.16	14 726.08	14 726.08	17 892.00	14 026.22
国家限制或禁止行业	□是■否				小型微利企业				□是■否
	附报事项名称								金额或选项
事项 1	（填写特定事项名称）								
事项 2	（填写特定事项名称）								
	预缴税款计算								本年累计
1	营业收入								144 420 000.00
2	营业成本								130 686 443.65
3	利润总额								6 522 280.23
4	加：特定业务计算的应纳税所得额								
5	减：不征税收入								
6	减：资产加速折旧、摊销（扣除）调减额（填写 A201020）								
7	减：免税收入、减计收入、加计扣除（7.1+7.2+ …）								
7.1	一般股息红利等权益性投资收益免征企业所得税								2 000 000.00
7.2	企业开发新技术、新产品、新工艺发生的研究开发费用加计扣除（按 100% 加计扣除）								3 087 665.72
8	减：所得减免（8.1+8.2+ …）								
8.1	（填写优惠事项名称）								
8.2	（填写优惠事项名称）								
9	减：弥补以前年度亏损								1 237 641.81

续表

预缴税款计算			
10	实际利润额（3+4−5−6−7−8−9）\ 按照上一纳税年度应纳税所得额平均额确定的应纳税所得额		196 972.70
11	税率（25%）		25%
12	应纳所得税额（10×11）		49 243.18
13	减：减免所得税额（13.1+13.2+…）		
13.1	（填写优惠事项名称）		
13.2	（填写优惠事项名称）		
14	减：本年实际已缴纳所得税额		
15	减：特定业务预缴（征）所得税额		
16	本期应补（退）所得税额（12−13−14−15）\ 税务机关确定的本期应纳所得税额		49 243.18
汇总纳税企业总分机构税款计算			
17	总机构	总机构本期分摊应补（退）所得税额（18+19+20）	
18		其中：总机构分摊应补（退）所得税额（16× 总机构分摊比例__%）	
19		财政集中分配应补（退）所得税额（16× 财政集中分配比例__%）	
20		总机构具有主体生产经营职能的部门分摊所得税额（16× 全部分支机构分摊比例__%× 总机构具有主体生产经营职能部门分 摊比例__%）	
21	分支机构	分支机构本期分摊比例	

表 B－55　中华人民共和国企业所得税年度纳税申报表
（A 类，2017 年版）

税款所属期间：2024 年 1 月 1 日至 2024 年 12 月 31 日 纳税人识别号：（统一社会信用代码）91120045MA8KU50128 纳税人名称：汉东蔚蓝氢能科技有限公司 金额单位：人民币元（列至角分） 谨声明：本纳税申报表是根据国家税收法律法规及相关规定填报的，是真实的、可靠的、完整的。 纳税人签章：汉东蔚蓝氢能科技有限公司 2025 年 5 月 7 日	
经办人：张启航 经办人身份证号：3701011994061108×× 代理机构签章：	受理人： 受理税务机关（章）： 受理日期：　　年　　月　　日

表 B－56　企业所得税年度纳税申报表填报表单

表单编号	表单名称	是否填报
A000000	企业所得税年度纳税申报基础信息表	√
A100000	中华人民共和国企业所得税年度纳税申报表（A 类）	√
A101010	一般企业收入明细表	√
A101020	金融企业收入明细表	□
A102010	一般企业成本支出明细表	√
A102020	金融企业支出明细表	□
A103000	事业单位、民间非营利组织收入、支出明细表	□
A104000	期间费用明细表	√
A105000	纳税调整项目明细表	√
A105010	视同销售和房地产开发企业特定业务纳税调整明细表	□
A105020	未按权责发生制确认收入纳税调整明细表	□
A105030	投资收益纳税调整明细表	√
A105040	专项用途财政性资金纳税调整明细表	□
A105050	职工薪酬支出及纳税调整明细表	√
A105060	广告费和业务宣传费等跨年度纳税调整明细表	□
A105070	捐赠支出及纳税调整明细表	□
A105080	资产折旧、摊销及纳税调整明细表	√
A105090	资产损失税前扣除及纳税调整明细表	□
A105100	企业重组及递延纳税事项纳税调整明细表	□
A105110	政策性搬迁纳税调整明细表	□
A105120	贷款损失准备金及纳税调整明细表	□
A106000	企业所得税弥补亏损明细表	√
A107010	免税、减计收入及加计扣除优惠明细表	√
A107011	符合条件的居民企业之间的股息、红利等权益性投资收益优惠明细表	√
A107012	研发费用加计扣除优惠明细表	√
A107020	所得减免优惠明细表	□
A107030	抵扣应纳税所得额明细表	□

续表

表单编号	表单名称	是否填报
A107040	减免所得税优惠明细表	□
A107041	高新技术企业优惠情况及明细表	□
A107042	软件、集成电路企业优惠情况及明细表	□
A107050	税额抵免优惠明细表	□
A108000	境外所得税收抵免明细表	□
A108010	境外所得纳税调整后所得明细表	□
A108020	境外分支机构弥补亏损明细表	□
A108030	跨年度结转抵免境外所得税明细表	□
A109000	跨地区经营汇总纳税企业年度分摊企业所得税明细表	□
A109010	企业所得税汇总纳税分支机构所得税分配表	□
说明：企业应当根据实际情况选择需要填报的表单。		

表 B－57　A000000 企业所得税年度纳税申报基础信息表

基本经营情况（必填项目）			
101 纳税申报企业类型（填写代码）	100	102 分支机构就地纳税比例（%）	
103 资产总额（填写平均值，单位：万元）	14 026.22	104 从业人数（填写平均值，单位：人）	10
105 所属国民经济行业（填写代码）	384	106 从事国家限制或禁止行业	□是 ■ 否
107 适用会计准则或会计制度（填写代码）	110	108 采用一般企业财务报表格式（2019 年版）	■ 是 □否
109 小型微利企业	□是 ■ 否	110 上市公司	是（□境内 团 境外）■ 否
有关涉税事项情况（存在或者发生下列事项时必填）			
201 从事股权投资业务	□是	202 存在境外关联交易	□是
203 境外所得信息 203–1 选择采用的境外所得抵免方式	分国（地区）不分项　不分国（地区）不分项		
203 境外所得信息 203–2 海南自由贸易港新增境外直接投资信息	是（产业类别：　旅游业　现代服务业　高新技术产业）		
204 有限合伙制创业投资企业的法人合伙人	□是	205 创业投资企业	□是
206 技术先进型服务企业类型（填写代码）		207 非营利组织	□是
208 软件、集成电路企业类型（填写代码）		209 集成电路生产项目类型	□ 130 纳米 □ 65 纳米 □ 28 纳米
210 科技型中小企业 210–1 2020	年（申报所属期年度）入库编号 1	210–2 入库时间 1	
210 科技型中小企业 210–3 2021	年（所属期下一年度）入库编号 2	210–4 入库时间 2	
211 高新技术企业申报所属期年度有效的高新技术企业证书	211–1 证书编号 1	211–2 发证时间 1	
	211–3 证书编号 2	211–4 发证时间 2	
212 重组事项税务处理方式	□一般性　□特殊性	213 重组交易类型（填写代码）	
214 重组当事方类型（填写代码）		215 政策性搬迁开始时间	
216 发生政策性搬迁且停止生产经营无所得年度	□是	217 政策性搬迁损失分期扣除年度	□是
218 发生非货币性资产对外投资递延纳税事项	□是	219 非货币性资产对外投资转让所得递延纳税年度	□是
220 发生技术成果投资入股递延纳税事项	□是	221 技术成果投资入股递延纳税年度	□是
222 发生资产（股权）划转特殊性税务处理事项	□是	223 债务重组所得递延纳税年度	□是

续表

主要股东及分红情况（必填项目）					
股东名称	证件种类	证件号码	投资比例	当年（决议日）分配的股息、红利等权益性投资收益金额	国籍（注册地址）
李光明	身份证	3701011975021902××	60.00%		中国
李建华	身份证	3701011977070706××	40.00%		中国
其余股东合计	—	—	100.00%		—

表 B－58　A100000 企业所得税年度纳税申报主表

单位：元

行次	类别	项目	金额
1	利润总额计算	一、营业收入（填写 A101010/101020/103000）	144 420 000.00
2		减：营业成本（填写 A102010/102020/103000）	130 686 443.65
3		减：税金及附加	4 859 061.50
4		减：销售费用（填写 A104000）	
5		减：管理费用（填写 A104000）	5 568 544.49
6		减：研发费用（填写 A104000）	
7		减：财务费用（填写 A104000）	－137 219.87
8		加：其他收益	
9		加：投资收益（损失以"－"号填列）	2 000 000.00
10		加：净敞口套期收益（损失以"－"号填列）	
11		加：公允价值变动收益（损失以"－"号填列）	
12		加：信用减值损失（损失以"－"号填列）	
13		加：资产减值损失（损失以"－"号填列）	
14		加：资产处置收益（损失以"－"号填列）	
15		二、营业利润（亏损以"－"号填列）	5 443 170.23
16		加：营业外收入（填写 A101010/101020/103000）	1 079 110.00
17		减：营业外支出（填写 A102010/102020/103000）	
18		三、利润总额（15+16–17）	6 522 280.23
19	应纳税所得额计算	减：境外所得（填写 A108010）	
20		加：纳税调整增加额（填写 A105000）	56 975.49
21		减：纳税调整减少额（填写 A105000）	
22		减：免税、减计收入及加计扣除（22.1+22.2+…）	5 087 665.72
22.1		一般股息红利等权益性投资收益免征企业所得税	2 000 000.00
22.2		企业开发新技术、新产品、新工艺发生的研究开发费用加计扣除（按 100% 加计扣除）	3 087 665.72
23		加：境外应税所得抵减境内亏损（填写 A108000）	
24		四、纳税调整后所得（18–19+20–21–22+23）	1 491 590.00
25		减：所得减免（填写 A107020）	
26		减：弥补以前年度亏损（填写 A106000）	1 237 641.81
27		减：抵扣应纳税所得额（填写 A107030）	
28		五、应纳税所得额（24–25–26–27）	253 948.19
29	应纳税额计算	税率（25%）	25%
30		六、应纳所得税额（28×29）	63 487.05
31		减：减免所得税额（31.1+31.2+…）	
31.1		（填写优惠事项名称）	
31.2		（填写优惠事项名称）	
32		减：抵免所得税额（填写 A107050）	
33		七、应纳税额（30–31–32）	63 487.05
34		加：境外所得应纳所得税额（填写 A108000）	
35		减：境外所得抵免所得税额（填写 A108000）	
36		八、实际应纳所得税额（33+34–35）	63 487.05
37	实际应补（退）税额计算	减：本年累计预缴所得税额	49 243.18

表 B－59　A101010 一般企业收入明细表

单位：元

行次	项目	金额
1	一、营业收入（2+9）	144 420 000.00
2	（一）主营业务收入（3+5+6+7+8）	144 420 000.00
3	1. 销售商品收入	144 420 000.00
4	其中：非货币性资产交换收入	
5	2. 提供劳务收入	
6	3. 建造合同收入	
7	4. 让渡资产使用权收入	
8	5. 其他	
9	（二）其他业务收入（10+12+13+14+15）	
10	1. 销售材料收入	
11	其中：非货币性资产交换收入	
12	2. 出租固定资产收入	
13	3. 出租无形资产收入	
14	4. 出租包装物和商品收入	
15	5. 其他	
16	二、营业外收入（17+18+19+20+21+22+23+24+25+26）	1 079 110.00
17	（一）非流动资产处置利得	1 079 110.00
18	（二）非货币性资产交换利得	
19	（三）债务重组利得	
20	（四）政府补助利得	
21	（五）盘盈利得	
22	（六）捐赠利得	
23	（七）罚没利得	
24	（八）确实无法偿付的应付款项	
25	（九）汇兑收益	
26	（十）其他	

表 B－60　A102010 一般企业成本支出明细表

单位：元

行次	项目	金额
1	一、营业成本（2+9）	130 686 443.65
2	（一）主营业务成本（3+5+6+7+8）	130 686 443.65
3	1. 销售商品成本	130 686 443.65
4	其中：非货币性资产交换成本	
5	2. 提供劳务成本	
6	3. 建造合同成本	
7	4. 让渡资产使用权成本	
8	5. 其他	
9	（二）其他业务成本（10+12+13+14+15）	
10	1. 销售材料成本	
11	其中：非货币性资产交换成本	
12	2. 出租固定资产成本	
13	3. 出租无形资产成本	
14	4. 包装物出租成本	

续表

行次	项目	金额
15	5. 其他	
16	二、营业外支出（17+18+19+20+21+22+23+24+25+26）	
17	（一）非流动资产处置损失	
18	（二）非货币性资产交换损失	
19	（三）债务重组损失	
20	（四）非常损失	
21	（五）捐赠支出	
22	（六）赞助支出	
23	（七）罚没支出	
24	（八）坏账损失	
25	（九）无法收回的债券股权投资损失	
26	（十）其他	

表 B－61　A104000 期间费用明细表

单位：元

行次	项目	销售费用	其中：境外支付	管理费用	其中：境外支付	财务费用	其中：境外支付
		1	2	3	4	5	6
1	一、职工薪酬		*	1 022 967.92	*	*	*
2	二、劳务费					*	*
3	三、咨询顾问费					*	*
4	四、业务招待费		*	142 438.72	*	*	*
5	五、广告费和业务宣传费		*		*	*	*
6	六、佣金和手续费					51 500.28	
7	七、资产折旧摊销费		*	1 083 871.68	*	*	*
8	八、财产损耗、盘亏及毁损损失		*		*	*	*
9	九、办公费		*	152 747.37	*	*	*
10	十、董事会费		*		*	*	*
11	十一、租赁费					*	*
12	十二、诉讼费		*		*	*	*
13	十三、差旅费		*		*	*	*
14	十四、保险费		*		*	*	*
15	十五、运输、仓储费					*	*
16	十六、修理费					*	*
17	十七、包装费		*		*	*	*
18	十八、技术转让费					*	*
19	十九、研究费用			3 153 235.53		*	*
20	二十、各项税费		*		*	*	*
21	二十一、利息收支	*	*	*	*	–188 720.15	
22	二十二、汇兑差额	*	*	*	*		
23	二十三、现金折扣	*	*	*	*		*
24	二十四、党组织工作经费	*	*		*	*	*
25	二十五、其他			13 283.27			
26	合计（1+2+3+…+25）			5 568 544.49		–137 219.87	

表 B－62　A105000 纳税调整项目明细表

单位：元

行次	项目	账载金额	税收金额	调增金额	调减金额
		1	2	3	4
1	一、收入类调整项目（2+3+ …+8+10+11）	*	*		
2	（一）视同销售收入（填写 A105010）	*			*
3	（二）未按权责发生制原则确认的收入（填写 A105020）				
4	（三）投资收益（填写 A105030）	2 000 000.00	2 000 000.00		
5	（四）按权益法核算长期股权投资对初始投资成本调整确认收益	*	*	*	
6	（五）交易性金融资产初始投资调整	*	*		*
7	（六）公允价值变动净损益		*		
8	（七）不征税收入	*	*		
9	其中：专项用途财政性资金（填写 A105040）	*	*		
10	（八）销售折扣、折让和退回				
11	（九）其他				
12	二、扣除类调整项目（13+14+ …+24+26+27+28+29+30）	*	*	48 434.17	
13	（一）视同销售成本（填写 A105010）	*		*	
14	（二）职工薪酬（填写 A105050）	2 193 537.73	2 193 537.73		
15	（三）业务招待费支出	142 438.72	85 463.23	56 975.49	*
16	（四）广告费和业务宣传费支出（填写 A105060）	*	*		
17	（五）捐赠支出（填写 A105070）				
18	（六）利息支出				
19	（七）罚金、罚款和被没收财物的损失		*		*
20	（八）税收滞纳金、加收利息		*		*
21	（九）赞助支出		*		*
22	（十）与未实现融资收益相关在当期确认的财务费用				
23	（十一）佣金和手续费支出（保险企业填写 A105060）				
24	（十二）不征税收入用于支出所形成的费用	*	*		*
25	其中：专项用途财政性资金用于支出所形成的费用（填写 A105040）	*	*		*
26	（十三）跨期扣除项目				
27	（十四）与取得收入无关的支出		*		*

续表

行次	项目	账载金额	税收金额	调增金额	调减金额
		1	2	3	4
28	（十五）境外所得分摊的共同支出	*	*		*
29	（十六）党组织工作经费				
30	（十七）其他				
31	三、资产类调整项目（32+33+34+35）	*	*		
32	（一）资产折旧、摊销（填写 A105080）	4 660 156.44	4 660 156.44		
33	（二）资产减值准备金		*		
34	（三）资产损失（填写 A105090）				
35	（四）其他				
36	四、特殊事项调整项目（37+38+…+43）	*	*		
37	（一）企业重组及递延纳税事项（填写 A105100）				
38	（二）政策性搬迁（填写 A105110）	*	*		
39	（三）特殊行业准备金（39.1+39.2+39.4+39.5+39.6+39.7）	*	*		
39.1	1. 保险公司保险保障基金				
39.2	2. 保险公司准备金				
39.3	其中：已发生未报案未决赔款准备金				
39.4	3. 证券行业准备金				
39.5	4. 期货行业准备金				
39.6	5. 中小企业融资（信用）担保机构准备金				
39.7	6. 金融企业、小额贷款公司准备金（填写 A105120）	*	*		
40	（四）房地产开发企业特定业务计算的纳税调整额（填写 A105010）	*			
41	（五）合伙企业法人合伙人应分得的应纳税所得额				
42	（六）发行永续债利息支出				
43	（七）其他	*	*		
44	五、特别纳税调整应税所得	*	*		
45	六、其他	*	*		
46	合计（1+12+31+36+44+45）	*	*	56 975.49	

表 B－63　A105030 投资收益纳税调整明细表

单位：元

行次	项目	持有收益			处置收益							纳税调整金额
		账载金额	税收金额	纳税调整金额	会计确认的处置收入	税收计算的处置收入	处置投资的账面价值	处置投资的计税基础	会计确认的处置所得或损失	税收计算的处置所得	纳税调整金额	
		1	2	3（2-1）	4	5	6	7	8（4-6）	9（5-7）	10（9-8）	11（3+10）
1	一、交易性金融资产											
2	二、可供出售金融资产											
3	三、持有至到期投资											
4	四、衍生工具											
5	五、交易性金融负债											
6	六、长期股权投资	2 000 000.00	2 000 000.00									
7	七、短期投资											
8	八、长期债券投资											
9	九、其他											
10	合计（1+2+…+8+9）	2 000 000.00	2 000 000.00									

表 B－64　A105050 职工薪酬支出及纳税调整明细表

单位：元

行次	项目	账载金额	实际发生额	税收规定扣除率	以前年度累计结转扣除额	税收金额	纳税调整金额	累计结转以后年度扣除额
		1	2	3	4	5	6（1－5）	7（2+4－5）
1	一、工资薪金支出	1 456 500.00	1 456 500.00	*	*	1 456 500.00		*
2	其中：股权激励			*	*			*
3	二、职工福利费支出	133 000.00	133 000.00	14%	*	133 000.00		*
4	三、职工教育经费支出	76 037.73	76 037.73	*		76 037.73		
5	其中：按税收规定比例扣除的职工教育经费	76 037.73	76 037.73	8%		76 037.73		
6	按税收规定全额扣除的职工培训费用				*			*
7	四、工会经费支出	26 400.00	26 400.00	2%	*	26 400.00		*
8	五、各类基本社会保障性缴款	356 400.00	356 400.00	*	*	356 400.00		*
9	六、住房公积金	145 200.00	145 200.00	*	*	145 200.00		*
10	七、补充养老保险			5%	*			*
11	八、补充医疗保险			5%	*			*
12	九、其他			*	*			*
13	合计（1+3+4+7+8+9+10+11+12）	2 193 537.73	2 193 537.73	*		2 193 537.73		

表 B－65　A105080 资产折旧、摊销及纳税调整明细表

单位：元

行次	项目		账载金额			税收金额					纳税调整金额
			资产原值	本年折旧、摊销额	累计折旧、摊销额	资产计税基础	税收折旧、摊销额	享受加速折旧政策的资产按税收一般规定计算的折旧、摊销额	加速折旧、摊销统计额	累计折旧、摊销额	
			1	2	3	4	5	6	7=5-6	8	9（2-5）
1	一、固定资产（2+3+4+5+6+7）		64 208 043.04	4 660 156.44	10 999 859.74	64 208 043.04	4 660 156.44	*	*	10 999 859.74	
2	所有固定资产	（一）房屋、建筑物	38 168 421.72	1 813 000.08	4 328 183.46	38 168 421.72	1 813 000.08	*	*	4 328 183.46	
3		（二）飞机、火车、轮船、机器、机械和其他生产设备	23 785 682.06	2 259 639.84	5 272 492.90	23 785 682.06	2 259 639.84	*	*	5 272 492.90	
4		（三）与生产经营活动有关的器具、工具、家具等						*	*		
5		（四）飞机、火车、轮船以外的运输工具	715 235.98	169 868.52	424 671.34	715 235.98	169 868.52	*	*	424 671.34	
6		（五）电子设备						*	*		
7		（六）其他	1 538 703.28	417 648.00	974 512.04	1 538 703.28	417 648.00	*	*	974 512.04	
8	其中：享受固定资产加速折旧及一次性扣除政策的资产加速折旧额大于一般折旧额的部分	（一）重要行业固定资产加速折旧（不含一次性扣除）									*
9		（二）其他行业研发设备加速折旧									*
10		（三）海南自由贸易港企业固定资产加速折旧									
11		（四）500 万元以下设备器具一次性扣除									*
12		（五）疫情防控重点保障物资生产企业单价 500 万元以上设备一次性扣除									*
13		（六）海南自由贸易港企业固定资产一次性扣除									*

续表

行次	项目		账载金额			税收金额					纳税调整金额
			资产原值	本年折旧、摊销额	累计折旧、摊销额	资产计税基础	税收折旧、摊销额	享受加速折旧政策的资产按税收一般规定计算的折旧、摊销额	加速折旧、摊销统计额	累计折旧、摊销额	
			1	2	3	4	5	6	7=5-6	8	9（2-5）
14	其中：享受固定资产加速折旧及一次性扣除政策的资产加速折旧额大于一般折旧额的部分	（七）技术进步、更新换代固定资产加速折旧									*
15		（八）常年强震动、高腐蚀固定资产加速折旧									*
16		（九）外购软件加速折旧									*
17		（十）集成电路企业生产设备加速折旧									*
18	二、生产性生物资产（19+20）							*	*		
19	（一）林木类							*	*		
20	（二）畜类							*	*		
21	三、无形资产（22+23+24+25+26+27+28+29）							*	*		
22	所有无形资产	（一）专利权						*	*		
23		（二）商标权						*	*		
24		（三）著作权						*	*		
25		（四）土地使用权						*	*		

续表

行次	项目		账载金额			税收金额					纳税调整金额
			资产原值	本年折旧、摊销额	累计折旧、摊销额	资产计税基础	税收折旧、摊销额	享受加速折旧政策的资产按税收一般规定计算的折旧、摊销额	加速折旧、摊销统计额	累计折旧、摊销额	
			1	2	3	4	5	6	7=5-6	8	9（2-5）
26	所有无形资产	（五）非专利技术						*	*		
27		（六）特许权使用费						*	*		
28		（七）软件						*	*		
29		（八）其他						*	*		
30	其中：享受无形资产加速摊销及一次性摊销政策的资产加速摊销额大于一般摊销额的部分	（一）企业外购软件加速摊销									*
31		（二）海南自由贸易港企业无形资产加速摊销									*
32		（三）海南自由贸易港企业无形资产一次性摊销									*
33	四、长期待摊费用（34+35+36+37+38）							*	*		
34	（一）已足额提取折旧的固定资产的改建支出							*	*		
35	（二）租入固定资产的改建支出							*	*		
36	（三）固定资产的大修理支出							*	*		

续表

行次	项目		账载金额			税收金额					纳税调整金额
			资产原值	本年折旧、摊销额	累计折旧、摊销额	资产计税基础	税收折旧、摊销额	享受加速折旧政策的资产按税收一般规定计算的折旧、摊销额	加速折旧、摊销统计额	累计折旧、摊销额	
			1	2	3	4	5	6	7=5-6	8	9(2-5)
37	(四)开办费							*	*		
38	(五)其他							*	*		
39	五、油气勘探投资							*	*		
40	六、油气开发投资							*	*		
41	合计(1+18+21+33+39+40)		64 208 043.04	4 660 156.44	10 999 859.74	64 208 043.04	4 660 156.44			10 999 859.74	
附列资料		全民所有制企业公司改制资产评估增值政策资产						*	*		

表 B－66　A106000 企业所得税弥补亏损明细表

金额单位：元

行次	项目	年度	当年境内所得额	分立转出的亏损额	合并、分立转入的亏损额			弥补亏损企业类型	当年亏损额	当年待弥补的亏损额	用本年度所得额弥补的以前年度亏损额		当年可结转以后年度弥补的亏损额
					可弥补年限 5 年	可弥补年限 8 年	可弥补年限 10 年				使用境内所得弥补	使用境外所得弥补	
		1	2	3	4	5	6	7	8	9	10	11	12
1	前十年度	2014 年											
2	前九年度	2015 年											
3	前八年度	2016 年											
4	前七年度	2017 年											
5	前六年度	2018 年											
6	前五年度	2019 年	–963 401.35					100 一般企业	–963 401.35				
7	前四年度	2020 年	317 453.09					100 一般企业					
8	前三年度	2021 年	838 412.62					100 一般企业					
9	前二年度	2022 年	–760 811.23					100 一般企业	–760 811.23	–760 811.23	760 811.23		
10	前一年度	2023 年	–476 830.58					100 一般企业	–476 830.58	–476 830.58	476 830.58		
11	本年度	2024 年	1 491 590.00					100 一般企业			1 237 641.81		
12	可结转以后年度弥补的亏损额合计												

表 B－68　A107012 研发费用加计扣除优惠明细表

单位：元

行次	项目	金额
1	本年可享受研发费用加计扣除项目数量	
2	一、自主研发、合作研发、集中研发（3+7+16+19+23+34）	3 087 665.72
3	（一）人员人工费用（4+5+6）	639 600.00
4	1. 直接从事研发活动人员工资薪金	480 000.00
5	2. 直接从事研发活动人员五险一金	159 600.00
6	3. 外聘研发人员的劳务费用	
7	（二）直接投入费用（8+9+10+11+12+13+14+15）	1 843 850.00
8	1. 研发活动直接消耗材料费用	1 780 250.00
9	2. 研发活动直接消耗燃料费用	
10	3. 研发活动直接消耗动力费用	63 600.00
11	4. 用于中间试验和产品试制的模具、工艺装备开发及制造费	
12	5. 用于不构成固定资产的样品、样机及一般测试手段购置费	
13	6. 用于试制产品的检验费	
14	7. 用于研发活动的仪器、设备的运行维护、调整、检验、维修等费用	
15	8. 通过经营租赁方式租入的用于研发活动的仪器、设备租赁费	
16	（三）折旧费用（17+18）	568 215.72
17	1. 用于研发活动的仪器的折旧费	
18	2. 用于研发活动的设备的折旧费	568 215.72
19	（四）无形资产摊销（20+21+22）	
20	1. 用于研发活动的软件的摊销费用	
21	2. 用于研发活动的专利权的摊销费用	
22	3. 用于研发活动的非专利技术（包括许可证、专有技术、设计和计算方法等）的摊销费用	
23	（五）新产品设计费等（24+25+26+27）	
24	1. 新产品设计费	
25	2. 新工艺规程制定费	
26	3. 新药研制的临床试验费	
27	4. 勘探开发技术的现场试验费	
28	（六）其他相关费用 (29+30+31+32+33)	36 000.00
29	1. 技术图书资料费、资料翻译费、专家咨询费、高新科技研发保险费	
30	2. 研发成果的检索、分析、评议、论证、鉴定、评审、评估、验收费用	
31	3. 知识产权的申请费、注册费、代理费	
32	4. 职工福利费、补充养老保险费、补充医疗保险费	36 000.00
33	5. 差旅费、会议费	
34	（七）经限额调整后的其他相关费用	36 000.00
35	二、委托研发 (36+37+39)	
36	（一）委托境内机构或个人进行研发活动所发生的费用	
37	（二）委托境外机构进行研发活动发生的费用	
38	其中：允许加计扣除的委托境外机构进行研发活动发生的费用	
39	（三）委托境外个人进行研发活动发生的费用	
40	三、年度研发费用小计（2+36×80%+38）	3 087 665.72
41	（一）本年费用化金额	3 087 665.72

续表

行次	项目	金额
42	（二）本年资本化金额	
43	四、本年形成无形资产摊销额	
44	五、以前年度形成无形资产本年摊销额	
45	六、允许扣除的研发费用合计（41+43+44）	3 087 665.72
46	减：特殊收入部分	
47	七、允许扣除的研发费用抵减特殊收入后的金额（45–46）	3 087 665.72
48	减：当年销售研发活动直接形成产品（包括组成部分）对应的材料部分	
49	减：以前年度销售研发活动直接形成产品（包括组成部分）对应材料部分结转金额	
50	八、加计扣除比例（%）	100%
51	九、本年研发费用加计扣除总额（47–48–49）×50	3 087 665.72
52	十、销售研发活动直接形成产品（包括组成部分）对应材料部分结转以后年度扣减金额（当47–48–49 ≥ 0，本行＝0；当47–48–49 ＜ 0，本行＝47–48–49的绝对值）	